38

FUTURALGIA

JORGE RIECHMANN

Futuralgia

Poesía reunida 1979-2000

PREFACIO DE
PEDRO PROVENCIO

CALAMBUR
(Poesía, 121, MADRID,
2011)

Futuralgia: dolor por la vida que podría ser, por la plenitud que cabría alcanzar. Rabia contra quienes nos amputan nuestras posibilidades mejores, en una época tenebrosa —la nuestra— donde el porvenir se halla trágicamente amenazado. Ardiente desconsuelo, sin resquicio por donde pudiera colarse la indecente denigración de lo humano.

Ferocidad, ninguna. Pero sí rabia: la rabia de una futuralgia que me abrasa.

> En las culturas sintoístas la gente
> antes de empezar a orar
> da palmas
> para llamar la atención de los dioses
>
> Yo lo hago ahora
> que comienza este libro:
>
> ahí estamos tú y yo
> algo respira entrambos
> el mundo puede abrirse
>
> estamos ahí
>
> JORGE RIECHMANN

¿PARA QUÉ LA PRESENCIA?

por
PEDRO PROVENCIO

El primer volumen de la poesía reunida de Jorge Riechmann, que el lector acaba de abrir, contiene diecisiete poemarios[1] escritos entre los diecisiete y los treinta y ocho años del autor. Al ofrecerse aquí los títulos por orden cronológico de composición, nos encontramos ante un desarrollo literario simultáneo a un despliegue vital. Dada la índole de la poesía de Riechmann, conectada como pocas al devenir cotidiano, es conveniente recordar que la época en que el poeta se dedicaba a estas páginas —1979 a 2000— está marcada por una serie de acontecimientos cuyo resumen histórico parece ya claro: los dos bloques de poder resultantes de la II Guerra Mundial, proyectados hacia el resto del planeta y apenas contrapesados por los países emergentes, redujeron al máximo su antagonismo y acabaron componiendo un esquema que supone la hegemonía universal de la única forma permitida de entender las relaciones económicas, sociales y, en definitiva, humanas. La palabra *imperio*, aplicada a la mayor potencia militar del planeta,

---

1 *Futuralgia* se compone de:
- nueve libros unitarios: *Cántico de la erosión, Cuaderno de Berlín, Material móvil* (publicado en el mismo volumen que contenía *27 maneras de responder a un golpe), La lengua de la muerte, Baila con un extranjero, El corte bajo la piel, El día que dejé de leer* El País, y *La estación vacía,*
- cuatro poemarios publicados en *Amarte sin regreso* (que se completaba con una selección de poemas procedentes de libros incluidos en el apartado anterior): *La verdad es un fuego donde ardemos, Figuraciones tuyas, La esperanza violenta* y *Tanto abril en octubre,*
- tres secciones breves: *Borradores hacia una fidelidad, Donde es posible la vida* (procedentes ambos del volumen *Trabajo temporal*) y *Coplas del abandono,* inédito hasta ahora,
- y *El miedo horizontal,* inédito hasta hoy como libro, aunque parcialmente incluido en *Trabajo temporal* y *Un zumbido cercano.*

sonaba todavía excesiva y algo anacrónica en los años ochenta, cuando los imperios coloniales ya estaban olvidados, pero en nuestros días se emplea de forma desinhibida con toda propiedad y en el sentido más clásico: una soberanía plenipotenciaria y un conjunto de soberanos intermedios cuyos poderes dependen en mayor o menor medida del primero. Las turbulencias económicas globales y las guerras locales son analizadas y comentadas públicamente partiendo de un *a priori* inapelable: «No hay alternativa».

El fracaso de las utopías socialistas de los siglos XIX y XX ha acallado esperanzas legítimas, no por conflictivas menos razonables, que ya se consideran delirios de visionarios peligrosos, mientras que el «realismo» capitalista ha conseguido que nos conformemos con una fatalidad monstruosa y primaria.

Esa es la «época tenebrosa» a la que Jorge Riechmann alude en el acápite de este libro y esa es la razón de que *Futuralgia* opte por recuperar de aquellas utopías lo que ya no parece solo razonable sino imprescindible.

El lector avisado sabe que, como señalaba Borges, rara es la época cuyos escritores no se hayan referido a ella tachándola de «calamitosos tiempos». Los profetas de la alarma, a lo largo y ancho de la Historia, siempre han tenido razón desde su punto de vista, aunque desde el nuestro nos parezca que en algo se equivocaron, por suerte para todos. Siempre ha habido razones para que Casandra creyera inminente el incendio definitivo. Y por más que las profecías apocalípticas no se verificaran del todo, lo cierto es que cada presente no remediado ha producido hipotecas trágicas y prácticamente perpetuas. ¿Hay razones para pensar que nuestra época —la correspondiente a la escritura pero también a la lectura de este libro— está alimentando hogueras en las que el futuro inmediato puede consumirse?

Para Jorge Riechmann no hay duda: la fase triunfal del sistema capitalista supedita al beneficio económico todos los parámetros que tejen nuestra existencia. El poeta llega a plantear que, en nuestro contexto, «todas las fuerzas productivas / son también fuerzas destructivas» (*El corte bajo la piel*). La abundancia con que somos agraciados en algunos rincones del planeta se apoya en la sobreexplotación acelerada de los recursos naturales, y ya contamos con previsiones muy aproximadas de cómo y cuándo puede producirse el colapso ecológico humano, es decir, la definitiva separación entre los pocos supervivientes blindados —con bibliotecas bien pertrechadas de «clásicos de ayer y hoy»— y la multitud de los excluidos candidatos a la extinción mayoritaria. Once años después de que apareciera el último poemario incluido aquí, esa sensación de final de una era se reconoce públicamente e incluso está inspirando tímidas campañas a favor de la racionalización del consumo, aunque los porcentajes presupuestarios que se dedican a invertir el signo del despilfarro no pasan de ser gotas de agua dulce en el océano del acaparamiento urgente: «sálvese quien pueda» es el corolario del «no hay alternativa».

Las tinieblas de nuestra época se ceban con un énfasis especial en esta región del planeta tan bien alimentada como fácilmente aturdida. La pantalla ubicua, ambiental y mental en que contemplamos el espectáculo de cada día —donde participamos como figurantes satisfechos creyendo ser protagonistas— mezcla todo color imaginable, más colores que nunca, en un borrón de negrura deliberada y creciente. El hecho de poder ver lo que se considera parte lícita —que es sólo la parte rentable— del todo ha llegado a ser una venda rígida y tupida especialmente diseñada para que los ojos no distingan ni siquiera el verdadero rostro al que ellos pertenecen. «La alienacion del espectador a favor del objeto contemplado —decía Guy Debord hace más de cuarenta años— se expresa de este modo: cuanto más contempla, menos ve»[2]. Y cuando la vista se dirige a las palabras, puesto que a ellas confiamos en gran medida el desvelamiento de esos mecanismos alienadores, la tiniebla

2 Guy Debord, *La sociedad del espectáculo*. Traducción de José Luis Pardo. Ed. Pretextos, Valencia, 2000, pág. 49. El original es de 1967.

se esmera al máximo. La posibilidad de leer todo lo escrito está haciendo innecesaria cualquier censura, pues la madeja de textos que configura cada día que pasa, y que nos explica cuanto durante el día creemos ver, nos llega debidamente envuelta en la inercia de la interpretación condicionada: la paleta brillante del envoltorio enmascara la ceguera que nos regala (pero que previamente hemos pagado). De esa manera, el dominio imperial no necesita hacerse ostensible militarmente en las zonas favorecidas por la geopolítica, pues la entronización de su *way of life*, deseada y bienvenida, hoy ya se asume a ojos cerrados —tenebrosamente—, con la mentalidad mejor predispuesta y más hospitalaria. Una vez más, la persuasión masiva a favor del mayor beneficiario asimila toda posible resistencia, y el ámbito de las ideas queda fijado dentro de los límites donde se proclama, en cualquier código inteligible, que la libertad consiste en aceptar la dominación. Se trata de una verdadera revolución cultural que se adelantó a la tristemente famosa de China y que la supera con creces en amplitud y en ferocidad.

«Estamos revisando cada concepto», dice en letras blancas sobre fondo rojo un cartel publicitario leído recientemente en el vestíbulo de un banco. El rojo es preponderante en ese y otros anuncios de la misma empresa. Se diría que estamos ante la clásica foto de banderas revolucionarias enarboladas un primero de mayo, sólo que ahora las banderas están domesticadas sin vuelo alguno. La misma «entidad», paralelamente a la edición de esos carteles, ha enviado cartas a posibles clientes con la siguiente leyenda: «Revolución es pagar una cuota mensual más baja». La omnívora retórica publicitaria reconduce a favor del anunciante la fórmula poética «A es B», siendo A evidente y B imaginario[3]: «la luna es un ojo chico» (popular/Federico García lorca), «son tus huellas / el camino» (Antonio

---

[3] O también: siendo A identificable y B irreductible a cualquier identidad; o incluso siendo B metamorfosis permanente de A, etc.

Machado), «el deseo, nuestro alimento transparente» (Jorge Riechmann, *La esperanza violenta)*. No hay revolución cultural sin redefinición verbal. ¿No eran los poetas quienes pretendían «dar un nuevo sentido a las palabras de la tribu» (Mallarmé)? Tradicionalmente, quien acuñaba las grandes palabras —verdad, amor, libertad, etc., pero también el verbo ser— era el administrador de la religiosidad, pero lo poco que subsiste del antiguo imperio religioso de Occidente está tan supeditado al poder simbólico-económico que no conserva ni una brizna de hálito sagrado: el poder y la espiritualidad son inversamente proporcionales. Sin embargo, bajo su espesa costra de superstición, la liturgia cristiana conserva vestigios de simbolismo que, siendo muy anteriores a la fijación de sus ritos, siguen mostrando restos de su primitiva vigencia: no por casualidad en las ceremonias de la llamada «semana de pasión», centro de su ciclo ceremonial, se «leen las tinieblas» *(lectio tenebrae)*. La lectura litúrgica en voz alta era el verdadero lugar de esa pasión, el «paso» de la tiniebla a la luz, del no ver al ver. «El que no sabe es como el que no ve», decían los viejos del pueblo para animarnos a estudiar en una época todavía pre-televidente; entonces el saber se nos regateaba —siguiendo la tradición cristiana— para que no viéramos con claridad alrededor de nosotros, y nuestra elemental lectura de las tinieblas ambientales y mentales hubo de llevarse a cabo dolorosa y lentamente; hoy la «religión capitalista»[4] nos exige saber sólo lo poco que necesitamos para creernos sabedores de todo: como al salir de la iglesia los creyentes se consideran justificados por su dios, al salir de esas catedrales modernas que son los grandes almacenes el consumidor se siente pletórico de comunión con su divinidad satisfecha. En los templos convencionales los textos sagrados mantienen cierto encanto arqueológico (al margen

---

4 La expresión pertenece a Giorgio Agamben *(Profanaciones*, Ed. Anagrama, Barcelona, 2005, págs. 95 y ss), pero ya aparecía en Guy Debord, ob. cit., págs. 69-70.

de la filología, que les encuentra valores incompatibles con la exégesis absolutista); en los grandes almacenes el bullicio adulador de la publicidad no deja de renovarse sugestivamente con el único mensaje que cuenta: «si no compras, estás en pecado y mereces el infierno». «Tartajeaba niebla de palabras / por disipar la niebla», dice Riechmann *(La verdad es un fuego donde ardemos)*. El mundo —de cualquier época, visto desde hoy, pero sobre todo el de hoy— no se nos ofrece fácilmente discernible y dispuesto a ser descrito por procedimientos «realistas», supuestamente anti-tenebrosos. El realismo como opción literaria suele barnizar las imágenes ya dadas para que el lector las identifique en cómodos relieves, pero cuando penetrar en la realidad es una opción moral, las imágenes son horadadas y desventradas para sacar a flote tanto sus posibles raíces como la capa freática que las alimenta o las envenena. «Se hablaba todo el tiempo de realismo: / con ello se aludía solamente / al disciplinamiento a través de los mercados. // Tuve que replantearme opciones estéticas» *(La estación vacía)*. Y en esa operación las palabras no se pueden evadir de la complejidad que quieren desenredar, sino que se alimentan de esa misma «niebla» para que fermente y salga a la luz. Hay realidades inagotables que sólo con ese material verbal anfibio —claridad entreverada de negrura— pueden ser leídas; entre ellas, la tan asendereada belleza: «En nuestras tinieblas no hay un sitio para la Belleza. Todo es sitio para la Belleza» (René Char, citado en *El miedo horizontal)*. De un extremo a otro, desde la tiniebla que se resiste a ser descifrada hasta la belleza que ilumina cuando la rodea, la poesía de Jorge Riechmann está recorriendo un espectro expresivo amplísimo y arriesgado. Y para esa tarea cobra impulso siempre en lo que podríamos llamar hiperconsciencia, un estado mental de análisis omnímodo que se implica en cada hecho objetivo como si fuera (o más bien porque es) un nudo en la red de su metabolismo más íntimo.

II

«Intentar la aventura de la lucidez sin resignación» *(Cuaderno de Berlín)* es una propuesta infrecuente si entendemos por lucidez —antes que un banco revise el concepto— la puesta en claro de las causas y las consecuencias de cada paso que da el mundo en nosotros, y por resignación, el conformismo ético y estético, tantas veces considerado realista. Y es en este punto donde Riechmann, hombre orquesta de la poesía, despliega una plantilla de instrumentos nada habituales entre nosotros: el análisis sociológico, la relectura de poetas y pensadores políticos del siglo pasado (Walter Benjamin, Bertold Brecht, Heiner Müller), el buceo en la obra de René Char que ha dado como fruto sus excelentes traducciones, la actualización del materialismo dialéctico y, como después veremos, una entrega sin paliativos —«sin regreso»— en el tratamiento del erotismo.

«Escribir para conocer / y nada más que para conocer. / Conocer para amar / y solamente para amar» *(Borradores para una fidelidad)* recuerda aquella divisa de Pier Paolo Pasolini: «Solo cuenta el amar, sólo el conocer, / no el haber amado, / no el haber conocido»[5]. El conocimiento como objetivo último supone la orientación de todo esfuerzo indagador hacia la plenitud del presente. La elucidación del pasado hace que la actualidad proyectada en nuestras palabras cobre una parte más completa de su propio sentido. De ahí que Riechmann no se conforme con citar profusamente al amplio coro de autores entre los que él decide cantar, sino que acoge las voces ya proferidas para que suenen en sus propias composiciones. Y la lectura de las tinieblas, tan antigua como nuestra especie, sólo tiene traducción en términos de conocimiento desenmascarador del presente. Se trata de una tarea que la poesía lleva a cabo quizás lejos de las formas cotidianas de observación pero en el centro

---

[5] *Le cenere di Gramsci*, en *Poesie*, Aldo Garzanti Editore, Milano, 1970, pág. 28. (Traducción mía).

neurálgico de cada día: el poeta no cuenta prácticamente para nadie, pero para el poeta cuenta todo lo que nos concierne a todos: «La resolución, el aceptar el sentido que hemos de darle a la vida, no puede quedar aplazado por más tiempo. No podemos fiarnos del futuro. El momento de la verdad es ahora. Y cada vez más será la poesía, y no la prosa, la receptora de esta verdad. La prosa es mucho más *confiada* que la poesía; ésta habla a la herida inmediata» (John Berger, citado en *Material móvil*).

De ahí que si consideramos «social» la poesía de Riechmann debamos extender su campo de aplicación más allá de nuestras fronteras. Como señala José Hierro (véase Anejo 1), en *El corte bajo la piel* (y, añadamos, en todo *Futuralgia)* encontramos «un acento más universal» que el de los poetas sociales de hace cincuenta años. Hoy la denuncia es global porque la irracionalidad ha llegado a tal extremo que tenemos «la impresión de que la Naturaleza ha fracasado en su intento de producir en esta Tierra un ser inteligente» (Max Born, citado en *El día que dejé de leer* El País).

La hiperconsciencia de un poeta como Jorge Riechmann hace aflorar en sus versos tanto la actualidad más efímera como la sabiduría más antigua, tanto la estrategia comercial agrícola que hoy discrimina especies de plantas alimenticias en función del monopolio preponderante como el frente común que nunca han dejado de formar la ciencia y la poesía, tanto las fluctuaciones en la amplitud de los agujeros de ozono de la atmósfera como el parecido entre la música de los persas aún hoy no totalmente afectados por la «revolución cultural» islámica y los coros de pigmeos centroafricanos. Nada humano, y aún más: nada vivo le es ajeno.

«La poesía es una disciplina de la presencia» *(Cuaderno de Berlín).* El aquí-ahora es el marco justo y sin límites del conocimiento; por eso la tarea de «leer críticamente el mundo» *(El día que dejé de leer* El País) implica advertir que los medios de comunicación de masas contribuyen como ningún otro mecanismo —ni las religiones ni los sistemas educativos pueden ya competir con ellos— a la configuración mental del fervoroso consumidor. La «actualidad» —fenómeno tan revisado por la publicidad que apenas somos capaces de verlo en su riqueza inexplorada— requiere textos menos pretenciosos y perentorios que los contenidos en la prensa escrita, oral o icónica, textos que se empeñen en disipar las tinieblas en vez de añadir pinceladas brillantes a su espesura. Por eso los poetas, a quienes los periodistas suelen encerrar en el tópico del personaje que «vive fuera del mundo», están más que nadie en el centro de la lectura del mundo: tienen la curiosidad vital del ser humano inconforme con cualquier definición de humanidad, y lo mismo se entusiasman con el fenómeno lingüístico «que cura más de lo que puede herir», que «se ponen a estudiar economía política» *(El corte bajo la piel)*.

La hiperconsciencia es una constante de la poesía, por encima de sus variantes o circunstancias históricas. El estado mental hiperconsciente supera al que podríamos encerrar entre fórmulas como poesía social, poesía testimonial o incluso política. Política es sin duda la poesía de Jorge Riechmann, si consideramos que todo acto humano supone necesariamente una actitud ante el mundo (y en esa actitud radica la diferencia específica de lo racional: los animales no están ante el mundo sino dentro de él[6]). Pero la hiperconsciencia es un ámbito superior al de la política, que participa de aquella pero nunca la agota, como el misticismo contiene a todas las religiones y de todas se escapa a pesar de que ellas crean haberlo estabulado. La hiperconsciencia podría identificarse en todo caso con «la política en sentido fuerte, el arte de lo imposible» (Karl

---

6 Jorge Riechmann ha investigado ampliamente la relación entre humanos y animales. Al período que comprende *Futuralgia* corresponde *Animales y ciudadanos*, en colaboración con Jesús Mosterín (Talasa ediciones, S. L., Madrid, 1995).

Liebknecht, citado en *Material móvil),* que raramente se ha remansado en política «real». Como consciencia en estado de vigilia permanente, no tiene fin, y está al extremo opuesto de la «buena conciencia», esa que los poetas progresistamente correctos no se atreven a abandonar para no perder la benevolencia del lector partícipe de la misma corrección. Objetivista vocacional, el poeta hiperconsciente no se siente nunca tranquilo en los límites de su expresión, y no pretende chantajear a la lectura ofreciéndole seguridad interpretativa a cambio de aplauso; para él hay siempre en lo real un más allá de iluminación (profana, en el sentido de Walter Benjamin). Se trata además de una forma de trascendencia retrospectiva, pues siempre hay fruto nuevo que cosechar en el laboreo de la tradición esclarecedora: «los muertos [tienen] sed exagerada de conocimientos» *(Donde es posible la vida),* porque «no es cierto que un muerto no tenga nada que perder» *(La lengua de la muerte).* Quienes nos legaron su lectura del mundo pierden el tiempo en que vivieron si no empleamos este tiempo nuestro en ampliar sus conocimientos iluminándonos con ellos para «nacer, nacer interminablemente», para conseguir que nazca «un oriente de lo oscuro» *(La esperanza violenta).* De nuevo, el pasado y el presente circulan a niveles intercambiables, no jerárquicos, en una misma espiral expansiva por sus dos extremos.

El poeta hiperconsciente escribe con la urgencia del saber y del amar. Prescindir de esa misión, la única propiamente humana, supone obedecer al sistema simbólico-económico cuyo funcionamiento crea «masas / que se dan la espalda a sí mismas» *(Cuaderno de Berlín).* En el mundo de los objetos consumibles, el ser humano ha dejado de ser incluso ese ídolo en que, según Kafka (citado en *El miedo horizontal),* se había transformado, y ahora el ídolo es la mercancía, máscara impasible que contempla a quien la adora en el ritual de pagarla. Formamos un espectáculo aburridísimo consumiendo vacíos simbólicos ante espectadores fantasmales que se desvanecen en su equivalente monetario.

La poesía hiperconsciente perfora el trasiego verbal cotidiano mediante el cual los medios de comunicación disuaden a quien pretende poner en duda «las verdades con pedigrí» *(Cuaderno de Berlín)*. Más allá de esas verdades comienza un terreno minado de anatemas: ya no el anarquismo o el comunismo, ni siquiera el terrorismo de turno (tan útil para domesticar mediante el terror), sino el análisis multidireccional y orientador de la acción, o si se quiere: la teoría como respiración de la práctica. Los editorialistas más conspicuos y los consejeros de los bancos están convencidos de que «el ser humano / no puede soportar demasiada realidad» (T.S. Eliot), y en consecuencia revisan cada concepto para hacerlo digerible sin que produzca vértigo al conocimiento.

III

A lo largo de *Futuralgia* encontrará el lector numerosos «poemas de amor». Aunque parece extraño que un poema digno de ser leído no sea en algún sentido «de amor» (no contribuya a intensificar, como señalaba Georges Bataille, la conexión salvadora entre lo vivo de todos y lo muerto de cada uno), me refiero a las composiciones en que deliberadamente se aborda el erotismo[7], que tampoco es un tema, sino parte integrante de ese ámbito superior hiperconsciente señalado por el poeta: «escribir para conocer, conocer para amar».

Como en la poesía erótica más clásica, se diría que en los versos de Riechmann el amor desequilibra y conturba, que sube desde las raíces a fundirse con la luz en las ramas, y que nunca esa ascensión llega a saciarse del todo, porque se expresa por aproximaciones y exige una rendición in-

---

[7] Recogidas por separado en el volumen *Amarte sin regreso* citado en la nota 1.

condicional: «no te postres sino para amar. Si mueres, sigues amando»[8]. La contundencia con que los versos de Riechmann se pronuncian sobre «la certidumbre cuasi científica del Apocalipsis» *(Cántico de la erosión)*, se transforma —ya desde *El miedo horizontal*— en tanteo tembloroso, en sugerencia, en susurro al oído. Lo cual no significa que se ceda ante la tiniebla inevitable del laberinto amoroso, ni tampoco que el poeta se obnubile con la emoción sin posible discernimiento: la crítica que se vierte sobre el exterior amenazado no se detiene ante la intimidad inexplicable, irresuelta y escurridiza, pero el poeta cuenta siempre con la certeza de que el amor, lejos de ordenar el mundo, lo vuelve del revés y lo desbarata aunque parezca darnos la clave de su equilibrio: su clave está en eludirla:

> Ciertas mañanas
> tus cabellos sobre la almohada trazan
> sin lugar a dudas el jeroglífico de mi vida.
> Te das siempre la vuelta
> cuando estoy a punto de descifrarlo.
>
> *(Material móvil)*

Hay en estos poemas un verdadero testimonio de diálogo amoroso: no escuchamos palabras propias de *ella* pero sí las que él dice a consecuencia de la presencia de una amada sujeto de réplicas, de ideas propias y, por supuesto, de actitudes (políticas): «a partir de ti no es lo real / sol desagregado o enjambre que acribilla / sino cuerpo recíproco presente / en la inviolable integridad del tacto» *(Material móvil)*. Reciprocidad creativa: «La belleza nace del diálogo, de la ruptura del silencio y del renuevo de ese silencio»[9].

---

8 René Char, *Furor y misterio*. Traducción de Jorge Riechmann. Ed. Visor, Madrid, 2002, pág. 331.
9 René Char, *ob. cit.*, pág. 315.

La amada es además la destinataria de gran parte de la poesía no deliberadamente erótica de *Futuralgia*. Con ella comparte el poeta su «redoble de conciencia» (Blas de Otero): «Amor, qué sinsentido hablar de la verdad / lejos de tu piel o fuera de tu aliento» *(Figuraciones tuyas)*. El amor incrementa el inconformismo, hasta el punto de que el abordaje del presente parece fácil gracias a las energías renovadas en pareja: véase el poema «Alabanza de la objetividad» *(Baila con un extranjero)*, donde el «pensar en ti / con algo más de objetividad» lleva al poeta a la intimidad del paisaje que le llena y le configura la mirada. Y cuando el amante imagina el futuro libre de las amenazas actuales, se ve a sí mismo amando: «Vendrá la revolución, quiero decir: /viviremos hacia ella» *(La lengua de la muerte)*.

Los «creativos» de la publicidad, evangelistas de la religión imperante, no podían dejar sin «revisión» el erotismo. El espectáculo en que nos desenvolvemos necesita que el lujo del exhibicionismo corporal y gestual atraiga pero no satisfaga las pulsiones sexuales, pues en el manejo de ese control radica el cálculo de inversión / rentabilidad; el mandamiento «libertad, sí, pero no libertinaje» figura en las nuevas tablas de la ley.

La desinhibición sexual de hace treinta o cuarenta años fue perfectamente integrada al metabolismo de compensaciones económicas que rige nuestra sociedad, de manera que sólo en el reducto privado se permite sobrepasar la frontera entre lo admitido —libertad vigilada— y lo inadmisible —libertinaje mal visto—. Y no es poco: los incentivos sensuales que tradicionalmente estaban reservados a las clases altas se han democratizado. Pero las instancias de todo poder no se pueden fiar del erotismo: permiten sólo el libertinaje suficiente para que el desahogo «sano» desactive la violencia contra los topes definitorios de la libertad. Saben que las baterías sexuales suelen ser recargadas a placer, y que el placer, más allá de la infección mercantil que también lo desfigura, puede alimentar una veta revolucionaria sospechosa por su resistencia al utilitarismo y por su propensión a vivir al margen de la ley.

La poesía de Riechmann cuenta con esa energía a la hora de enriquecer por su parte el concepto de revolución: «De la carne no la resurrección: / la insurrección» *(Figuraciones tuyas)*. El erotismo nos lanza a un más allá de la libertad que es un más acá constante y que se identifica con la utopía. Inmanente, impura, perecedera y necesitada de reconducción diaria, pero utopía. Si el poeta dice a la amada: «Lo que soy nacerá de tu desnudo» *(Material móvil)* es porque el presente —«soy»— incluye ya el futuro —«nacerá»—, porque el desnudo que hace hablar así ocupa el aquí y el ahora de cada instante posible. La utopía privada y la pública son evidentemente una sola, y su concreción precisa —porque no se trata de idealizarla— depende de una acumulación, de una revolución de deseos.

IV

Esa tensión utópica desmiente la inminencia del cataclismo final: si aún estamos a tiempo es porque el amor no desespera nunca y porque las palabras nos orientan con su proyección de verdad. La resultante final de los poemas que siguen no es el lamento por lo que estamos a punto de perder, sino la convocatoria para la tarea que tenemos por delante. La poesía de Riechmann es fundamentalmente anti-elegíaca. El lector que se adentre en este libro se encontrará llamado a una misión «al servicio de una causa» (como señala con ironía acusatoria Jaime García Añoveros, en su carta del Anejo 2). Y precisamente porque la escritura de la poesía es una lectura crítica del mundo, el lector no debe recibir estos poemas de forma incondicional. Riechmann no escribe con la intención prioritaria de que su poesía sea imperecedera (y, como tal, modélica). Su pervivencia no puede medirse por el tiempo que permanezca en las listas de los títulos más o menos vendidos, sino por la intensidad del momento en que se lea: coherentemente con aquel compromiso utópico, esta poesía no está dirigida hacia la lectura hipotéticamente más aguda que se haga en el futuro, no «se adelanta a su tiempo», como si su tiempo fuera diferido al plasmarse sobre el papel, sino que se vierte entera, sin reserva alguna, sobre la lectura concreta en el mundo actual. Y esa forma de abordar al lector implica abrir al final de cada verso el espacio de la réplica. A esa necesidad de diálogo empeñado en desvelar el presente responde también la abundancia de publicaciones de Riechmann: quien ha empezado a hablar así debe seguir hablando para poner al día su propia revisión de conceptos, porque «no se resuelve el mundo en la página blanca» *(Material móvil)*. No queremos la presencia para que la administre el paso del tiempo de forma que el balance final nos sea favorable, sino para destilar en sus laboratorios vitalistas cada instante que pasa, a ver si conseguimos no dejar nunca de vivirlo.

De ahí que en esta poesía los riesgos líricos no abandonen nunca los aciertos, y que los aciertos nos parezcan más sólidos cuanto más se arriesgan. El primer peligro que amenaza a un libro como éste, que podría ser tachado de «antisistema», es el de ser asimilado por los diversos mecanismos de reciclaje ideológico. Pero ese peligro está conjurado por la localización de la figura del poeta en el engranaje cultural de este comienzo de siglo. No se esconde ni se evade por los márgenes, como he señalado más arriba, sino que está fijo en el núcleo más íntimo de la actualidad, y es ese centro móvil el que pasa inadvertido para el observador de cantidades en alza o en baja, incapaz de ver lo que no está cuantificado.

Por otra parte, el lector de estos libros escritos hace diez o quince años vive (y en el futuro inmediato vivirá también) en un mundo ya sensibilizado por el ecologismo. Como «idea con pedigrí», la llamada de atención ante el deterioro masivo del planeta ya forma parte del discurso oficial a cualquier nivel, una vez que las repercusiones concretas del desastre han sido incorporadas al cálculo de pérdidas y ganancias. Se trata, pues, de un concepto revisado, incluso políticamente correcto, que se traduce en iniciativas parciales y sobre todo individuales, pero no es necesaria mucha perspicacia para darse cuenta de que el «aún estamos a tiempo» significa, casi siempre, un mísero «aún podemos remodelar el negocio». La poesía de *Futuralgia* no resulta invalidada porque desde instancias públicas se nos convenza para reciclar *más* papel o ahorremos *más* agua; la revolución que propone, con un planteamiento asistemático pero con un objetivo preciso, difícilmente puede ser incorporada a ningún programa electoral. Los conceptos que cada día nos encontramos manipulados no proceden tanto del bagaje rutinario de la política como de la omnipresente simbología económica cuya dogmática subyacente prescinde por completo de constituciones políticas «reveladas» y de estatutos de autonomía irrisoria: «Los catalanes quieren ser californianos / los mejicanos quieren ser californianos / los japoneses (...) los piamonteses (...)» *(El corte bajo la piel).* El poeta no puede afirmar que la hiperconsciencia vaya a deshacer todos los entuertos que la política ha abandonado en manos de los consejos de administración, pero sabe que ese estado de vigilia es el único que puede ser opuesto a la dominación imperial adoptada ya como normalidad evidente, justa y necesaria. Y eso en un mundo cuyos medios de producción y de administración equitativa de la riqueza serían más que suficientes para conseguir que la especie humana viera colmadas sus necesidades vitales —he ahí la utopía— y pudiera «habitar la Tierra» en armonía con su entorno dominado pero no esquilmado.

Tampoco elude la poesía de Riechmann una buena dosis de didactismo. «¿Existe un escrito verdaderamente revolucionario sin carácter didáctico?», se preguntaba Walter

---

10 En *Imaginación y sociedad.* Traducción de Jesús Aguirre. Ed. Taurus, Madrid, 1993, pág. 99.

Benjamin[10]. La respuesta es evidente si observamos la andanada publicitaria que pretende *urbi et orbi* enseñárnoslo todo, desde qué libros leer hasta cómo ser felices, pasando por las condiciones necesarias para ser un buen ecologista y por cómo hacer múltiples revoluciones sin que en nuestra vida cambie nada más allá de nuestra cuenta corriente. ¿Qué mejor ejemplo de clase «actual» de filosofía que aquella en la que se revisan los conceptos? Al poeta se le niega el derecho a enseñar porque esa función devalúa supuestamente su obra, pero las apelaciones permanentes que Riechmann dirige al lector, ese «nosotros» poliédrico e inestable, llevan en su misma necesidad de correspondencia su potente nervio lírico: «Ciudadanos, / el cielo desahuciado / matinal marginal / tiene los nudillos en carne viva / de llamar a las puertas del hombre» *(Material móvil)*. Y el didactismo bien entendido, entendido como afán de elucidación, va más allá de la clase magistral para llegar a la constatación alegre y compartida: «Eres tan hermosa / que todas las mujeres son hermosas» *(Baila con un extranjero)*. Didáctica era también aquella afirmación de René Char: «todo es sitio para la Belleza» (donde A es la existencia plena y B la plenitud misma). Su ambición lírico-revolucionaria quiere abarcar todo el espacio y todo el tiempo: «Eras tan hermosa que nadie se percató de tu muerte»[11].

En el tumulto de las convicciones que inspiran esta poesía, Riechmann no elude tampoco que aparezcan contradicciones: véase el concepto de humanismo, que a lo largo de *Cuaderno de Berlín* se rechaza y se recupera cuestionado, la «vergüenza» (provocada por el disfrute de nuestra relativa abundancia) que se muestra sin disimulo o la autocrítica superadora implícita al puntualizar: «Inocentes no somos, / tampoco cómplices» *(La lengua de la muerte)*. El lector no está ante una propuesta de razones cerradas de manera pro-

---

11 René Char, *Le Nu perdu (et autres poèmes 1964-1975)*, Ed. Gallimard, Paris, 1978, pág. 38. (Traducción mía).

gramática. La solución a la deriva irracional de nuestro mundo no puede ser una fórmula mágica, sino un entrelazado de actitudes racionales en permanente reconsideración. Si «poseer es un acto de debilidad» *(La esperanza violenta)*, poseer de manera inequívoca la clave de toda solución nos llevaría a la debilidad del pensamiento bloqueado por su verdad indiscutible. Igual que los amantes se poseen en la intemperie existencial del sexo, igual que ellos se escapan siempre el uno del otro cuando más compenetrados están, la palabra utópica suena rodeada de márgenes interrogantes, «en el camino real de lo imposible fascinante, que es el más alto grado de lo comprensible»[12].

El ritual amoroso rehace una sacralidad que ninguna religión —la capitalista tampoco— puede amansar, y a la vez nos lleva a profanar toda sacralidad dominadora (véase la impresionante letanía «Eres sagrada» de *Tanto abril en octubre)*. Esa encrucijada de rebeldía hiperconsciente hacia el exterior —en defensa de la vida común amenazada— y hacia la intimidad —el amor como ceremonia refundadora— hace de este libro un auténtico signo revelador de los signos de nuestro tiempo.

[12] René Char, *Furor y misterio*, ob. cit., pág. 125.

FUTURALGIA

Poesía reunida 1979-2000

1. El miedo horizontal (1979-80)*
2. La verdad es un fuego donde ardemos (1981-84)
3. Borradores hacia una fidelidad (1984-85)
4. Cántico de la erosión (1985-86)
5. Cuaderno de Berlín (1986-87)
6. Coplas del abandono (años ochenta)
7. Material móvil (1987-88)
8. Donde es posible la vida (1987-88)
9. La lengua de la muerte (1987-88)
10. Figuraciones tuyas (1988)
11. La esperanza violenta (años ochenta)
12. 27 maneras de responder a un golpe (1989)
13. Baila con un extranjero (1990-91)
14. El corte bajo la piel (1992-93)
15. Tanto abril en octubre (1994)
16. El día que dejé de leer EL PAÍS (1993-1996)
17. La estación vacía (1998-2000)

* Las fechas entre paréntesis son las de redacción de los poemarios, no las de su publicación. (N. del a.)

EL MIEDO HORIZONTAL

(1979-1980)

La palabra es una decisión entre la vida y la muerte.
   FRANZ KAFKA

La muerte
se paga
viviendo
   GIUSEPPE UNGARETTI

Furia color de amor,
amor color de olvido
   LUIS CERNUDA

Soy un ofidio que ama la retórica
así pues sin embargo pese a ello
en consecuencia escribo larguísimos poemas
serpientes de palabras con corazón oscuro.

I

POEMAS HIPOCONDRÍACOS

TÚ NO TIENES A NADIE

Cuidado. No mires los rincones
a cuartear el tiempo y su espolón de tibieza.
Trágate el orgullo de morir tanto a oscuras
como el último hombre.

Cuidado. Nadie va a hacerte daño,
las manos mojadas de ciervo, el miedo horizontal.
Ni de la sombra un hilo ni una serpiente íntima
arañará una tersa victoria en tu garganta.

No tienes a nadie ni para un desafío,
estás solo. Cuidado.

LA EDUCACIÓN SENTIMENTAL

Como un hombre que desciende de un barco
con la memoria impresa en una fotografía perdida
o el porvenir dormido en un precario vertical
desconocido paisaje

algo aturdido por la velocidad del viento
que arrastra pálpitos animales y mujeres de cera
río arriba violentamente o con la dulzura del batelero sordo
a toda voz que no venga del interior del oído

y como si descendiera del barco
jugando a quién toma tierra con la muerte más elegante
vacilando cuando el contacto es más brusco de lo esperado
atraviesa con los ojos cerrados la pasarela
que se extiende sobre un horizonte de ciudades en llamas

el ahogado de vientre azul
de todos los años a esta misma hora

MORADA

En alguna parte un pájaro escrito hace explosión
pues sus plumas estaban ordenadas
como las últimas páginas de un libro

Hay un imperceptible equilibrio de instantes
Si se moviese algo
el vacío se vertería en el vacío

De una habitación a otra
la luz puede seguirme voy andando despacio
Ante cada puerta
escucho largo rato sin atreverme a abrir:
un pianista manco impone silencio
en el sueño de un niño/ sus manos en la tapa
ardiendo con la llama cortante del otoño

un ramo azul de rosas de jardines polares
una carta cerrada que contiene
el momento en que se abrirá
una ausencia disfrazada de ausencia/ un frío tenue
un apenas error/ una secreta sorpresa
que no alcanzo a distinguir

Dentro del azucarero he encontrado
en un charco áspero de lágrimas a
quien vive aquí

LA ESTACIÓN ACABADA

Sólo después de cien años ha comenzado
a hablar/ su dolor
necesitó tan largo silencio para hacerse perfecta
mente inútil/ aguzar su pureza
cortar en el cielo glauco un ajedrez de hojas

Ahora ha comenzado a
hablar/ sentiría dolor de hacer daño
si pudiese sentir/ su voz que es un cristal roto
ha aprendido negando el juego del rigor
disfrazado de escombros cada noche
salta al pozo cruento de sus ojos
vacíos/ ignora
todos los miedos/ dice
todo cuanto los demás callan/ su locura
se ha hecho tan transparente que no tolera la vida

El viento se afila en las márgenes del río
él va diciendo en su tristeza caníbal
palabras anteriores a la primera palabra

ÍDOLO

> Por medio de este embrujo de sonido y color, {Rimbaud} se acerca a las prácticas mágicas de la religión de los pueblos primitivos, quienes, sumidos en el miedo y en la sombra, se arrodillan ante ídolos de piedra o de madera. Sin embargo, el progreso ha traído consigo un abaratamiento de los materiales. Ahora nos convertimos en ídolos a nosotros mismos. A cambio, la sombra del miedo nos abraza y amasa con tanta mayor profundidad y dureza.
>
> FRANZ KAFKA

Vacíos ojos de conjuro piel sonora de tambor
miel negra como ébano corazón roto
senos como disparos

Carne lejanísima
no podría tocarte
Aun dormida tu magia
es más poderosa que la mía

No sabría cómo hablarte
El bosque te recubre con riesgos vegetales
Un amor ominoso y asustado te da forma
a lo largo de noches y de días
En el despojo de lo más sagrado de las estaciones
la lluvia candente funde la selva y la greda
hasta anegar tu cuerpo inconsolable

Harían falta otras manos para despertar tu mudez
Imagen
mía
ancestral
espero una palabra

A MAYOR GLORIA DE

Entenebrécete. Eternidades
durante las cuales te he buscado

en una guarida ronca cubierto de pelo y plumas
acuéstate

con un millón de ojos rastreando como carbones
del miedo de Dios

para no despertar nunca de este sueño obsesivo
de no acabar araña gime implora duérmete

LA LLUVIA EXTENUANTE

Escucho la lluvia tenue que te rasga los cabellos
dibuja en tu cara hondos surcos
de silencio/ borra la fresa partida de tu boca/ y la ansiedad antigua
crece como una planta exangüe
de venas a partir del corazón/ una raíz extenuante posesiva
como una promesa a una persona muerta
y creo
haberte conocido en otro tiempo
antes de la lluvia/ con una campana de niebla quemada
con un corazón de violines/ con una voz que se robó
a un ovillo
haberte dicho otra vez estas palabras
sabiendo como ahora que mañana
no habrá memoria en los dedos de la lluvia

SUEÑO ROJO DEL NUEVE DE FEBRERO

La madre de mi amigo
ha tenido un hijo diminuto que ha muerto
En mi cama ella sueña su inquietud

Hay pasos que nunca acaban de acercarse
Hay voces que trenzan con el miedo un hechizo
Un fantasma rojo y gris que es su padre se inclina
y ella grita o se calla

Hay un largo pasillo que conduce a mi cuarto
Hay la convicción de no reconocer a nadie al despertar
Una sombra roja y gris que es su hijo muerto inclina
su viejísima cabeza de recién nacido en la sangre

y en las manos de borrar de ella se convierte
en un búho de carnecita rosada que pertenece a mi hermana
y cae al suelo

IMAGEN DE MI MUERTE

Relámpagos sombríos
de una manera distinta de mirar
Está muerto morado

Diminuto colma los rincones
que todos desearían ver
La ceguera se encrespa

VISTO Y NO VISTO

Con frío con muchísimo frío y los ojos cerrados
y cabeza abajo y sin un sólo sonido
se desprendió de la madrugada
No hubo rocío después de aquel descenso

Cayó como los ángeles migratorios que las hélices siegan
como caen los pájaros infantiles de papel apretado
como caen esas delgadas nieves de resurrección
que equivocan a muertos y a paisajes

Se perdió de vista
Alguien que despeinaba susurros dijo no se salva

Nadie se salva

RAZONES PARA HUIR

A veces escribo buscando una palabra
que me justifique/ verso a verso persigo
la única quimera de mi desfalleciente vida

Alanceo un instante de risa en el vacío
Paredes se derrumban
a mi alrededor/ escapo por un pelo
Sigo corriendo con la nieve a mis talones
como un perro furioso como un blanco sarcasmo

(Sé que el hallazgo anula
la vana agitación del héroe y su búsqueda
Busco mi muerte y huyo de ella esta tarde

todas las tardes de esta indescifrable lucidez jadeante
de este jadeante poema inacabable)

Al cabo de la última línea doy con ella
El poema está terminado

(Nunca escribo/ No hay poema)

VIGILIA

Me he levantado desnudo/ mi vida había terminado
Las puertas abiertas me escuchan
llorar/ no hay pez no hay pájaro
la inmensidad del cielo agota su existencia
en un remordimiento/ no hay reloj no hay nada
que romper/ llevo mi cuerpo en la mano
como un arco y una flecha
y silbo una canción casi olvidada

ahí donde haría falta ver
el azul inútil de los ojos de un dios

EL BASTARDO DE DIOS

Quiero vivir ayer
es decir muchachas esbeltas de suspiros
cuya cintura negra
no me helará jamás de limpidez

Quiero gozar del morir de los mortales
es decir amor desconocido/ la sorpresa
del instante siguiente/ la espiral que adivina

Con justicia sin duda mi padre me engendró
me maldijo/ me reventó de anemia contra el suelo
Quiero vivir pudiéndome morir
recordando al abuelo y la montaña rusa/ atesorando
la suntuosa tristeza de mil generaciones

LOS DEDOS DEL IMPOSTOR

Quién conoce tu sombra, tu lamentable evasión sin horizontes, interminable peregrino de dedos tristes en pos del objeto de tu miedo.

Vivirías todas las muertes a cambio de la tuya. La fugacidad te rapta; cada instante te colma de sus fidelidades melancólicas y sin embargo cae la noche y se te corta el resuello y sigue fluyendo el hondo Vístula con sus aguas de olvido.

Soñador, tu cintura de obsesiones se deshace al roce afilado de una mano de nata. Dices que amaste. O quizá inventaras una sensualidad de desafío, un singular anhelo inválido, todavía sin formas ni lugares. Es verdad que ella fue. Queda un revuelo incierto de aromas y un eco de tiniebla a tus espaldas. Abrázala, desatinado viajero, abraza esa tu vacilante premura.

Caminas más rápidamente que tu sombra. Habrás vivido entre los hombres sin que ellos se den cuenta. Ángulo de nieves, destino contrario, rápida madrugada fugitiva de tu fantasma siempre.

Goza, entretanto, de la obscena pureza de tu soledad.

PRIMER RETORNO

He olvidado mis anteriores vidas
meteoro de luces y de infiernos
vaga bolsa de fango en noches extensísimas
donde busqué una forma

Hoy me fue dado un puñado de carne
y un charco de sombra y unas manos de hilo
para apagar mi terror en las estrellas
Y hago mi casa en un viento milenario

Y desde mi conciencia doliente mi modesta miseria
juego con la empapada bestia del olvido
juego con el destino atroz al que me debo

LA ESPERA

Vivo en el mundo
La lluvia un breve asedio un remolino que desagua pájaros
un objeto perdido una huella futura toda la arena
Una tempestad inusual que alguien levanta hablando
distraídamente

Con vaguedad van yéndose los días
Descifro los símbolos callados de mi espera
hablo con cuidado para no romper el cerco
para no llegar nunca al final impaciente
Que el azar desordene mis secretos temores

Cómo convencer al idéntico mundo sin memoria
cómo convencerme a mí mismo
de que habrá entonces algo irreducible extraordinaria
absolutamente distinto

II

POEMAS HEROICOS

EL NARRADOR DISTRAE A SU PÚBLICO

No tengo ninguna prisa por lo tanto
Me hice viejo contando historias que no creo

Como no puedo hablar con inocencia
convertiré mis silencios en un juguete cruel
El escándalo haría resucitar a un muerto

Callaré la mitad de lo que sé
e inventaré la mitad de cuanto diga
Todo menos perder pie en medio de una frase

Las ventanas están abiertas
Todos os habéis ocultado en mi pipa y vamos
y voy a fumar un largo rato

TEATRO DE TÍTERES

Yo le miro vd. me mira
a su manera vd. es inteligente y yo simpático
pero hay una tercera mirada yo la temo
vd. sin duda la odia
nuestra vida pende de un hilo

Por eso yo digo unas palabras vd. escucha

para no ser cómplices nos fingimos culpables
de nuestra fealdad nuestras desconcertadas
coronas de arpillera colores
cobardías y versos con un hilo de voz

Yo me cuelgo de un gesto vd. desciende
por una escalera de pasos sin mirar nunca atrás
nuestro estupor es hábito y no obstante
alguien cae al suelo como madera rota
cuando un hilo de sangre mancha el piso del teatro

LOS VIAJES DEL CAPITÁN COOK

El capitán Cook es un honrado marino
Conoce nombres de peces y nombres de vientos
e incluso ha bautizado a sus hijos de modo que
cada uno le evoca un continente distinto
El capitán Cook es un honrado marino

En su dulzura británica su esposa ha concebido
el quinto varoncito/ El mundo ya es pequeño
para la vasta progenie del capitán Cook
El capitán Cook que es un honrado marino
se hace a la mar para buscar un nombre

Alrededor del mundo y hacia el polo sur
el capitán Cook va sembrando archipiélagos
demasiado pequeños para dar nombre a alguien
demasiado abundantes para la honradez perpleja
del capitán Cook

mas al cabo de tres viajes
su hijo menor Oceanía es tan honrado como él.

SÚPLICA DEL VAMPIRO

1

Trueca extranjero tu cuerpo con el mío
durante un día y una noche

para poder olvidar
todos los cadáveres que animo
todas las agonías que mi pulso conserva
infalibles las muecas las carreras feroces
las caídas que hacen desaparecer los planetas

mis blancos ojos tersos de muerto
mis dulces manos tiesas de muerto
y la perenne promesa de mi muerte redonda
y extraña y confortable

Largo tiempo he esperado largo
Concédeme tu cuerpo te ruego
durante un día y una noche

2

Vampiro acaso tú/ que pones lazos que imploras
la vida brutal que sorben las estrellas
en bosques verticales
riendo como un trompo negro
un hechicero antepretérito que baila
el rito del invierno/ el odio del verano

tú víctima voraz del espejo desierto

EL DIVINO MARQUÉS TIENE LA PIJA PEQUEÑA

Devoraría el mundo de un ronquido
haría de la cólera un nuevo clasicismo
ahogaría en esperma la Revolución
si solamente su celda fuera lo bastante grande
para permitir una erección póstuma babélica

Ha odiado su cuerpo en los cuerpos de otros
con la cortesía de la raza más antigua de Europa
Ha canibalizado delicadamente
al artista al guerrero al sodomita al santo
De su deseo hizo un filo y ahora que está herido
sueña un terrible sueño a la luz de las velas

Les enseña las manos a todos sus guardianes
un antifaz oculta su ceguera al relámpago
y cada noche de tormenta crucifica impaciente
a una doncella de gestos en su divino baile

El rey decapitado sonríe gentilmente
para que el espectáculo no pierda un ápice de lujo
Si Dios fuese inocente habría que inventarlo
llorando en la Bastilla un calabozo infinito

FRIEDRICH NIETZSCHE, CONQUISTADOR DEL HIMALAYA

Penosamente el sherpa Tensing sigue
a los voraces bigotes que arrostraron peligros sin cuento
en la egregia desolación de la montaña
y su llanto cortante de glaciares

y su quimera humillada de hielo y lejanías

En el techo del mundo odia fumar en pipa
el júbilo le embarga quisiera ser fotógrafo
y salta

y el sherpa Tensing ha llegado a la eternidad
un instante demasiado tarde

ROMANCE DEL AVENTURERO INGLÉS Y LA NINFA SUICIDA EN LA GUERRA DE GRECIA

Estaba ella pues transformándose en río
y yo sólo aparecí en el último instante
habiendo reventado tres purasangres rojos
en mi apasionado galope y desenfreno romántico

Señora largo tiempo os he amado en silencio
hoy no puedo callar mi honor fluvial exige
que os prevenga contra tanto esnobismo de tísicos
Cubríos por favor vuestra desnudez me turba

y creo que ella sonrió con tristeza
y como preguntándose si en verdad sería
la salud del hombre tan precaria su lealtad tan renqueante
como afirma la vida como la muerte niega

EL HOMBRE PÁJARO

Sobre los acantilados extremos de su dominio
con un pájaro de fuego en la cara
aprovechando a impulsos rápidos la encrucijada solar que le sustenta

Ícaro vuela

Ícaro

solo en el cielo
oro en el telar aéreo de Parcas delicadas
en una soledad tan vasta que confunde su impulso y su deseo

Ícaro

como una nave ebria
como una estrella eléctrica y perfecta
semejante en todo al dios a quien robase su agonía
igual a su voluntad o a su exilio
igual al alto despliegue de su espalda

Ícaro

cuerpo que fija luz un arco de sequía
último sonámbulo de su horizonte
orilla azul y gris de una infancia dormida
más allá del desastre

solo en su ansia
herida divina
cicatriz roja
red de sal torturante

Ícaro

Una campana de bronce se desploma en silencio
Pájaros de sudor anuncian el alba próxima

Ícaro

un frágil susurro de hilos y de arañas
las aguas se estremecen como si hubiera muerto alguien

en sus brazos de cera se evapora todo el mar

vuela hasta el fondo
del fondo

PARÁBOLA DEL JUGADOR

Que yo te tenga así
de pie sobre las puntas de los dedos
al cabo de un movimiento leve
acróbata volcado

Que nadie sepa qué línea abismal
impávido atravieso
nadie pregunte desde cuándo es azul
la máscara lanosa de clown cruel que visto
ya sin dolor

Al norte de mi corazón de cucro
comienza el marfil de un país que recorro
muy raras veces
No hablo de mi ofrenda al demonio del naipe
funámbulo dormido sin lujo sobre el arpa
Cada minuto dejó
su piel sobre mi piel escaqueada
He conocido armados amores
de arlequín fervientemente insensible
Como San Pedro seré colgado de los pies:
que nadie diga nada

Este momento es mío
vértice íntimo o víctima frecuente
El azar no me quema las manos
Soy entonces el gran negador
dueño por un instante del mundo y de la nada

Entonces por qué ceder en la última escalera
saltar al vacío si el manotazo es luego
como un solo disparo que derrumba castillos
Mi padre era griego que no pregunte nadie
por la iguana de labios bezudos
que está lamiendo la sangre a mi costado

MILES GLORIOSUS

Ciertamente
he volado a veces
he comido carne humana
he olvidado panoplias y plegarias

Saben las doncellas piadosas que el tiempo no retorna
y la memoria agota su triste saldo no ampliable
de eternidad

Yo no estoy triste por eso mi impiedad se atenúa
con mármol miel y rosas
Acaso mañana viole a la clepsidra o merezca
ganar la lotería

SÓCRATES A SUS JUECES

La razón piececitos de madera
el hombre un animal con muletas
idiotas sutilísimos habéis creído todos
mis mentiras necesarias y muera yo ahora
sólo por darme el gusto de una magnífica
mixtificación más

Por no morir a diario

nos hacemos una máscara/ mirad
a Eurípides el trágico y su larga lengua negra
al suavísimo Alcibíades o a esa
prostituta tímida de todas las adolescencias
virtuosas/ vuestra muerte os despoja yo soy rico
de una máscara más

El pescador más cruel
es aquel que arroja al mar los peces muertos
generosos cretinos cocineros broncíneos
artistas imposibles hermoso pueblo griego
hice cosas hermosas

CANCIÓN DEL VIEJO ASQUEROSO

Mierda he esperado
ochenta años para ser quien soy

para pasar siempre antes que los demás
para mancharme siempre en el retrete
para decir obscenidades a las niñas pequeñas
para comer patatas fritas en los conciertos sinfónicos
llamar gordas a las gordas viejos a los viejos
fingirme sordo no afeitarme

para no ser educado no ser limpio no ser discreto
no ser afable no ser activo no ser inteligente
no ser alto no ser fuerte no comer de todo

para mirar follar a los perros para encapricharme
para besar en la boca a un guardia de tráfico
para acariciar los pechos de las estatuas en los parques

para hablar a voz en grito en los museos
ver películas sucias tener pelos en las piernas

para leer *Juliette* a mis nietas por las noches
explicándoles todas las cosas que las pobrecitas no comprenden

soy
un anciano asqueroso
absolutamente feliz

LAS BUENAS INTENCIONES

Cocodrilo una palabra de poema
un animal lánguido de moderado exotismo
ridículo como la ternura o la ensalada de frutas
inocente como la primera carne humana
melancólico como haber devorado a la mujer que amó
un paradigma de la fidelidad en el sentimiento
de la equidad la prudencia y tantas otras
espléndidas virtudes tropicales
filosofía en el riguroso andar educación
en el trato con las damas y en el aspecto general
un algo escamoso de caballero antiguo
y el rugoso equilibrio difícil
del apenas reconciliado consigo mismo
El cocodrilo una tristeza que no acaba de pasar

un amigo demasiado largo para llegar a tiempo con él
a alguna parte
y si los poemas se hicieran con palabras hermosas
yo diría que cocodrilo
es una hermosa palabra de poema

VIDA NUEVA

Viviremos a tu puerta
Haremos la salutación del natalicio
con nuestras raras manos de carnaval
Moriremos con una sonrisa frenética
entre los aplausos gladiadores del público
A pesar de nuestras buenas intenciones
nos arrastrarán torrentes nos besarán vampiros
y la duda parecerá más preciosa que la vida
No leeremos jamás
Inventaremos el ferrocarril viajaremos
en una pulsera con nuestro amor marchito
Pareceremos quizá sombras huecos de voz pero
a lo más tardar en el Ártico sabrán de nuestro nombre real
No habrá perdón seremos implacables
y te prevengo llegaremos
a suicidarnos nipones si no podemos ser hermanos tuyos ante la
    puerta cerrada

MI AMIGO

Era el más hermoso de nosotros
brazos largos como cera que se quema
caderas delgadas de domador de caballos
y un a manera de desprecio que las estrellas
enseñan a sus hijos y es azul y ojival y
hermoso y amargo como el amor

Era el poeta bajo hipnosis y el mercader de esclavos
cintura de dios herido manos de óxido
era puro en el crimen su virtud era sucia
muslos opacos de nadador de sombras

risa corta del que todo gana y pierde todo
cristal de roca áspides de ceniza juventud
dibujo del poeta que ha sabido callarse

Los amigos mejores viven acaso más lejos
apenas hablan se marchan en los últimos vagones de la furia
él no dejaba atrás ni siquiera un recuerdo
ignoraba el nombre de sus peores pasiones y si algunas veces
una palabra vale por otra un silencio paga
aquel silencio antiguo

EL VAHO DEL SUICIDA

Las llaves se han perdido en un ángulo recto
Cinco urracas violentas atesoran tristeza
en las esquinas de mi cuarto
y vacío mis ojos
del humo acre los días funerarios

Duermo veinticuatro horas
desdeñosamente

y la dulzura y la muerte y el hastío

ELUSIVO

Se encasqueta
el sombrero de no saber

y se hace la ilusión
de que la lluvia negra
no tatuará su espalda

desconsolado perdedor
de esquinas

acalambrado celador
de osas

TEOLOGÍA DE ANDÉN

Esperar en la estación,
ver entrar el tren y salir los viajeros,
esperar hasta la última mujer, vieja o joven,
guapa o fea, piel lechosa o cetrina, y decirle: vamos
nosotros dos a buscar la pensión más barata,
encamarnos allí
y no dejar de follar hasta que Dios exista

HÁGASE

La Dama dijo no
voló un Pañuelo
y un Pájaro lascivo aserró las piernas a
Arlequín aquella noche

EL SUEÑO DE SINDBAD

Velo a la orilla devastada de la noche, atento a su latir regular como pudiera serlo el de un alma libre de toda dependencia corporal y que sin embargo, o más bien precisamente por ello, respirase.

Negras olas depositan pies a mis pies, manos junto a mis manos.

Atento a sorprender lo que no se repite, pienso que en esta ciega playa de tiempo todo estriba en que lo que he dado en llamar el mar, como antes lo llamé la noche, no se detenga. Alguien me dijo que el mar enseña a contar: acaso he venido por eso.

En mi sueño edifiqué una cárcel donde continúo preso tras despertar, si es que estoy despierto. La celda, espiral de nácar, es harto más dura que mis nuevas manos de corcho y espuma: y no puedo hallar las otras.

Las olas arrastran una concha roja, la sal comienza a dibujarme cristales en las venas. Pero mar adentro —si es que todavía duermo— aprenderé a cifrar mi deseo en algo que no conozco, en algo que nunca podría ser arrastrado hasta la orilla.

MELANCOLÍA DEL BUFÓN

Con palabras de púrpura y campanillas de plata
crear nuevas hambres nuevos desprecios
felices negaciones personajes interminables
perdidos en la novela cruenta de mi vida
a la que no tengo valor para dar fin
Por favor por favor/ dejaos convencer

III

POEMAS SENTIMENTALES

ANÓNIMO

Adivina la soledad de la bestia cuando la bella está al teléfono
y desaparece de súbito dejando tras de sí
un aroma equivocado y una foto
Qué selva de jinetes
Adivina qué cantidad de éxtasis llenan el hueco inervado de un día
y vestida de abejas negras dime luego la cifra lentamente
Qué estupor qué brocal de desnudez
Adivíname saltando por encima de tu tejado
con los potentes muslos de un diablo que hubiera extraviado su
    saciedad
y disponiendo sin límite de un arsenal de labios dijera
qué fuente blanca de sed qué ala sin pájaro
Adivíname serpiente con un mapa de enigmas en la piel
tesoros a hachazos felicidad sin recámara
las seis extravagancias de un dado con amnesia
una divinidad de hélices imprevistas pulsada en tu cintura
Adivina cuál es la herida más grande
en el cuerpo más pequeño
qué artífice ha tejido en tu cadera encaje
qué murciélago mira cuando nace un poeta
Adivina si puedes qué caudal o peligro aguarda a que despiertes
e ilumine mi sueño el tuyo libre al fin
qué palabra salobre nos ofrece la aurora
qué lucidez de amor inexcusable
en un país vacío
Adivina cuál es el primer verso que no quiero decirte

qué escondo en la mano cuando te la entrego abierta
en qué música espero ser perdido o salvado
Adivina las lágrimas del dios cuando despierta de su mito
y ofuscado ve en muerta corza una doncella con flecha
y le arranca la herida con su pulgar redondo
Adivina cuántas pausas perdidas en el cielo
qué loca cacería verde al filo de la hoguera
Adivina qué disfraz detrás de la baraja
y cuando hayas conectado un número y un nombre o te estalle la
    boca de manzanas
adivina quién quién ha escrito este poema

EL LADRÓN INTERIOR

Una luna desnuda se abreva en tu garganta
resbala en tu silencio/ rueda de un pecho a otro
desciende hasta la esponja caliente del pubis
Has olvidado cerrar tu ventana vinosa
y ya la redonda medianoche roja es una veta
más de la mina de tu cuerpo metálico
Has olvidado romper tus claros párpados
y vestida de sueño delgada como un hilo
tu carne aérea abre una herida de sombra y polen
Un funámbulo que enreda una madeja de sangre
de un horizonte a otro
me ha guiñado un ojo o una ventana abierta
y aunque no sé qué voy buscando en esta
noche huracán/ noche buhardilla incierta como un último latido
sé que voy a encontrarte

EXTRAVIADA TAN CERCA DE SÍ MISMA

Escucho escucho
hay un sonido prendido en cada rama del árbol
que te despierta al caer
como una hoja

escucho tu sueño inquieto/ tu agua fría, sorpresa
de ondas breves/ escucho la tímida
ardilla sexual/ (de mi libro he perdido
la página con el beso de la bella durmiente)

confidencialmente la noche
ha atravesado un secreto una sola palabra un labio
con una aguja/ por eso escucho escucho
tu cuerpo/ sería tan fácil hablarte si saliese la luna

ser emotivo o perderme en los meandros
líquidos de tu vientre
en cuarto menguante/ gesto a gesto
vestirte la piel de trampas y caminos/ mientras duermes

pero esta noche solamente escucho
tu estupor inminente/ como una niña nublada
te has quedado dormida en las hojas de un libro
respirando apenas de miedo a despertar porque

tu bolsillo de otoño está lleno de hojas secas
que han sido el oro prometido por el duende
y esa promesa yo
la he oído la he oído la he oído

AMAR ES UN PARÉNTESIS

Sabes ella no sabe
que yo sé que
ella sabe lo que yo supe
amándola/ una palabra
que le di y que
he olvidado

LA MUJER INVISIBLE

De una sombra has hilado la piel tersa de tu alma
La luz da vueltas alrededor de ti
brazos trenzados intención de encaje
estrella opaca temblor cierra los ojos
tú que conoces todas las quemaduras
tú que siempre haces como si nada existiese

A veces de noche te crees igual al sueño
y entonces erosiva hermosísima posas
sobre mi pecho tus dedos de sudario

y no hay palabras que el viento como un niño no repita
por una eternidad de damas saciadas y juegos tristes tristísimos
Conozco la renuncia tengo los labios blancos
Hago profesión de avidez

SONETO MINUSVÁLIDO DE LA TERCERA VIDA

En su breve corazón lanceolado
hay una ciudad con tres puertas

una es la entrada del día otra la de la noche
la tercera siempre permanece cerrada

Cuando cada mañana coincide con su asombro
bailan en su cuerpo transparente tres preguntas
una palabra es de tristeza otra de gozo
la tercera no la dice nunca

Hay labios en sus besos de tres colores distintos
su sueño guarda un animal con tres alas
se dan cita en su estirpe hasta tres casas condales

Su claridad me asusta no sabría decirle
—a ella que se cree a salvo en su secreto—
que estoy enamorado de su tercera vida

SOBRE EL HELADO PARQUE
DONDE JARDINERO HA HALLADO
DOS ZAPATOS VACÍOS

Escondida en la cabaña de humo
de Otoño
la sombra de la mujer que perdió sus pasos en la nieve

Quién arrimará su escala a ese árbol enorme
en cuya copa distingo
con un pájaro de alcohol a mi Madre en edad
y sacudirá sus muslos hasta que
caigan brazadas de muerte entre las hojas

Un vasto parque donde Escarcha escribe
«sensualidad» e «indiferencia»
como un oscuro simulacro de orden
arrastrando alas sucias de una habitación a otra

Cabe que Preso en una sola visión
no atine a discernir en esta melancolía alpina
otra cosa que un lívido mastín de niebla

o cómo las venas se desplazan lentamente
de una mano a otra
sobre los frágiles argumentos de sus dedos
Ella perdió algo más que los pasos en la nieve
pero en toda persia no hubiera habido Rey
capaz de decir qué

Mírala colma un siglo de penumbras
litigiosas y largas como un solo Reproche
—demasiado tiempo para tener
la ventana abierta un solo instante más—

ADÁN ESCRIBE EN LA ARENA

De tu piel que es diferente de la
mía haría yo un
milagro. No me heriría, no. A veces
encontré conchas encontré pisadas
y las guardé sin decir una palabra.

De tu piel tanta sal sin inocencia
que no cabe en las manos. Una llama blanca
en el mediodía de los cuerpos una herida
como una boca que nunca había visto.
No te sorprendas tú sabes
cuánto he deseado ahogarme deshacerme
como si hubiera existido el paraíso.

De tu piel un caudal
de desnudez. Quién sabría vivir
en otra parte. Dos alas ingenuas testimonian de

los astros los ángeles borrachos sus órbitas segadas
como un pozo azul. Un animal expectante que
ignoro una rápida fatiga. He caído. Amada hecha
amada olvidada con el dolor del mundo

CONVERSACIÓN SELVÁTICA

Dijo querría dar a luz
una camada de tigres
Dije querría tigre hallarte
con luna roja redonda como un vientre
y abrieras un lago blanco
con esa mano que sabe tantas voces

Jugar dije la peligrosa galanura de tigre
en tu acre piel rayada
ese denso hechizo que abrigas de reposo
Hacerte el amor sinuoso de tigre
y juntos almorzar un niño delicado a manotazos
para dar fuerza a la noble vida ciega
que llevas en el seno

Cinco gatos celestes heridos de belleza
veloces en la caza
amargos en el llanto y en la risa de sangre
Suya será la mesa de la tierra
la saeta del viento
la noche y sus cristales de diáfano apetito

Beso tu vientre dulce de cinco raíces
cinco bultos de azar indócil
cinco vilanos cálidos que habitan
tus ojos como diez espirales de hielo
La tormenta desata uno tras otro
nudos de azar y estrépito

Alguna diosa orea sus cabellos

A través de los árboles
filtra la luna el rastro firmísimo que sigues
Troto tras tus ancas exentas tu espalda poderosa
más hondo tu lácteo cuerpo cóncavo dije
hasta lo más hondo del bosque

LA PULSACIÓN SUSPENDIDA

Campanas de tinta llenan la madrugada con su aviso desvencijado. Mi amarga lengua.

Ladro, ladro, ladro con el largo perro amarillo del desconsuelo.

Qué escándalo de mil demonios este osario inútil, este sonajero de muertos en el pecho.

Es como tú decías.

Mi mortificada cortesía, mi escualidez impávida y una solicitud de fiebres tropicales que llevo siempre conmigo.

Es como tú decías. Como una fotografía. Un instante de descuido y una eternidad de desconcierto.

Y lo insoportable: todavía finjo que no lo sé. Monólogo de la vida con un ángel cocinero sentado sobre mi corazón.

Con un asfódelo en el ojal, con una sonrisa distante. Payaso de tu cuerpo desnudo.

Quiero detestar mi deseo y deseo hasta ese exceso de aborrecimiento, esa borrachera instintiva. Al desierto conducen todas las puertas abiertas.

El gran teatro. Llueve como si todos los caballos del cielo estuviesen orinando de repente. Turbios amores/ entre bastidores. Qué risa.

De todo el mundo, de todas las muertes,

de todas las maneras te amo

NIEVE QUE BORRA EL MUNDO

Has visto jamás la nieve
caerse derrumbar una paloma gastada

como una palabra inmemorial que dice
el mundo es dulce el mundo es blanco

como un marsepultura enorme que olvida
copo a copo arrecifes de capricho

la nieve azul o cereza o niña perdida o
tantas otras muertes cuyo color ignoras

borrarme con la mano el rostro apócrifo
los brazos frágiles el corazón fantasma

has visto jamás la nieve
tejer el tapiz frío que nos hace cobardes

ON THE ROAD

Mañana partiré. Toda la noche he intentado morir con el sueño de tu muerte; al amanecer, apurando una botella de frío, estoy pegado al suelo pero vivo todavía. Hoy partiré.

Esto es el fin del mundo, no puedo llevarte conmigo; y si fuera de aquellos que tienen que borrar sus caminos tras de sí, habría de matarte. Mi extraordinaria indecisión me condena en cada encrucijada, me salva luego. Una adivinanza no puede resolverse sin fe; no consentiré que me delaten la telaraña rota o la mancha de aceite. Por eso me voy.

Mañana partiré. Sentada al borde de la carretera, al borde del abismo invertido del cielo en esa hora incierta, irás volviéndote cada vez más pequeña. Para no hacerte daño te diré que te olvido, que sigo algo o a alguien. El alba nos desnudará con sus extrañas manos. Cada paso romperá un reloj detenido, romperá una fotografía transparente, y me alejaré de ti. Sin murmurar palabras.

Aligerado de mi vida iré haciéndome cada vez más horizonte. El aire del camino me volverá delgado. Lucharé hasta lo último para mantener el equilibrio y al final, quién sabe, acaso me desvanezca en un disparo o en un vuelo de pájaros. En la carretera otros sabrán de mí.

Mañana partiré para encontrarte en algún otro lugar

EPÍLOGO: POÉTICA DESTEMPLADA

Un mundo de cosas mudas, herméticas. Cosas vueltas hacia sí, ensoñaciones reflexivas, espejos hacia adentro, revocables aniquilaciones puntuales; objetos y vacíos. Ni siquiera el silencio existe, puesto que aún no se ha pronunciado la primera palabra. Lugar, tiempo, conciencia: palabras hueras. Huecos de palabras.

El poeta, testículo de astro, bestia que grita, prometeo locuaz dotado de voz, de muchas voces, intenta hacer hablar a las cosas. Arrancarles una palabra. Y en cada nueva voz se repiten las atormentadas oscuridades de la creación.

Donde la ley es la ausencia evoca él presencias que, quién sabe por qué radical inadecuación, aparecen siempre descolocadas, excéntricas. Esa singular sorpresa, esa inagotable sorpresa del mundo con sus hurañas o apetecibles resistencias.

Él ama lo frágil; las insignificancias en que consume su vida llevan todas la impronta inconfundible de la caducidad. Para salvarse de lo eterno se intenta mortal, para evitar lo inmediato se pierde en las distancias medias, para esquivar el calor habitable se escabulle en una estación destemplada. Él ama el laberinto. Se hace la ilusión de que nadie le aprehenderá jamás.

Ni a sus huellas. El que da la vida se reserva el derecho de retirarla, por irrisorias que aparezcan sus criaturas. El señor de los tiempos muere y sus palabras desaparecen.

De la antigua belleza me fue hecho don.
Días desenterrados borraron mis propios días
desde lo anterior del tiempo.
Exacerbado por aquella dura luz pretérita
fui yo olvidándome.

LA VERDAD ES UN FUEGO
DONDE ARDEMOS

(1981-1984)

Amar es descubrir en el otro lo sagrado: el paraíso, el abismo, la cima, la noche, el espacio y el infierno. La experiencia puede llegar a ser devastadora.

Yo sólo quise ser a veces, en mañanas concéntricas y casi inabordables, el deslumbrado panadero de tu goce.

Los poetas carecen de pudor con respecto a sus vivencias: las explotan.
FRIEDRICH NIETZSCHE

Nunca sabrás cuánto es suficiente si no sabes cuánto es más que suficiente.
WILLIAM BLAKE

Aquella que arruina el ser, la belleza/ Será torturada, sujeta a la rueda,/ Deshonrada, declarada culpable, convertida en sangre/ Y grito, de todo gozo desposeída.
YVES BONNEFOY

TEMA

Simiente de imposible.
Corona de la muerte.

Presencia —inconmensurable
con la corrupción, el nacimiento—.

Rostro de abismo.
Desmenuzado, centrífugo.

Derrota, sideralmente
libre y pura.

I

DEDICATORIA

Si una muchacha es un relámpago blanco
una descuidada trenza de la muerte
la carcajada absoluta de Rimbaud

Si la suma postración o la derrota
es una fuerza inmisericorde ácida
en el cosmos del trigo
bajo el telar antiguo de la culpa

Si las palabras se apagan en la carne
amada destruida florecida ansiosa
de consunción
Si las palabras no actúan
o solamente dan fe
de que una mazorca de sangre desafió al sol

entonces únicamente
tú

SORTILEGIO PARA NO PERDERTE

Junto en primer lugar leña menuda
después, leña más gruesa
luego acerco la lumbre de mi mechero hurtado
aux dames du temps jadis

Guardo sólo dos recuerdos: mi amor y mi caída
Pongo entonces el amor en el lugar de la caída
recíprocamente trueco la caída por el amor

e interrogo al color de tus ojos

duros como el deseo
urgentes como la fiebre del tiempo
hermosos como la impaciencia y el escándalo del que vela
en la noche de las noches

Y el fuego verde que crece te acepta, te acepta
y nutre mi nueva soledad

EL CUERPO SE ACUERDA DE UN AMOR

> Había que escribir sin para qué, sin para quién. El cuerpo se acuerda de un amor como encender la lámpara.
>
> ALEJANDRA PIZARNIK

1

Diente de dragón,
taba de libertad que hoy he perdido:
así, dando palos de ciego, destruyo
mi casa y las cornejas me envilecen
con su infinita compasión inútil.

En un tiempo lejano habitáronme dioses.
La caída:
un copo de ceniza en el dedal del miedo.

2

Mundo abierto como una vena
palpitante como una estrella inextinguida
río de vida que abreva
a las últimas panteras incesantes

Asombro: saberme súbitamente denso intacto
y apreciar el ímpetu verdadero de los seres
y su deseo y su amenaza.

3

Dejar que el silencio se abra como un fruto
y recoger la sazón de las palabras.
Sobre la nuda piel, escribir el poema
que haga pedazos el vaso de la muerte.
Y no sobrevivirte nunca a ti,
corazón apretado, oniromante, efímero.

4

Porque permaneces allí donde no puedo durar.
Alfabeto en el cielo del deseo,
devastada alegría, sangre sin hipérboles
exterior al mezquino círculo del hábito
donde se abrigan los hombres, girando
como los perros sabios antes de dormir.
Donde no te alcanzo.

Hundida hasta los ojos en la aurora,
escueta y desesperadamente viva.
Amada de las hoces y las navajas rotas.
Donde no puedo estar,
donde te espero.

5

Durar
junto a tu corazón.

Arrostrar la noche de tus ojos.
Alimentar a la sangre inclemente
con la miel callada que cicatriza el vértigo.
Abrazar infinitamente tu riesgo,
amarte, amarte en el abismo
azotado por tu grave cabellera marina.

6

Me hundo en la leyenda de tu sangre,
recóndito furor prefigurado en el torrente,
escalera de luz.

Largas horas conversan con raíces.
Alcanzarte y perderte interminablemente
no es sólo la más cabal figura de mi historia:
yo nunca renuncié a mi pleura infernal.

Allegarse al crisol para anidar
en risco respirado.
La libertad de rostro rojo atisba
entre las ramas diáfanas
del ocaso por tus manos abierto

II

GLOSAS

I. Para Tàpies el cuadro no es, como para los pintores del Renacimiento o del Barroco, un agujero hacia la tercera dimensión, una ventana abierta en el tabique de nuestra sala; más bien es como una losa, como una pesada puerta que se cierra ante nosotros y nos obliga a permanecer.
II. Se diría que nombrar permite una participación inmediata y más que ciega en la llama violenta de lo que es.

1

Losa honda de materia,
puerta perecedera, duro humo
de la transmutación.
Te tocase una mano —crin o vértigo—
y cobraría conciencia de sí.
Tu piel desmoronada sería tacto suyo,
el lugar de tu ausencia, su vacío.
Ya inseparable la desgarradura.

Piedra de este lugar en este instante.

2

Alta llama del ser.
Tras el yeso del rostro
—ronco cadáver cautivo en estallido—
lo insostenible.

No yerres. El fundamento
tú lo imaginas, lo forjas, lo destruyes;

mas se te ofrece en absoluto abandono
la blanca consunción

CUERPO DEL AMOR

1

Recuerda, niñez mía
aquellos ibones vertebrales de los Montes Pirineos
en cuyo fondo mora una mujer bellísima de agua
que irresistiblemente llama a quien desde la orilla
se atreve mucho tiempo a contemplar, y enloquece.

El denso abismo azul impenetrable
se cierra sobre él, y quién ha visto
la mano delgada que le atrae al fondo.

2

Para decir tu nombre
desnudé las altivas paredes de mi casa
bruñí los ojos de las aves nocturnas
y despojé al gárrulo corazón
de penitencias y trofeos
convoqué a los más esquivos silencios del amor
me unté los labios de tierra negra y de sangre
pensé en la inapagable estrella de mi muerte
para decir tu nombre.

3

Recogí la espiga
en la libertad de tu cuerpo oferente.

No había otra luz que la del difícil amor,
otro poder que la soga de los miembros trenzados.
Otra senda que el laberinto de metal de tus venas.
Otro manantial que tu corazón transparente.
Si te negase, arcaico un dedo
fulgurante de nieve y cicatrices
no tardaría en reventarme los ojos.
Te he conocido. Eres todo cuanto sé.
Creo en este momento.

Confié mi verdad a la primavera del muérdago
y al bosque rumoroso de la sangre.
Tú aguardabas en cada gota de lluvia,
presente como la inmemorial alianza de la aurora,
como el beso del tiempo en el corazón del fruto.

Promesa de la libertad contra la muerte.

4

Cuerpo del amor
habitado desde más allá de sí mismo
cuerpo del reconocimiento
que me supone y me emplaza y me explica
Je est un autre
pero el otro es el mismo

Cuerpo del reencuentro
carne de eternidad y de abandono
cuerpo arrasado de deslumbrante demencia
de cósmica pereza donde se olvida el mundo

Cuerpo de revelación
dolorosamente fascinado por cuanto te niega
te abraza te destruye

Babel de múltiples tiempos y sentidos
encarnación de ti mismo
que nada explica pero disuelve
la pregunta

interminable aljibe de pureza.

5

Y sostengo tu mano.

El peso arrancado, que tiembla
en frondas oscuras, rasga
la hollada nieve del verbo.
Su tiempo, único augur,
en el hombre examina las vísceras del ave.
Detengo el torrente de párpados.

Y la sostengo, mano
sobre el charco de la muerte, racimo
invicto e instantáneo,
dura lumbre blanca donde intento durar.

6

Ángulos de tu piel que yo he creado
arándote en deseo

Lugares vastos en los que has vivido
como en las catedrales de mi espera

Sueños aún más antiguos que has soñado
porque yo te he soñado inexpresable

Desde el légamo oscuro de los días

difícil, fácilmente
he llegado ante ti.

7

Dijiste: todo, Todo, y se abatieron
como rastrillos de heridas familiares
relámpagos de sombra.

Todo se repetía: sin sarcasmo pudieras
morir dos veces; una en sueños,
otra necesitando abismos elegidos.
Pudieras desatar el nudo de tus venas
y el corazón callado

DULCES SUEÑOS

I

Es muy tarde. Dispones
tu lecho tan intrincado en un lamento
y apartas el suelo bajo tus pies.

El silabeo de un saxo,
terciopelo y sombra y humo último,
es absoluto ahora. O el silencio.

Por último, la caries del embozo
te devora la cara.
Blanco escarabajito acurrucado
en el hueco convulso, recorrido
por rápidos temblores. Apartas
mi mano de tu vientre dormido.

Fais de beaux rêves.

2

Medianoche en la canción del cristal.

Respiración
que se arrastra entre hojas secas,
hormiga o musaraña. Qué denso el olvido
al que me llamas. Pero antes
enunciaré las tres incertidumbres
con las que creo explicarte hoy:
niña dormida, ala del vértigo, temblor.
Canta la medianoche y nos escucha.

Seamos los que vuelven
de su palabra abierta.

(Pero no hablé contigo
sino con la mitad izquierda de mis ojos.)

3

Quién me retiene al filo de tu noche
traspasada de ángeles caídos, anhelos
que horriblemente la luz besa y disloca.

Quién me sugiere estos sutiles susurros
cinerarios, este saber que no supiera nunca,
quién ajusta el temblor al zaguán de la piel,
palpa el riesgo y la ansiedad de tu silencio.

Ese quién, tuyo y mío,
es el más familiar de los enigmas. Sabes sin duda
que morir es privilegio de los vivos.

4

Si esta noche dos círculos combaten
en impreciso rito de unidad:
manos destazadoras cariñosas
vientres acuchillados de pureza
violencia sin anillos o eslabones
y si venciese lo santo santamente
¿qué nombre guardaremos para el odio?
¿qué fiebre o qué ojos devorados
espiarán la inocencia y el abismo?

5

Te pediré que no restañes
este sueño incompleto de vivir, que ya acaba.
Que no engalanes la fiesta de las sombras.
Que me aceptes
expuesto, revelado a la oscuridad,
construido con piedras rojas y musgo
como el camino romano en el pinar de la infancia

ESPACIO PARA LA DESTRUCCIÓN

I

El abismo que repta en la desgarrada piel de los amantes
en la palabra soterrada del vidente en la luz fascinante del mal
en la lengua gangrenada del tiempo en la necesaria corrupción
de la consciencia y en la íntima enfermedad de mi dios hollado

Dios se saborea dice Eckehart
(se mastica se escupe y en el lugar de la boca
persiste un horroroso agujero)

Cuando no puedes dar un sólo paso más
dar ese paso
       y encarar lo imposible
—*Mais je triche mais j'avoue*...

2

Fuerza para segar las hoces,
espigas de metal más hondas que las espigas azules.
Fuerza para estrujar los santos corazones voraces
que se alzarían a la matriz del silencio.

Fuerza para abajar el borbotón del ansia, para tronchar
árboles de la risa, desmigajar insectos sutilísimos;
fuerza para ulcerar la garganta del amor,
para hollar a las venerables criaturas del espíritu,
para humillar a la vasta maternidad elemental,

fuerza para las geometrías del mal,
para el altar de la esterilidad, para los fugaces
aliados animales de la angustia,
fuerza para la injusticia,
para la emasculación de los ojos y las inaprehensibles manos,

para ahogar al silencio que volcaría todo,
para las desnudas alas vívidas de la muerte

TRÍPTICO

1

Ascensión:
un tríptico con águila donde concluir
mi aprendizaje de fuegos y de bruma

silencio de caída
hacha que rueda de un pozo a una montaña
alas de bronce que sustentasen el espacio
diez segundos de sangre
vertebral escindida
sobre suelo de inhumanidad

y el sabor ácido del semen en la boca del dios
imanta el último abrazo.

2

Arrecia.
Hasta el corazón con manos cavadoras,
a la cuna de sangre sedienta.

Cuando pase esta ráfaga de agujas
solamente implorará la nieve.

Palabras como lejía que se arrastra
entre labios de surco,
como largas cadenas impotentes.
Tras los vientres tapiados
la nieve innecesariamente dulce

no para de cantar.

3

Vivir
en el viento del tiempo, que traspasa
huesos de repente infantiles y cristal de carne con el atisbo
atroz de un ascua más ardiente que el sol
y más pequeña que una mano de mujer,

o con la dicha inexplicable, sonrisa
en los labios de azufre del ángel que combate
por el amanecer incierto, por la muerte
blanca y dura que quién sabrá burlar,

o con el terror
imperioso que cada apretón de tu sudor o tu sueño
hace mío, centinela en mi sangre,
amo de mi silencio, desbaratando
la piel preconcebida esta inocencia libérrima
y amarga de los vientos, de la rosa secreta
en el primer día del año.
Y quién se cortará la mano derecha
aun si brotase un ala de paloma.

Afilados vientos que hieren para siempre.
Menester es velar
en esta última madrugada

EST-CE QUE TU ES UN CHAT OU UN CHIEN?

Vimos esta mañana morir un perro
en la carretera, y arrastrándose
llegó hasta la cuneta sin que se oyese nada,
los cuartos traseros muertos ya, colgando

de su súbito cadáver insepulto, mudos
de sangre, llegó hasta la cuneta sin gritar, envolviéndonos
en el silencio doble
de su media agonía sin objeto.

No sé qué hacer ahora
con esta tristeza de perro muerto
y la torpeza de las palabras puestas en fila,
rabos tocando hocicos, eslabones
uniendo nada con ninguna parte

III

LAS CIEN BOCAS

Tú que besaste las cien bocas ciegas de la vida
deja que tus labios buídos iluminen
el furor, la amargura y la baba de este instante que dura
tres siglos ya arrastrándose tal lagarto de plomo.

Tú penetrada por el arcoiris, altar de sacrificios lunares,
tú que te demoras en los puentes azules del infierno,
tú olvidadora, quimérica, callada,
dame a beber el óxido que abrasa.

Pero la redención no viaja con tus manos
cicatrizadoras, mojadas en el cielo helado de la infancia.
Ultima ambivalencia. Mudos son los misterios:
en lo divino creen, dice Hölderlin,
únicamente aquellos que lo son.

En los ojos enferman pescados de tiniebla
con múltiple gemido, yo escucho, yo escucho,
son cien bocas que dicen lo prohibido
con estas palabras tentativas, hirientes
y precarias

DENTRO DE UN CÍRCULO DE FUEGO

Encerrada en un círculo de fuego, dentro del cual
bailan las intangibles figuras de tu vida y también —sobre todo—
tu propia muerte con su máscara blanca, inagotable.

Absorta, extasiada en las distancias letales
que median entre el agua y la sed, entre el deseo
y ese espejo o ceniza que devuelve la nada de quien mira.

En un charco de un año. Y yo,
impedido por esta solitaria multitud de viajeros,
intentando rozarte con mis dedos quemados.

Con esta luz dulce y dura, en esta tibia mañana de premura
habremos de gritar hasta romper los cristales y a las sombras que
    fuimos
liberar de su triste danza mecánica, medrosa.

Y que nadie nos busque desde este instante mismo

NOCTURNO CON TOS

Buscaba a tientas, levantando
cautelosos remolinos de tiniebla,
certidumbre en tu carne.

Presa en ti, afantasmada por el sueño, ensayabas
una vez más tu muerte. La tos como una máscara roja
te tapaba la cara.

Sin reconocerte sufrí, con el vientre empuñado
por ese miedo amniótico que nunca nos permite
acabar de nacer

ESCONDITE

Con qué imprecisos gestos
con qué tensa gramática de ahogo

intentaba alcanzarte más allá de las luces
pringosas de aquel *Inferner Park*.

Tartajeaba niebla de palabras
por disipar la niebla.
Los linajes tan sólitos del miedo
enconaban ácaros de alma, venas
como el tráfico abiertas, de sosiego mortal.
Payaso de los últimos alambres,
preferí no mirar.
Bruselas ululaba.

Tú enmudeciste
en el brocal del pozo de la sed.

Y no sé si también gozabas ya
de ese tu infierno de lucidez extenuada

MUJER MARCADA

Me dicen que en el vergel arrecido de las venas
te ha estallado el sol.

Trozos de un sol sediento,
hurgador, inviolable.

Arcos de sangre que no traspasaré.
Ofrendada en un ara insolente,
más allá de ti misma. Me han dicho
que la ambigua señal en tu piel que descamina
es el signo de un dios

LA TAREA DE MORIR

A tientas busco la raíz avarienta
de esta destrucción, del hiriente
polvo empenachado que mis pasos levantan;
esta distancia pegajosa,
quebrada en ángulos ciegos;
este tiempo extasiado de corrupción
donde aquietan las cosas su espesura extranjera.
A tientas corto estas flores de ceniza,
chupo la sal de los muros, guío al humo
extraviado en este laberinto sin signos.
No hay testigos que puedan
entristecer este paseo previo. No sé qué
ando buscando en esta hora imposible,
este estar donde estoy, anochecido.
Soledad de estar solo en la casa vacía
de mi cuerpo, con esta minuciosa
tarea de morir

ENSOÑACION EN EL FERROCARRIL
TRONDHEIM-OSLO

Peces de sombra atraviesan el estanque de opio
la noche es la melodía de una flecha
que se persigue a sí misma
y en el blanco de esa flecha una herida respira
(pues que la música es una de las artes
de la respiración)
para morir

El cuerpo enamorado del agua cae como lluvia
sobre el cuerpo

quiere ser luna quiere ser una pregunta de plata
quiere ser azul quiere ser
una navaja que se afila y afila
para morir

Vienen los animales pretéritos del sueño
baladrando con los morros empapados
de amor y agujas. Danza, porque
si me tomas la mano
no despertaré

OUT OF REACH

I

Toda la noche he abierto la puerta
preguntando quién es, quién
ha olvidado este maligno ovillo, desde qué sueño ácido
me alcanzan las manos o algas temblorosas.
Toda la noche ha rechinado el pecho,
han cantado las hojas como lanzas, han hablado
los muertos alrededor de su cena inolvidable.
Las luces
solamente encubrían,
yo me ahogaba en embarcaderos de risa o era alguien
chapoteando en la ciénaga evidente.
Quién es, quién
eres.
(Las horas
siguen moliendo sin pausa su arroz mojado.)

En las venas se acendra la distancia. Como un arco, tenso
la esperanza de encontrar en mí mismo al otro, al extraño
pajarero inmaculado que me salve de mí. De
quién en este instante.

2

La más profunda noche
Entonces me buscaste

para asestarme un puñetazo helado
para ofrecerme lucidez y miseria
para engañarme con la verdad
para cumplir metamorfosis mortales
para explorar las trampas del deseo
para enseñarme el desprecio
para romper lo irremplazable
para engendrar vacío en el vacío
para amarme quizá y que yo te amase

Con estas palabras hago duda de ti
borro el perfil exacto de tu rostro
insoportablemente vivo hoy

doloroso ángel
inalcanzable en mí bajo mi cuerpo.

3

Hubieras muerto en Marruecos
nunca en Grecia
hubieras muerto en Schiele
nunca en Rembrandt
hubieras muerto en Celan
y nunca en Hölderlin
en el yogur nunca en la miel
donde mueres y mueres duraderamente

4

Te regalé mis manos que enhebraste con lezna en un collar
y está bien

En tu piel nevada bebí el vertiginoso rocío de la fiebre
y está bien

Morías cada noche como yo en tus menudas pupilas arrasadas
y bien está

Amaste a una serpiente a un gran pez a una pantera y tuve miedo
   y creo
que todo estaba bien

Me arrojarás incluso del olvido yo haré igual
el solidario aunque ingenuo ángel del Edén
se dará muerte con su espada llameante y estará
bien o mal bien o mal bien y mal

BLACK ORQUID

Orquídea negra.
Pájaro de sudor.
Tus manos anudadas.
La muerte zapando debajo de la piel.

Te volveré a ver.
En una habitación de luz mortal.
Ante un mar monótono y vacío como mis preguntas.

Beberé tu sangre.
Te venderé al traficante de inocencia.

Me extraviaré en estas fabulaciones sórdidas
como siempre.

... si fuera posible el encuentro
sin alas de cicatriz sin luz de herida
libres de la tenaza de ser
esta llaga que somos
que monótonamente sigue siendo

IV

HABITARÁS MI SILENCIO

A veces
gritar es acariciarte los muslos, o torpemente
girar con el escualo de tu sueño aterido

Tropezar en la blancura,
sumir la negra boca en tu pelo y sentir
hambre en las raíces

A veces aullar es amarte,
jugar a los dados con un lobo, otear
en el aire arrasado las naves
de la sangre. Creí que te besaba
cuando la hoz solar me cercenó los labios

HUMILLACIÓN

Divinamente perversa, lacerada
de alacridad, escarneciendo la sangre,
y la risa amarilla de tus joyas brillando en el suplicio
te soñé hoy.

Engañaste a la vida. Con las nerviosas manos florentinas
tejías la celada inevitable, atenta sólo al juego,
indiferente a los labios devastados, al grito sin orillas,
supremamente pura por ser tan bello el crimen.

Ningún casuista podría mudar la inocencia mineral
conferida por las estrellas que desprecias.

Te exime la blancura de los pequeños senos, el jaguar
en los muslos, los irónicos hombros.
En la garganta flexible no pone hierros la culpa.

Humillaste a la vida, y se encorvó bajo el arco
de tus pasos, se acurrucó en la vejación.
Reproche no hay ni lógica ni miedo, sino sólo
el hurtarse extraviado del animal melancólico
que advierte su demencia demasiado tarde
incluso para el sueño

DÍA DEL CERO

Alguien ha abierto las puertas esta noche.
El yunque amarillo
maulló, el sueño
se levantó desnudo de mi lecho
y mis manos dormidas se aferraban al frío
que entraba por los vanos de esa hora implacable.

Me desasistía el azul de la memoria,
la piel tatuada de gozo, las luces de carne
heñidas y abrazadas frente a cielos efímeros.
Tan lejos, tan oscuro... dolorosamente
yo olvidaba, olvidaba las palabras.
Debajo de mi almohada encontré un diente rojo.
Con denuedo, el horror
va trepando escaleras en el aire.
Y en este mismo instante
comenzaré a morir

TRUTH IS A FIRE

1

Si soñar fuese
el arma prometida contra el torpe reinado de la sombra
cómo herirían tus largos brazos blancos

El infinito deseo de Carpócrates
contra los estólidos esqueletos animados
de este pozo de cieno y sangre sorprendida.

2

Desperté con una espada
de durísima sangre entre las manos.

Me decían: no es tuya,
sueñas un sueño de otro
o de todos. Tuyo, nunca.
Otros inventan la muerte,
la expiación, la culpa dulce.

Era mi espada.
Eran mis manos cortadas
que la asían.
Era la sabia esgrima de mi culpa.

3

Cabeza arrojada en seis direcciones
—pero nada se rompe—

Truth is a fire
in which we burn

La mano mojada en sedas y en oboes
completa la curva perfecta del placer
sella la noche en adelante eterna

La vie à mourir -la mort à vivre
había dicho ella. O bien:
Il fait bon de jouer avec la mort
afin de sentir la saveur sans pareille de la vie

ALGUIEN SE SUICIDÓ
PÚBLICAMENTE (EPÍSTOLA GRITADA)

I

Escribir no es aullar. La nieve
no es altura. No es rebelión
el silencio, y toda luz no está
exenta de agonía. Escribo, no aúllo,
para decirte que la noche no es más larga
que tus vértebras, no más
espaciosa que tu piel
ni más libre que tu risa cuando altísima tiemblas
de dolor. Que tiene, en suma,
la profundidad de tu miedo, que me acoge
y la nombro con tu nombre, que tal amiga blanca

me habla de ti. Escribo, y aún no aúllo,
para decirte que te quiero, que no hay miseria
cuando llego a tu vientre, y sí
celebración,
afirmación pura, que nos comprende
porque nos ha olvidado. Escribir, sobre todo, no es
aullar. Hermana mía silente, tápame
los oídos.

2

Cómo decirlo, con qué minucioso extrañamiento de palabras
con qué prólogos de destrucción y de quietud

Todo te aguarda en mi ser —pero tú siempre
sirves a ese silencio ensordecedor, siempre das
satisfacción a esa posesión, a esa ausencia—

Ayer la mágica mano exenta de Paul Klee atravesó
la pared, revividora, dejando
una mancha de sangre —pude reconocerte

Hoy se trata de *Insaciabilidad* de Witkiewicz —tu
inalcanzable dolor transformaba cada página en una explosión
blanca, más allá de toda posibilidad de encuentro—

La vida se retuerce en su camisa
se abre y revienta como un fruto frenético
exasperado, exasperado, exasperado

Me miras desde el desnudo inmaduro y perverso
—inocentemente perverso— de Modigliani, con libertad
apenas miserable, sexo de inexplicables mercaderes odiosos

Labios blancos de ceniza, labios cariados, presa
no perdonada del fuego sin medida:
amo esa destrucción

como si tal fragilidad ensimismada
pudiera obtener gracia del inapelable poder
carnicero como bestia purísima

grave cabeza tronchada que acariciaría
manos de niña torturadora
mínimos senos felinos tristes y rabiosos

el deseo inconsumable como una humillación
incesante, una lengua lasciva que traza
palabras en el fango

desde mis huesos crispados grito ven, ven, ven
mientras se espesa el aire que estrangula

palabras que fueran más dignas del espanto

LA NOCHE SALADA EN TUS INGLES

I

Arcilla roja soy en las manos inquisitivas del dolor.
Me hacen sentir la tormenta inmóvil de su fuerza
tan delicadamente, sin quebrarme.
                    Acaso
reservan mi sangre para otras fiestas de más hermosa agonía

o acaso sufrir es sólo el peor engaño,
la mentira incurable
que para mejor clavar las manos taladradas
arranca el clavo.

2

Fuera la alegría finísimo cuchillo
que separase mi carne fibra a fibra
siguiendo cada hilo hasta su origen secreto
desenredando cada turbio ovillo de dolor

y ondeara luego nuestro así sobrecuerpo
como una gloriosa cabellera agónica
libre a todo viento sensible a todo sol.

3

*Bello como el
suicidio.* Solamente
después, hermana, de amarte
—mendaz como quienes sustituyen
el pensamiento haciéndose por una frase hecha
iba a decir: ángel negro,
cuando tu vida entera es una explosión blanca,
blanca violencia tu cuerpo
de diosa degollada,
blanco sacrificio tu rebelión
inerme y cotidiana y absoluta—
sólo después de lamer la noche salada en tus ingles
he entendido la imagen.

4

A las pruebas de la muerte sucedieron
los hermosos dientes de la California.

«Es raro» me dijo

«que no llores nunca y no sientas
tal carencia como mutilación».
Ella arrojó los dados fracturantes:
no volví a despertar

MEMENTO

¿Padecimos? No sé.
No quedan cadáveres que nos recuerden tal siembra,
ni quebradizos árboles de días amarillos,
ni muerte maleable.

Sólo este frágil aposento de equilibrio
donde estar, donde no estar.
Aplazando la espera.

Queda el desolado placer de la memoria
cantando aguas abajo

V

UNA TORRE NOCTURNA

I

Desnáceme.

Si pudieras
oírme
desde la fiesta callada de la muerte.
Si me rozasen tus dedos,
hierba absorta.
Si tu piel urgente hablase o delirase
con absoluta infancia.
Si me buscase, derribando las puertas,
la caricia que arranca la máscara y el rostro.

Si en el pozo del vientre me llamase,
espiral nómada, la angustia. Si volviera
la exploración de la noche
con su inocencia terrible,
si tu espalda blanca tatuara las tinieblas,
pájaro incandescente.

Pero tú sumergida en tus venas, lejanísima,
y yo quebrándome
en sombra de un despojo. Que al menos cese
la voz. *What kind of bird*
are you?

2

Anidaría en tu rostro destruido,
asediado por brañas.
Renovaría la hoz escarlata del poniente.

Pero un diente helado
separó mis palabras.

Arrastro largos cabellos horadados,
anudo los pulmones
adiestrados en aridez.
Confusión hay si trepo o si destrepo.

3

Escalamos una torre nocturna,
identidad quebrada.
Pájaros sometidos nos cuidan y devoran.

Esfera de sombra o saliva,
ruina tenaz que abato y reconstruyo,
necesario imposible.
Toda luz es relámpago:
picotazo de pájaros de luz.

Escalamos la torre que se derrumba
y escalamos y se derrumba y escalamos

QUI POURRAIT ÊTRE QUELQU'UN

Extraño rostro que el júbilo deforma
donde no sabría reconocer nada humano

Extraño tiempo deshabitado negativo
reacio al suceder
tiempo hendido tendiendo
un sudario de arañas sobre la cara acuchillada
que no consigue parecerse a la mía

Qué vacío modelan estos rasgos
impenetrables del éxtasis
«Quién podría ser alguien»

me preguntó el loco de la pluma

CREDO

I

Ascender a lo blanco.

Estuario incendiado de una herida
inmemorial y memorable,
tránsito de quietud, orilla tersa.
Lo blanco más allá de la visión.

Hemos nacido tantas veces
frente al imán de luz o bebiendo
de la copa recóndita.

2

En nuestras tinieblas no hay un sitio para la Belleza.
Todo el sitio es para la Belleza.

RENÉ CHAR

Hincaré en cada herida en cada cráter
la bandera instantánea del gozo

Bucearé desnudo de los fondos
en las esclusas feroces de tiniebla
donde cónica brilla
la noche como intacto diamante

Escrito
en la gran luz de imposible que acuna
la palabra perdurable del hombre

alienta al sacrificio inconsumable del hombre.

3

Creo.

Palabras,
ejercicio de imposible.
Violencia contra el pánico del ser.
Fidelidad solamente a lo invisible.
La potencia más pura
para desvelar
te.

4

Realidad como metal fundido,
aroma cuajado en vértigo, en deseo
mortal, cristal insostenible.

Así el hombre y el árbol
encarnan y se abrasan,

o el vaho de la sangre da fe

HE SOÑADO CON ELLA ESTA NOCHE

I

Toda la noche desbordada,
gajo violento de fiebre y espuma,
me estrella contra tu límite.
Cuando se retire la pleamar del sueño
buscaré por la sucia arena fértil
tus muslos blancos que laten.
No sabré interpretar tu gemido,
tu sonrisa o tu queja. No preguntaré,
porque el abra interior de una respuesta
nos espera muy lejos, otra noche.
Ahora solamente
te amo, me mojo la frente y los labios
con desesperación y con quietud, ya muy despierto.
Gracias por visitarme salobre y tan hermosa.

2

Tan niña que no querías subir este camino
caminabas dos pasos desorbitabas los ojos
tan blanca como la luna de paseo
te escondías el resuello en lo más hondo
y aquellos negros pantalones ceñidos
y aquel calzado absurdo

Y yo me moría de amor
untaba de deseo las peñas y las hayas
imaginaba lo más secreto y recóndito del bosque
y amenazaba con llevarte en brazos

Fue hace tanto tiempo luego dormimos juntos
luego te devoró una ciudad despanzurrada
pero sigues volviendo en sueños

sueños como desollamientos

INCONNUE

Me expongo a ti como si fueras lluvia
capaz de deshacerme en átomos de cieno
merecedores del sedimento más hondo, más oscuro y callado
para otra edad; o pudieses
lavarme de ese barro y presentarme, exento,
con la gran precisión de la jornada última,
ante los umbrales de gozo de tu ser.

CODA

1

Ya no grito cuando llegas. Nunca grito cuando me besas y siento muerte en el pájaro vivo de tu boca, muerte en tu sueño ensimismado y precario, muerte en tu paseo que se pierde en luminosas geografías con alcores rojos y bosques de sed y abras desoladas.

No creo ser más fuerte: pero acaso sí menos inclinado al desprecio, más vulnerable a la desgarradura del tiempo cuyo riesgo tú aceptaste con mayor radicalidad que ninguno de nosotros. Te amo. Venero tu absoluta inocencia, donde se torna irrisorio el perdón con que alguna vez hemos intentado envilecerte.

2

Pensamiento y poesía son dos abruptas manos ciegas que abrazan sin abarcarlo el país del hombre.

Manos manchadas con sangre y orina, con leche y miel.

Musgos culpables que sólo se reconocen en la inocencia.

Un amigo me dijo un día: *estar herido es estar vivo*. Estar agonizando es estar vivo. Sólo bebemos del agua de la muerte.

El sueño de la inocencia, el último, cuando ya despunta el alba. En el momento del despertar digo siempre: no.

3

Sólo atino a hallarte, sólo comienzo a saber interrogarte mucho después de habernos despedido para siempre.

Hallarte: presencia que se muestra una única vez, indica su secreto atropelladamente y desaparece enseguida de modo definitivo. Ardemos en el misterio para consagrar más tarde, una vez se ha consumido el fuego, el resto del tiempo ya arrasado a la minuciosa tarea de comprender las cenizas. Espacio de una revelación inútil. Comprender, desentrañar, desentrañarte: sumirme en tu vientre persiguiendo el jeroglífico del placer o el sacrificio, leer en tu carne dormida la seducción de lo letal, la destrucción de la belleza —el mal instantáneamente encarnado que corrompe y diluye el cuerpo que le abriga en la más alta de las agonías humanas. Cuerpo que no ha de durar, cuerpo ya soberanamente entregado, vivero de muerte vivida, querida y elegida, negra llama soberbiamente alzada para que la libertad abrase a la libertad. Comprenderte, asirte: transformarte en desierto propio, devastación habitada; guardarte en mí como se sepulta el tesoro precioso y maldito que nunca más podrá ver la luz usual. Iluminarte con la luz que ciega, en la claridad sin redención que preserva el perfecto reconocimiento para la transparencia eterna, en el vértigo quieto del ojo que a sí mismo se ha visto: abismo sin sombras.

Tu vientre es alternativamente caverna de tinieblas y atrio solar, tus ojos geometrías de esmeralda y carroña devorada por las aves. Tu miseria es fuerza incontenible. Soy tuyo, absolutamente tuyo. Te beso el sexo y el beso me devora la lengua, el rostro, los hombros, el cuerpo entero, estas palabras corroídas y hasta la última de las esperanzas. Princesa de la Muerte, impera.

4

Insondable el agua de su boca.

Y amarga. Rápida en mudar las formas de los brazos acalambrados que se hundían en ella. Y angulosa.

Amé a aquella muchacha. Su seco furor adolescente que, encerrado por ingenuidad entre las cuatro paredes de un deseo que no templaba un sólo gramo de sombra, se volvía contra ella, la asediaba con lumbre y ruinas.

Amé la blanca violencia inerme de su desnudo; el ritmo lancinante de su pulso y de su ensueño.

Aprendí de ella crueldad, nobleza, y un miedo cuya intensidad mortal tenía que sosegar con talco y yeso.

Esculpió en mi vergonzante melancolía un talismán bárbaro para la reina de las serpientes: nunca me ha conmovido tanto la tersura de un regalo.

5

El racimo de la noche borraba las atroces tautologías diurnas. Reino luminoso como ninguno pero con una luz distinta, otra: luz fresca, delgada, musical, secreta; conjunción de los momentos del brotar, el recogimiento y el abandono; marea milagrosa que ganaba todas las playas posibles e imposibles de tu cuerpo. Si la desnudez es condición substancial del ser humano —del ser expuesto, ofrecido, ofrendado en sacrificio— yo lo aprendí conversando con tu piel blanca.

Antes de acostarte, entregada ya a la oscuridad, esencial ya, bebías un vaso de leche. Su frío y su tránsito dulce yo lo recibía después de tu boca. Nos debatíamos entre el engaño de la invisibilidad y el ideal de la transparencia, éramos siempre derrotados, vencíamos siempre. Abrazar es abrasarse, y no abrazamos más que tiempo vivo. Desde entonces te beso cada vez que bebo leche,

cada vez que muero y me dispongo a nacer, cada vez que soy fruto cumplido y maldito de un instante, cada vez que apago la llama para que la llama surja.

BORRADORES HACIA UNA FIDELIDAD

UNA DOCENA PARA RENÉ CHAR
(1984-1985)

Un viaje destartalado me condujo a Aviñón. En su museo lapidario se conserva una estela (romana en mi recuerdo) dedicada: AL RAYO. Hoy me atrevo a desear idéntica protección para estos doce poemas.

1

Porque la madre no pudo
hacerlo, hemos tenido
que devorar nosotros
nuestra propia placenta.

Por ausencia y por luto
somos fuertes.

2

Pourquoi le champ de la blessure est-il le plus prospère de tous?

La grave esperanza
rehusada, otorgada.

Los ojos tintos
o sabios con escamas
que besó la locura.

La amapola tronchada, para siempre
nuestra espina dorsal.

3

Para hablar y callar
con la resonancia justa,
desciende a un pozo.
Arrópate en el frío solamente.
Haz amistad con designios
que los demás despojan.
Haz conjuros infalibles
y no fíes en ellos.
Apiádate del sueño talado.

El amor
no ha de quedar al margen de estas tareas previas.
No concluyas.

4

Tender la posibilidad del hombre como una antorcha de júbilo
como una torre inminente.
Orear el secreto hasta romper el espejo atroz.
Hallar palabras que sean búhos reales cazando
en la mística noche del sentido
que sean campanas en el cráneo del dios
y sean largos reencuentros carnales.

Las moradas del corazón son intemperie.
Pasaré la noche en una raíz en un guijarro
en un grano de trigo.
El rocío y sus pájaros besarán la vigilia.

5

Seigneur Temps! Folles herbes! Marcheurs puissants!

Tiempo guardián del éxtasis
piedra que cae desde la absoluta altura
desarbolado corazón, voz que agosta los muslos
pájaro carnicero

Tiempo de potente pisar
palabra como un pétalo suspenso
hogar de insurrección donde brasas sagradas
amenazan los ojos

álzame
levántame a la boca al corazón que estalla
a la nupcial locura de la sangre en los caminos
circulares del mundo

a tu ausencia.

6

Y ese momento vívido
en el que todo movimiento humano
nos parece pobre remedo del temblor,
temblor desamparado, temeroso
de llamarse a sí mismo.

Y poner la vida en el pico del pájaro
abatido al vacío,
estrangulado por nadie, como siempre.

Y ser cada minuto
una llama de aceite
ya a punto de extinguirse y jamás tan luminosa.
Y no reconocerte nunca, nunca.

7

Pourquoi écrivez-vous?

Enjuagaduras,
dijo el mejor de nosotros.

Otros son perros sabios
frente al perro oleoso de la noche.

El hilo de sombra de mediodía,
la hebra de luz de medianoche.
El fruto que buscamos se corrompe al morderlo.

8

Des yeux purs dans les bois
cherchent en pleurant la tête habitable

Escribir para conocer
y nada más que para conocer
Conocer para amar
y solamente para amar

Testigo devastado
cuyas sienes azota el relámpago
Atravesado por vientos atroces y rientes
Testigo vivo de la tierra en agonía
Irrepetible voz del sufrimiento compartido

dónde hallarás el espacio
densificado en el germen de una lágrima
las palabras
que no humillen el llanto de la común derrota.

9

*La seule certitude que nous possédions de la réalité du
lendemain, c'est le pessimisme, forme accomplie du
secret où nous venons nous rafraîchir, prendre garde et
dormir.*

El silencio insurrecto
frente a la pornografía de la muerte;
la caricia candeal
contra la singular estulticia del terror,
la complacencia anal en la propia miseria.
Lamer la herida
sin paladear el pus.
Encarar la destrucción omnímoda
sin emporcarse en el cieno de sus seducciones.
Permanecer erguidos; resistir, aunque acabe
la vida misma. Aunque agonice
todo lo verdadero y cuanto amamos.

10

L'essentiel est sans cesse menacé par l'insignifiant. Cycle bas.

Mi tiempo es de la infamia.

Hice los cotidianos tránsitos del miedo.
He conocido el veneno que desprende las manos
y la palabra ruin que pone esa ponzoña
en el artífice.

He escuchado los discursos del crimen,
la elocuencia de la saliva atroz.
Me he ungido con aceite de llaga,
me sueño a veces
apuñalando los inifinitos ojos de una niña.
Mi tiempo es de la infamia.

Y sin embargo:
insurgé, insurgé, insurgé...

11

... une santé du malheur...

Con mi enfermedad unilateral,
con mi ceguera esquilmada, con estas
casi inermes chozas del sentido.
Con mi silencio impuro y con las briznas
de pobreza no vivida,
con tales estameñas miserables, construir
la respiración erguida que reclama
nuestro tiempo de alta exigencia.

12

Vous serez une part de la saveur du fruit.

Como sólo nos concedían la miseria
resolvimos vivir en plenitud.
La fuerte voz de insurrección
del enterrado vivo
alzó en vilo relámpagos y abrojos
ya humanos.

CÁNTICO DE LA EROSIÓN

(1985-1986)

La historia, que está hecha de trapo y sangre, como supe después.

José Ángel Valente

El don de encender en lo pasado la chispa de la esperanza sólo es inherente al historiador que está penetrado de lo siguiente: *tampoco los muertos* estarán seguros ante el enemigo cuando éste venza. Y este enemigo no ha cesado de vencer.

Walter Banjamin

Si las patatas dejan de reproducirse en la tierra, bailaremos sobre esa tierra. Es nuestro derecho y nuestra frivolidad.

René Char

I

CÁNTICO DE LA EROSIÓN

La intimidad del viento es inmisericorde.
Descarna una casa como desnuda un cuerpo.

Beso a beso la vida
desnudará mi calavera.

Lo hará con la transparencia de tus manos,
testimonio feraz de un dios ingenuo;
con los rebeldes sarmientos de tu vientre.
Lo hará con la pala excavadora de los sueños,
con insectos aciagos, con el viento sumido,
con la estricta destrucción que veneran los hombres.

Ley de la luz humana.
Boca sin reconciliación que soplo a soplo
prende fuego a mis días.

POSICIONES

Me recojo en la intimidad de una fragua. En voz baja transcribo las derrotas del fuelle, el estupor del martillo, la vacilación del fuego. Vivo la hora en que toda afirmación no puede ser sino desesperada; toda solidaridad, sino elegíaca.

La poesía, rejuveneciendo mientras a contracorriente avanza por el río atroz del tiempo, toca ya el manantial de su desnacimiento.

Nace del amor y del terror con que pueblos ágrafos cautivaban a la palabra viva. Muere en el desdén por la palabra de pueblos de nuevo ágrafos, trivialmente tiranizados a través de sus ojos intestinales. Subsiste como aliento.

Postula la perfección de un cristal de nieve en el interior del corazón humano. Transmite la memoria de lo no sido.

Se reconoce en la luz encrespada, magnífica, violenta, del chaparrón estival mientras sigue luciendo el sol. Aguamiel imprevisto que autentifica el pus de las heridas.

La herida, el aliento, la erosión. Imposible ya recogerse en el jardín, pero todavía cabe hacerlo en el risco, en el torrente, en el despeñadero.

Erosión. Parentesco de los fenómenos que destruyen la fertilidad de las tierras, la vitalidad social y mi propia identidad de persona libre.

Condenados a la abrasión y al despojamiento, no hagamos al menos de la necesidad virtud. Que los ojos abiertos —duras lunas erectas de piedad y herrumbre— vayan lentamente llenándose de arena.

Aunque apenas osemos ya pronunciar la palabra *realidad*.

AMAR SABE A ETERNIDAD,
Y EL SER HUMANO NO NECESITA OTRA

Ese «segundo aliento» que menciona el poeta: nos han cortado el resuello y sin embargo nuestra capacidad de respuesta sigue intacta.

Molino para la imposible resurrección, memoriosa hasta lo más incierto y precario del trigo, de la carne, la aceña del tiempo no añora el manantial ni el estuario.
No seas menos libre que ella.

Has acampado debajo de un avellano.

En Pineta no calla nunca la celebración a media voz del río Cinca, ni el lejano entrechocar de armas de los torrentes despeñándose por las paredes verticales que labró un antiguo glaciar.

Rigor del sendero de montaña, tan cercano a la inspiración, tan semejante al júbilo.

¿El sendero es más sabio que tú? No. Pero sí posee un *ritmo*, memoria del cántico coral de remotas edades, al que harías bien en aproximarte.

Cada árbol talado fortificaba la empalizada de la muerte.

Cuerpo amado, inseparable hoy del vértigo de la aniquilación. Mundo en ruinas.

Impacientes ante la insolencia de lo superfluo, porque nos vemos —a cada día que pasa— más irreparablemente despojados de lo esencial.

Se santifica lo arbitrario con alambre de púas. La memoria del origen y de la muerte es acosada hasta los bordes del río océano y se encona en el vacío. Diz que vivimos en una época ilustrada.

Ingenuidad: no tienes con qué costeártela.

La hiedra te da ejemplo: anuda tu fuerza a un muro inconsolable.

HAS OLVIDADO LA ESCRITURA DEL LIQUEN, LA DE LOS CABELLOS BLANCOS, LA DE LAS PISADAS DE LOS PÁJAROS, LA DE LAS HECES DEL LOBO, LA DE LA PIEL DORMIDA DE LA AMIGA

En saliendo de la pista en construcción
han robado los nombres de las cosas.

Intento remediarlo torpemente:
río despanzurrado, agua vígil,
trocha fruncida, hálito del deseo.

Lo que queda no es siquiera
la brizna de un temblor de paraíso:
imposible retorno.
No hay recreación adánica del mundo.
No hay visión del origen.

Lo que queda: un meollo de ausencia,
cerca del corazón perdigones de angustia,
una desposesión. El intocable
mantillo lancinante de las lenguas cortadas.

LA URBANIDAD ELEMENTAL

Poeta urbano, sí, qué duda cabe.
De tantas urbes
turbia y unánimemente raedoras,
que se hincan a sí mismas su aguijón de arrabales;
de donde vivir es
algo descabalado, enteco, zancajiento,
y también es un fruto con almendra de angustia.

Tanta expulsión como un asedio loco,
soledad restallante que se enrosca en los brazos,
tanto exilio en las yemas de los dedos.
Pero bien sé que no cantaré nunca
un romance de siega.

Poeta urbano, sí. Pero comienzo
a tomar carrerilla
unos años antes, una ley más abajo.

ABOLIR LA NOSTALGIA

Es la hermana tullida del deseo.
De nada verdadero se predica.
Le place avasallar: busca vasallos.
No le miréis las manos,
             perder es imposible.

Abolir la nostalgia, esa tenia violenta,
esa impotencia desovillada en máscara,
mi desdentada enemiga más voraz.
Untarle el cuerpo de brea y de vergüenza.

Sea
la desolada quimera del presente
nuestro empeño imborrable.

ACERCA DE LA PÉRDIDA

Nunca se ha poseído.

Vencejo que cae por tierra
no logra ya alzar el vuelo.

Mi amiga lo arrojó al aire.

ARRAIGARÁN

Esos tallos atroces donde radica el canto
esas mutilaciones victoriosas

las lenguas arrancadas

arraigarán de nuevo en esta gleba
en este cuerpo de sal

te lo prometo.

II

IMPLOSIÓN

Como si el cuerpo amado más que el sol
más que la ansiosa herida de la nieve
más que el dulce durar en el deseo
súbitamente
ladrase
hacia adentro ladrase

la misma fractura aciaga
reiterándose consumándose
en la llaga del día

en qué términos entonces concebir
la resistencia al horror.

EL PASEO POR LA CIUDAD

Si un hombre hecho y derecho
puede echarse a llorar en plena calle.

Si en una niña que no habla se arrebola
hermosísimo el rostro de la muerte.
Si un sol cretino se empoza en las ausencias.
Y si en el autobús estertora una mujer
oliendo agrio y sucio.

Si te amo tanto, tanto
que nevase en agosto y aún más dulce.

Y ese hombre llora, llora...

Entro a la barbería. «Con vuestra serenísima navaja
y mientras aún se aplace la ejecución de la condena,
dignaos, maestro, afeitarme el hambre.»

Y POESÍA CADA DÍA

Le alcé con precaución
la tapa del pecho.

Me inquietó
el alquitrán hirviendo
y aquel tajante hedor a pescado podrido.

Triste superhombre cursi
espetado en una cumbre.

Dejé caer la tapa
y prosiguió raspando su discurso
el Sumo Sacerdote.

YA LO DIJO EL JUDÍO DE TRÉVERIS

La digna congregación hervía animalmente.
Cada una de las palabras reventaba
como eructo de falsedad,
buñuelo inmundo.
Y con tal borbollante verbidumbre
fingían edificar en aquel páramo
una choza capaz, un aceitoso abrigo.

(Liberarse de ilusiones

habría de ser liberarse de las circunstancias
que hacen necesarias las ilusiones.)

Pues el horror de la ficción consoladora
sobrepujaba al otro.

LIBERTAD PARA NO MENTIR

Truncos los arcos eternos. El deseo
desjarretado. El arte estéril.

Que lo que muere ame a lo que muere:
no te dé miedo acariciar la rosa.

CICATRIZ

Esta sutura trágica, brutal, inocultable,
naciente cada vez
en una parte nueva de tu cuerpo.

Y siempre el mismo árido
asombro de hiel, las mismas
bascas invencibles al responder al poeta:

que no somos
«desenterrados vivos», somos apenas hoy
muertos vivientes.

Bulto del estupor,
palpa tu cicatriz.

TIEMPOS EN LOS QUE SOLAMENTE CABE ARREGOSTARSE A LA MENTIRA O CANTAR EL HORROR DE VIVIR. NO MUY BUENOS, A TODAS LUCES, PARA LA LÍRICA

Se obstina en ver hombres a través de los despojos humanos con los que tropieza en la escalera, en la calle, en la universidad. Se empecina en descubrir, más allá del buey desollado de Rembrandt —*nuestro único sol,* según reconoce a regañadientes con René Char—, la poderosa vitalidad de un animal futuro. Pero la sangre le chorrea desde las manos al rostro y torna su piedad irreconocible.

DEL MUNDO, TAL COMO ES —ESCRIBE ADORNO—, NADIE PUEDE ATERRARSE SUFICIENTEMENTE

Este mundo, tal como es, reduce a cada ser humano al cadáver anticipado de su mejor posibilidad; y después mutila ese cadáver con bárbara saña.

Nobleza sería no reconocerse a sí mismo derecho de queja —solamente de acción (de rebelión)—.

Vivimos en el universo abrumador de la mentira. El puñado de verdades que nos alumbran apenas merecen tal nombre: no son sino verdades en futuro, verdades mañana, hoy aún no encarnadas. Y de no andar con tiento y proteger cuidadosamente el exiguo candil todavía las apagará, ciclónico en la noche cerrada, el regüeldo del cíclope.

Pena de muerte para aquel que no dice la verdad. De muerte en vida, ejecutada sin dilación por la misma vida.

Mas no sé decir «verdad» sin que se haga presente el áureo álamo carnal de la amiga.

Echar raíces. En Miguel Hernández, en José Bergamín. Y una habitación blanca por si llamase a la puerta Juan de Yepes.

La historia humana es la historia del sufrimiento —conseja indescifrable o vesánica si no prestamos atención al entrecortado acezar de la tragedia—.

«En la fidelidad, aprendemos a no consolarnos jamás». Sería cinismo lo contrario. Frente a lo irreparable no puede la nuestra ser palabra de cinismo, sino de desconsuelo.

¿Hace falta aducir motivos para la rebelión? Acaso solamente uno: la negativa a ser criminales o cómplices de los crímenes que bajo la mudez de todos los cielos se perpetran, creyendo en la belleza reconocible a través del cieno y en los estremecimientos penúltimos de las flacas carnes humanas.

De Manuel Sacristán también recordaremos: «¿será que la luz del rayo es la única que ilumina para el hombre los caminos del porvenir?».

Melancolía, lujo emocional que uno sólo puede permitirse muy de tarde en tarde. Se contrarresta con grandes bocados de esperanza.

Contra cada máscara para adecentar la mutilación, la hipnosis, la barbarie: la noche llena de estrellas de Van Gogh y nuestra desesperada esperanza.

No se vive impunemente. No se ama impunemente. No se contempla la belleza impunemente.
Ternura de los tejados de pizarra en un pueblo abandonado de la Sierra Pobre.

La música será.

¿QUIÉN PODRÍA VIVIR
EN UNA CIUDAD DE CARAMELO?

Va a ser menester cambiar mi regla de existencia.

RENÉ CHAR

En el recogimiento de la floresta, un rayo de luz enhebra media docena de hojas lancinantemente verdes. Septiembre, y no soy menos mortal que estos árboles de milagrosa sobriedad.

No te reconozco. Los muslos machacados, el vientre de imploración, los pulmones ardiendo. Ausentes todas las antiguas palabras. ¿Qué han hecho de ti, qué han hecho de nosotros?

¿Puede ser verdad que los milenios de belleza elaborados por los hombres no hayan enseñado nada a sus creadores? ¿Cuánta riqueza hace falta para pudrir irreparablemente la aorta de un ser humano? Esa trasposición del mal que se nos pide efectuemos es indigna. Nos acostaremos, pese a quien pese, cerca de la llaga.

Y como aquellas gentes parecieran en exceso insumisas, desencadenadas y levantiscas, se determinó que sus hijos morarían en rutilantes casitas de caramelo, al cuidado de hechiceras que habían sido sometidas —tras el inmemorial acoso y caza— a un exhaustivo proceso de manicura.

Guardo cada pájaro muerto en el corazón. Y queda siempre espacio suficiente para un vuelo.

MENOS ALMÍBAR, NIÑO,
QUE SE TE CAEN LOS DIENTES

Ser siempre el escolar díscolo que no dejaba desteñir sobre los libros la tristeza del pupitre, se asomaba sin vértigo a los márgenes de páginas prohibidas, prefería el negro habitable de la pizarra al mentiroso blanco de la tiza. Olvidar siempre la lección. No terminar nunca de aprender.

(Pues que el poeta, alumno ambivalente que se quedó estancado en el parvulario, tiene que seguir siempre aprendiendo a leer y escribir.)

Para interpretar a Bach no basta un clavicémbalo hambriento. No basta un violín de talco. No basta una almendra amarga en los cuévanos del corazón.

Extrañamiento. Un cabildo universal de verdugos endomingados donde sólo puedes ser el extrañado, el extranjero.

Acaso no resulte desventajoso, a la postre, ser ciudadano de una tierra que tan concienzudamente como Sefarad ha ennoblecido la condición del exilio.

A la radicalidad de la devastación que hoy degrada continentes y conciencias solamente cabe oponer la radicalidad de un rechazo que te proyecte, en cada momento, un paso más allá que el afirmativo chuzo progresista del criminal; por desgracia nunca irrecuperablemente. Y reiterar el exceso de este disparate mientras conserves uso de razón y fuerza en los muslos, a sabiendas de que al final vas a perder o a perderte. En algún lugar muy dentro de este mundo.

La ermita te sigue como un perro pastor. Acaricias descuidadamente el espinazo de piedra viva y retiras la mano abrasada por un incendio. Y así llamea la aparente consistencia de cada ser. ¿No ha de bastar esa quemadura para minimizar tu resignación, conformismo, sumisión? Algún día te atreverás a mirar derechamente los ojos traspasados de Vincent van Gogh.

«La verdadera vida está ausente». Pero antes de abandonarnos se ha posado un momento sobre la mano de miel del poema, y no hay ya renuncia capaz de restañar esa herida.

Pesa tan poco que no se quiebren los tallos de la hierba sobre la que caminas.

Con palos golpeaban rabiosamente la tierra envenenada, hasta que los deslumbró la vacilación del crepúsculo.

CRECER HASTA LA ALTURA
DE LA TAREA PROPIA

> La poesía es un camino de ida, pero sin vuelta. Los que vuelven regresan de otra parte.
>
> ÁNGEL CRESPO

Dos maneras no equivalentes de vivir: despojándose y emperejilándose. Cada poema logrado nos ayuda a deshacernos de algo inservible.

(Nos amoscan un poco esos prestigiosos poetas prestimanos, ingrávidos, volanderos, refulgentes, siempre prestos a transformarse en ave o rosa. No precisa la poesía semejantes trucos y trueques de trujumán. No es asunto de seducción o ilusionismo. Importa por el contrario la verdad —esa palabra de clarísimas vocales—:

no es el hombre hijo de la luz.)

Lenguaje castrado aquel al que se le han extirpado los «quizá» y los «acaso». Aunque se engalle con ínfulas de macho matarife.

Somos de aquellos que piensan que estética y moral van juntas, aunque no gusten de hacer grandes alharacas a propósito de sus encuentros y desencuentros; y que no es posible una moral de uno solo.

Si el verdugo te cercena una mano, ¿acoplarás al muñón una prótesis de madera pulida para que tu mutilación no empañe la belleza del jardín titilante —o peor aún, para echar una mano a tu demediador en futuras faenas—?

Hermanos somos por el sufrimiento y por la muerte. Pero hoy no solamente de los hombres, sino ya de la naturaleza entera.

Yuxtaponer la gloria y la miseria para dibujar la verdad inaplacable de nuestra condición. Sin énfasis, desesperanza ni consuelo.

Negarse a confundir el mal natural con el mal social, la muerte que contrasta y delimita la vida con la que la pudre de raíz. Negarse a reírle los chistes al verdugo.

Poder asomarse alguna vez al seco barranco ambiguo de los días y poder gritar: «todos mis sueños, todos mis combates, todas mis dudas, toda mi desmemoria, para contribuir con un adarme de calor al solidario abrazo sin cauces de mañana: y ello solamente para ti».

ANTES DEL SUEÑO

Un grito ileso en la noche
como una torre de sombra.

La noche, ijares abiertos,
se abreva en su propia sangre.

Agua de riscos recónditos.

Vivir es un manantial
recogido en un cedazo.
Ay desamor que apagas las velas.

Ay, criatura rabiosa del desfondo.

III

APRENDIENDO A CONTAR CON LOS DEDOS

La poesía —como sabía César
de su dolor Vallejo— empieza
a contar en el dos

nunca en el bisbiseo sino en el
grito o laceración hacia el ausente

y mejor mucho más allá.

HOMENAJE APRESURADO
A MARTIN BUBER

La dolorosa tarea inaplazable de recomponer el mundo a partir de estos añicos cada vez más indóciles, tan menudos e hirientes como vidrio molido.

Y de repente, la fuerte mano exenta que con lumbre escribe en el aire: «el objeto del estudio es hacer».

Enunciación exacta de nuestra verdad. Pero ni por soñación conoceremos a uno de los treinta y seis *tzadikim* ocultos que sustentan el mundo.

BORRADOR DE UNA CARTA
A ROSA LUXEMBURG

«Y no querría ver borrarse nada de lo que forma mi vida, ni apetezco de ella nada más que lo que ha sido y es.»

No hay, no habrá hermosura en la derrota.
El hombre es enconado labrador de su pecho.
El hombre es un futuro
imperfecto incluso cuando ansía
ovillarse en pretérito anterior
—y cómo ronronea el muy cuitado—.

Pero también tú hablas desde el brocal de la sangre.
De la sangre que canta y de la sangre vertida.
No hay, no habrá hermosura en la derrota.

Por eso
he guardado en el libro unas hojas de salvia.
Al escarabajo de espaldas caído,
triste de mí,
lo devoraban vivo las hormigas.

«Salga usted al aire libre cuanto pueda y herborice mucho.»

Rosa, rosa,
ruiseñor,
petirroja.

ALBERT CAMUS INMUNE A LA LLAGA

«Las llegadas en soledad, de noche, a ciudades desconocidas —la sensación de sofocamiento, de ser sobrepasado por un organismo mil veces más complejo. Por la mañana basta con situar la calle mayor y todo se ordena respecto a ella, y nos instalamos—.

Coleccionar las llegadas nocturnas a las ciudades extrañas, vivir de la fuerza de esos cuartuchos en pensiones desconocidas.»

Así nos arrimamos a la fuerza moral de quienes nunca se arrepienten de haber amado.

No voy a echar mano, para mis razones elementales, para mis fábricas modestas, de dinásticos alambiques polvorientos.

Me sitúo en un momento anterior, el de las vastas alamedas del corazón humano. ¿Tendremos que rebautizar la aventura de la bondad?

Vivir de la fuerza de esos cuartuchos en pensiones desconocidas. De la fuerza de la soledad, el desamparo, la incertidumbre, la angustia. Vivir del deseo de comunión y de la ausencia de armonía. Y hablo a sabiendas de vivir, y no de morir en vida. No me seduce la lógica de la amargura.

A más de uno, para poder respirar, tuvieron a la postre que abrirle un agujero en la garganta. Y de la ambigua boca brotaba el más limpio resuello.

ELOGIO DE LA LOCURA

Que de repente rompa una voz a hablar
palabras nunca antes escuchadas.

Don de lenguas. Y más sabroso aún:
don de obras, y la vida sea al fin
trance que más se acueste a la danza que a la lucha.

Entendedme, o mejor, no me entendáis
igual que al viejo gramático de Rotterdam.
Siga el habla zapando la libertad dormida.

ESA PROMESA INCUMPLIDA

Las manos
son el hombre entero,
son el hombre sin tregua.
Son las anudadoras del rocío.
Son la total precisión de la esperanza.

Las manos
son lo que el hombre no es.
Son la negación del alquitrán y el ácido,
son el temblor insecable,
son la imposibilidad de mentir.
Las manos restituyen.

Las manos,
ese creciente nido inverosímil,
esa confirmación de la miel y la nieve,
esa promesa agónica, esa lucha,
esa promesa incumplida de caricia.

VELLOCINO DE DOLOR

La piel, metamorfosis
imperiosa del mundo.

Cauce de lo distinto,
distancia incorporada,
piel que sólo es límite hacia adentro.

Fundamento del símbolo,
metabolismo de tu realidad.

Piel creada
por las sales y luces del encuentro,
piel de revoluciones y caricias,
piel que nace al contacto de otra piel.

Poros hacia la noche,
pliegues que son besanas de los sueños,
arrugas donde otra aurora se aventura.
Tu piel es la memoria.

Arráncate, amor mío,
la costra estremecida.

IV

ALBORADA

Tanta sangre se ha asomado hoy a la ventana,
vívida, cercada, insomne.
Y tal asamblea solidaria de surcos
ha llamado a la puerta.

He abierto. ¿Qué otra cosa
fuera posible hacer?
He abierto.

LA FIDELIDAD POSIBLE

Llegas. Con los alimentos del manantial, las uvas álgidas que resumen diosas, el pan grave como un regalo del alma para el alma. Las palmas de tus manos están húmedas de futuro. ¿Te das cuenta de que estamos vivos, erguidos frente al barranco donde la luz acogolla, sin que la casi insoportable condensación de libertad nos quiebre, nos aplaste?

Bajo las plantas de nuestros pies, el día excava ya las minúsculas galerías que oxigenarán a nuestra enfermedad exasperada.

INTIMACIÓN

El agua salta desde seis u ocho metros. Aventurarse bajo el torrente es recibir en la nuca un fortísimo mazazo de resurrección. Presión devoradora que esencializa al ser humano: un esqueleto vivo bajo la columna de sol líquido.

Esto sucede a mediodía. La tarde anterior, poco después de que la corona del día haya efectuado su última minuciosa ronda de inspección por las paredes verticales del valle, el caminante se allega al mismo cauce. Aprendizaje de la creación inacabable: durante largo rato, el ejercicio obsesivo de detener con los ojos la danza nupcial del agua en mitad del espacio, de convertir en estallada cabellera de vidrio el flujo hirsuto y exuberante de la montaña.

Pero ocho años antes el caminante escribe los versos siguientes para la misma dama:

> Surtidor cabellera que no grita
> nombrándose a sí misma en extensión férvida de impulso
> flecha que tensan soles aboliendo sus máscaras de musgo
> ala abatida soñando su refugio en un torrente
> mortífero de crines y de espumas
> diosa gestándose a sí en el trenzarse de la enhiesta cabellera de
>   abedules
> que no gritan que velan su deseo su corteza de mármol
> que hilvanan su silencio como esbelta memoria desde el agua
> diosa de cabellera fluvial tu propia madre y amante de la
>   bruma
> accidentalmente he sorprendido tu silencio.

Los árboles no eran abedules; hoy apenas se tolera a sí mismo este tipo de licencia poética. Qué disciplina aérea exige el amar, el crecer, el estar vivo.

LA CIUDAD BLANCA

Ahí donde veis flores
amarillas encima del tejado,
ahí es mi casa.

Amarillas y azules.
Y la canción purísima del musgo.
No ha sido edificada.
Ahí es mi casa.

EN ESTE LUGAR DELIMITÉ UN JARDÍN

El denso jardín áspero
de pino y rododendro.
La música secreta del jardín
de hiedra, haya y helecho.
¿O bien la luz enjuta
esencial, transmisible
de un jardín seco?

MENTIRA DEL MITO

Babel
es una torre derruida.
Peor, acaso sólo un palomar de hidalgo pobre
hasta el cimiento excavado y aventado.
O un solo adobe
sucio de palominas seculares.
Babel es nombre de una destrucción.

La aurora inconcebible
aún se sujeta las tripas con las manos.
Manos mañana vivas
levantarán la torre, restañarán palomas,
destruirán Babel.

PACTO CON UN SÁBALO

Esas zarpas del tétanos
que hienden las montañas
o raen el robledal.

Con las estalactitas de la muerte
prendidas del costado,
remonta el río.

Yo voy contigo.

REMONTAR ESTA DESGARRADURA

En mis manos no cabe un hombre.
Ni su sangre.
Ni siquiera una gota de su sangre.

Quién conferir podría
exactitud de cristal a este clamor
inviolable del hombre.

Sigo así, pese a todo, remontando
los lomos derrotados de las aguas
hacia la extrema desposesión del manantial,
hacia la muela del vórtice o la pérdida.

VIVIR TIENE MOVIMIENTOS QUE NO SIEMPRE SE ACUERDAN CON LOS DE NUESTRO CORAZÓN. ES MENESTER APRENDER NO LA RESIGNACIÓN, SINO UNA PACIENCIA ACTIVA CAPAZ DEL RESPETO POR EL RITMO ADVERSO COMO CONDICIÓN PARA TRANSFORMARLO

Una rendija de luz para desayunarnos hoy, porque la jornada será ardua. Parece que los verdugos andan preparando un nuevo paraíso. Que nuestra insurrección no dependa de la posibilidad de victoria (la generosidad, como el niño de Charleville decía del amor, aún hay que inventarla). Si el fulgurante punto de lo incondicional se asoma fuera del corazón —donde aún puede dar forma a esa modalidad de salud que es la esperanza—, inmediatamente envenena el cuerpo entero.

Somos débiles y somos invulnerables.

ALACRIDAD. LA LIMPIA PODA DEL FRÍO TE RENUEVA DE MANERA HARTO EXPRESABLE. POR EL CONTRARIO, LA YEMA ÍGNEA DE LA PRIMAVERA DE MAÑANA ACASO PERTENECE A LO INDECIBLE

Es menester tanto ocio para que cuaje el poema... Solamente me gustan los libros escritos con sangre, fanfarroneaba Nietzsche.

¿Con sangre de quién?

(Reconocido esto, no te demores cerca del bandullo del carnicero. El bardo ciego alcanza más lejos que él: con amor desesperado y egoísta favorece las oportunidades de que brote, de una erupción del tiempo, lo incalculable. Y aunque no lo sepa el bardo ni sus mudos oyentes tampoco, en su amor despunta ya la posible fraternidad futura.)

«DESCONFÍA TAMBIÉN DE TU ANGUSTIA»
(Félix Grande)

Soy el que lee al revés, da la vuelta a la trama,
soy el que les da la vuelta a los jerséis,
el que mira a su amor por el culo del vaso,
soy el que le da vuelta a la ceniza, al catarro.

En lo que todos juzgan fácil, me enmaraño;
a trechos me empecino en acosos desolados,
doy vuelta a los guantes, doy vuelta a los jaulones,
del invierno doy vuelta a tantos días exactos.

A menudo apaciento un rebaño de amapolas
rojas como la cal. Ascético, recelo
muy también de mi angustia. Voy así consumiendo
mi cántico cruel de ser vivo y humano.

DESHAZTE DE TUS VÉRTEBRAS MANSAS

De tu plural saliva me he nutrido.

Amor mío enhiesto,
cíñete las medias rojas,
sacúdete la niebla del pelo:
que nunca te haya visto tan hermosa.

Hunde los brazos vívidos
en el río sin médanos del tiempo.
Si has de apoyar la cabeza,
apóyala en la aurora ratonada.

Deshazte en buena hora
de tus vértebras mansas.

V

DON DEL DESNUDO

Esto es ser hombre: horror a manos llenas
Blas de Otero

Soñar. Mas las vedijas
del sueño se tornan dura víbora
del soñador dándose muerte a sí mismo.

Reír. Pero la risa
rauda se ordena en sistema de la nada
(por decoro no hagamos
con la zurrapa del hombre metafísica).

Amar, únicamente amar.
Contra el tubérculo ahíto de la muerte
la dulce dignidad de tu desnudo.

CICATRIZ FÉRTIL

(junto a las morrenas se demora un amor imborrable)

Sueño de soledad vivida hasta las heces,
hasta el lecho del río, la herida del torrente,
la dura lengua sin tregua del glaciar.
Sueño de sorda sangre ebriamente libre,
en comunión animal con el relámpago.
Y el sueño más violento, el de tu cuerpo
arrebatado, lúcido, implacable,
la negación más alta,

el grito más feraz y más extenso,
la cicatriz enhiesta de mi vida.

HUELLA DE UN CUERPO

Ausencia
exactamente con tus ojos.

Ausencia diestra
como la miel de tus manos.

Ausencia dulce cual si tus tobillos
me acariciasen debajo de la mesa.

Ausencia
pletórica de ti,
desgarrada, estremecida de ti.
Ausencia indistinguible de tu realidad.

EN AMANECIENDO ELLA SIEMPRE
ACABA DE IRSE

Aurora vertebral, corazón de vigilia.

Tu claridad en cada gota de rocío.
En cada brizna de hierba mi deseo.

El sol desata una herida
de la que acaso mañana
seré digno.

ME TORNO

sobre tu piel
distancia.

Como si me alejase
atado de espaldas
al abstracto galope de un caballo furioso.

Poesía, esa palabra de sílabas
cortantes.

Mañana un sol con espinas
adoptará el árbol frágil
de nuestro beso.

DE TI

Me pierdo.
Me encuentro en las yemas de tus dedos.

Me pierdo.
Me encuentro en la sed clara de tu pelo.

Me pierdo.
Me encuentro en el mediodía de tu cuerpo.

Me pierdo.

ESPEJO DEL ALBA

Toda la fertilidad de la noche sobre tu piel —ácidas estrellas errantes prometidas al hoy insuficiente amor humano,

donde yazgo temblando.

Por el indiscreto fulgor de tu mirada he sabido que el día llegaba —¿en verdad eres incapaz de disimular el júbilo, ni siquiera bajo la formidable amenaza que hoy suelda una tortura a cada movimiento?—

y me he dado la vuelta.

DUERME UN RATO MÁS, JARDINERA ADORABLE, SOBRE LA ALMENA DE LA TORRE DEL HALCÓN

Te había contemplado tantas veces
abandonada, olvidada, respirando.

Pero hoy he visto latir el tiempo vivo
en las arterias vígiles del cuello.

Tu sueño, rítmico manantial en donde
inesperadamente bebo a grandes sorbos
fortaleza y paz y ese buen trago
casi trágico hoy de la esperanza.

Aún nos oreará los huesos este día.
Culminación del aliento: sangre pródiga.

VER DESPERTAR

La soledad con brocal de abrazo,
de combate fértil,
de ascensión intacta.

Que se prolongue aún
la pleamar de sombra,
mas no es posible.

Despierta. En tu cuerpo tañen
todas las campanas de la ciudad.

TRANSIDO DEL MILAGRO
DE OTRA RENOVACIÓN

No basta una vida de hombre para desanudar este inextricable lazo de amor. Ven, ilumina mi herida, tiéndete a mi lado, a sabiendas de que el júbilo del alba se derramará sobre el mismo ovillo de arterias y fuentes y raíces dolorosamente entreveradas. Imposible alejarnos del grito que nos constituye. Ven, estoy ante ti, subcutáneo, despojado de palabra, sediento del contacto que logra aunarnos al latido insomne de la piedra. El frío no desmiente la vida incesante que anima a cada ser de este mundo. Con ligeros pasos de cazador llega el invierno; el agua de resurrección de tus ojos se aclara hasta el límite donde el cielo deja de tener nombre propio. ¿Acabo de perderte o te he ganado para siempre?

CON TRES GUIJARROS

Sigues conmigo, amiga, un día después de haber marchado.
Con tres guijarros he edificado, para mi amor, un sutil monumento a orillas del torrente. Durará hasta el próximo deshielo.

Tan pronto como llega me toma de la mano. ¿Quién humillaría el pulso de una mujer de savia?

Columbramos Escuaín, aldea alada que nadie habita, el más ameno risco de este país de saxífragas y aviones roqueros.

Dos mariposas apareándose. Cuando me acerco, una de ellas levanta el vuelo transportando a la otra, que en completa quietud se deja llevar. Algún día, acaso, el aprendizaje del amor se habrá cumplido.

Desdeña los trofeos de combates ganados contra ti mismo. Después, aprende a desdeñar también los demás trofeos.

No te apegues, viajero, al surco sino al humus.
Entre las cortaduras del sendero
se insinúa silvestre la rosa de un destino.

ASCENSIÓN DEL CAMINO DE LA LARRI

La libertad es algo/ que sólo en tus entrañas/ bate como el relámpago.
MIGUEL HERNÁNDEZ

Presencia que colma, ausencia que desgarra. ¿Quién osará menoscabar la torrencial nobleza de las *posibilidades* del ser humano?

Al incapaz de descansar en un lecho de ausencia le está también vedada la plenitud nupcial del insomnio de amor.

La luz más clara nos enjuga la frente, no la nuca. ¿Incluso cuando encaramos a la muerte?

Si has perdido el mundo en el instante anterior a aquel en que comienza tu memoria, no te contentes con las migajas de un festín de espectros. Tu desconsuelo dará —desesperadamente— testimonio de la plenitud posible.

Del cosmos al muladar, del ritmo a la ruina. No se detiene el progreso. Imperturbable, Dama Historia continúa avanzando sobre sus raíles de intestinos humanos.

Padeces una salud atroz: casi cada rasgo de la realidad mutilada te remite de inmediato a la fiesta de su cumplimiento. La agilidad con que tantas oportunidades abortadas moldean tu rebelión es insoportable.

Quimérica esperanza que nos ayudas a trenzar con cáñamo nuestros muslos rotos.

Por tanto cabos de hombre para una cuerda ¿de qué?

Esta danza macabra de nuestro tiempo apenas permite otra poesía que la que hace rimar preguntas con negaciones. Y que el vuelo de un vencejo se la llevase a su lecho de infinito.

Qué celaje de pesadumbre para cada flor humillada.

Una parcela de soledad para que el corazón sea también raíz. De un pino negro.

Cada máscara nos arranca el rostro. Y no logramos sacudirnos nuestra corona de moscas sin una carcajada.

He dormido con mi amor sobre un sendero tan estrecho que nuestros alientos no podían desenlazarse. Al despertar no supe si amonestar al sueño o escuchar el latido de mi corazón doble.

Amo, luego combato. Con escudo de vidrio y puños de sudor.

Abarcas de sangre para el trecho restante del camino. Las únicas que aguantan. Las únicas renovadas por la aspereza de la tierra.

Así su ausencia, ¿extraordinariamente?, no la adelgaza a ella sino a mí.

No contemples a la aurora desde arriba. No te asomes al ocaso por debajo.

Rotura tu espalda, acidifica tu lengua: dentro de poco solamente podrás beber cielo. Y será suficiente.

El penúltimo recodo del camino permitía atisbar la base azulada del glaciar, soberbio y postrero como la oración que no pronunciaríamos nunca. El sudor, la más delicada escarcha humana, urdía silenciosos laberintos para uno solo. Y el camino alzó el pecho por última vez.

> Qu'on se donne la peine de pratiquer la poésie (André Breton) y aparecerá siempre, como premio, la revelación del contradictorio enredo de los asuntos de Orfeo con los de Prometeo.
>
> Manuel Sacristán

HIPÓTESIS DE TRABAJO DE CÁNTICO DE LA EROSIÓN

I

Erosión y ausencia serían categorías fundamentales para una aprehensión poético-histórica de la realidad humana en este ápice de la muerte desde el que hoy atalayamos.

Por fin nuestra especie realiza *colectivamente* la experiencia de la más angustiosa de las impotencias concebibles: la impotencia frente a la muerte, la impotencia en la agonía.

No resulta del todo irracional la esperanza en que esta vez deje de echar cuentas o calcular porcentajes y se decida a afrontar las consecuencias.

Pero no puede nunca lo humano ser predicción, sino solamente promesa.

2

La inmensidad trágica del devenir humano se desarrolla en lo escondido, pasa inadvertida a sus propios protagonistas. Estos ni siquiera se adueñan de su propio sufrimiento. A quien se asomó al abismo le escarnecen el rostro demudado, mientras la titánica bola de acero continúa rodando sordamente. Yo me agarro a las orejas exangües de mi burro y voy contando graves consejas sin lograr despertar la piedad del aire.

3

Lluvia ácida. Con qué involuntario acierto esta nuestra civilización de la infamia se metaforiza a sí misma.

Una lluvia ácida que no solamente corroe las acículas de los abetos sino también la voluntad de vivir, la personalidad moral, el deseo de belleza, el ímpetu de rebelión, el odio contra la injusticia de los seres humanos.

Una lluvia ácida que muerde la memoria del sufrimiento humano, que mastica la esperanza en un mañana de la reconciliación.

Perviven el acero al cromo-vanadio, la papilla y ciertos insectos.

Estoy viendo llover sobre la ciudad de los hombres.

4

Esos vientres como desorbitados ojos ciegos, esas vejigas hinchadas a dos carrillos por mi pusilanimidad, ese tumor mundial del hambre torrencialmente reduciendo a seres humanos a la condición de peleles de alambre y estopa. La muy notoria mano invisible sigue espachurrándolos como a huevos de insecto. Tristes quienes se hacen la ilusión de elevarse a soleados balcones por encima del bien y del mal, desde donde contemplar con emociones puras los próximos movimientos de tropas para la masacre: la complicidad es ese gas letal del que bastan unos pocos centímetros cúbicos para aniquilar toda vida sobre el planeta, según he leído últimamente en los periódicos.

Acaso resulte cierto que no se puede escribir poesía después de Auschwitz, después de Etiopía, después de Bhopal.

Pero todo lo real es racional, me repiten unánimes los poderosos de este mundo. Y así firmamos por acción y por omisión otro millón de condenas a muerte.

5

La nada anonada y los hombres sufren.
El esteta se solaza y los hombres sufren.
El teólogo alancea el cadáver de Dios y los hombres sufren.
El PNB engorda y los hombres sufren.
La lanzadera espacial revolotea con elegancia y los hombres sufren.
Los señores de la guerra conquistan un título nobiliario y los hombres sufren.
Rocky cuarto noquea al satanás soviético y los hombres sufren.
El Vaticano anatematiza los anticonceptivos y los hombres sufren.
Con los retazos subsistentes de selva tropical se crea un Parque Natural, y los hombres sufren.
El Congreso vota cien millones de dólares más contra Nicaragua y los hombres sufren.
La Bolsa de Bilbao sube de sopetón doce puntos y los hombres sufren.
Westinghouse vende ocho nuevos reactores nucleares y los hombres sufren.

El ordenador de quinta generación se atusa el pelaje y los hombres sufren.

O *lo uno o lo otro* es el título de un libro del pensador danés Kierkegaard.

(Enero-abril de 1986)

CUADERNO DE BERLÍN

(1986-1987)

La primera estadía en Berlín se prolongó desde septiembre de 1986 hasta junio de 1987.

Madrid, Berlín: dos polos de electricidad humana cuya notoria diferencia de potencial puede cargar de energía cualquier vida dispuesta a intentar la aventura de la lucidez sin resignación. Berlín, laboratorio social, ciudad mundo, ciudad epítome de las desgarraduras en que se consuma nuestro mundo. La rabia por lo de allá equilibra la vergüenza por lo de aquí, luego el movimiento se invierte. La fractura no se localiza en la puerta de Brandeburgo sino entre los lóbulos de cada cerebro y entre los dedos de cada mano. Hoy exige algo más que pericia geopolítica el ineludible esfuerzo por desenmarañar los intrincados frentes de la guerra de clases.

Huelga recalcar que no he escrito un libro sobre Berlín, sino uno desde esta ciudad; quise que *Cuaderno de Berlín* fuese no un álbum de impresiones sino la organización de una experiencia (que se deja dispuesta para que pueda acaso servir a otros). Espero no haber marrado por mucho mi objetivo.

Ramón Buenaventura recorrió el original con su ojo penetrante y un sí es no es caprichoso de águila lectora. La amistad de Carlos Schvartz se atrevió incluso a reescribir algunos versos. También a Silvia Schmitz le debo una lectura iluminadora. Quede constancia de mi gratitud

I

Para completarme —pienso a veces— necesitaría a todos los
demás seres humanos.

CHRISTA WOLF

Y ansí jamás aconsejaría —si fuera persona que huviera de dar
parecer— que, cuando una buena inspiración acomete muchas
veces, se deje por miedo de poner por obra; que si va
desnudamente por sólo Dios, no hay que temer sucederá mal.

TERESA DE CEPEDA

CONSEJOS PARA EXTRANJEROS

En la ciudad donde no puedas
decir la verdad,
decirla.
En la ciudad donde puedas
decir la verdad, trabajar
para convertirla en mentira.

BERLÍN, 1986

I

Enano hipertrofiado o desmochado gigante:
casi nunca a ras de mi auténtica estatura.

A veces, mirando en derredor,
murmuraba hoscamente que harían falta
para aguantar tan grave esperanza histórica
—rascacielos las losas de la tumba de Lenin—
espaldas más robustas que las nuestras.

Y en aquellos días con mejillas de humo
y arenques lenguaraces y museos en ruinas
el desvalimiento de mis mejores amigos
apenas acertaba a aconsejarme
me convirtiera en saqueador de la belleza.

2

Al árbol de la desolación se trepa
con cautela, las ramas son frágiles,
las ramas se confunden con raíces, en el musgo
se resbala, es menester asegurar tres miembros
antes de mover otro.
Se trepa con cautela al árbol milenario.
La última rama se rompe.

3

Iba la noche cuajada de dolor,
apretaba los dientes.
Iba preñada de seres moribundos,
para no gritar iba contando sus pasos,
y se palpaba el costado, y enmudecía de asombro.
Iba la noche atravesada de estrellas
como puntas de sílex o disparos fósiles.
Iba perdida, iba para morir, recorría los últimos caminos.
Empuñaba su angustia como un cayado roto.
Ensoñaba un cobijo de baba y estertores.
Vi pasar a la noche, no sé decir adónde.

4

La noche se ha tendido sobre el campo nevado
como un cuerpo que busca aplacar sus heridas.

Dolor de la vigilia. Ojos ya sin promesa
que la noche dilata. Altas, feroces
las tierras
del nacimiento.

Sea al cabo la bóveda celeste
cuenca de precisión para mis ojos.

Así procuro, entre cuatro palabras,
fijar un núcleo de calor para tus manos.
Dar forma al ascua entera que ilumine tu rostro.

Y de súbito un rostro
como una crisálida de espanto
rompe a hablar torrencialmente
en la noche ya para siempre sin límites.

5

Hermano, no me ofrezcas consuelo.
No me sirve la bandera de tu sangre.
No me sirve la niebla dulce de tus vísceras.
Mejor andamos juntos
un trecho de camino.

INCLUSO EN SUS PROBLEMAS MÁS EXTRAÑOS Y DUROS

Decir sí a la vida, incluso en sus problemas más extraños y duros...
Friedrich Nietzsche

1

Y nos será dada solamente una noche
para narrar la vida.
Para recoger la menta del amor
en las cañadas de una falda negra.
Para sentir el sentido de la palabra *trágico*.
Para que nos embriague
el azaroso gesto del planeta.
Para sembrar en el yermo
cristales refutables de esperanza.
Para dar la cara
o dar la mano
pequeña como manita de chimpancé
paladeada por refinados europeos.
Para olvidar que debemos una araña a Esculapio.
Para que el viejo Basílides murmure
su chorro hirviente de asfalto.
Una sola noche
entre el pudor de la primera estrella
y el tormento casi humano de la aurora.

2

Ha pasado ya el tiempo de preguntar por qué.
Y el del virtuoso vergel de la cólera.
Y el del racimo descabalado del llanto.

Es el momento de mirar derechamente
a los ojos.
A las larvas que medran en el iris.

Con una sola brasa
prenderemos el cielo.

UN ROSTRO PARA MIS DÍAS

(No hay historia errada. No hay juego más estéril —no hay debilidad más enervante— que el de recrear el pasado a nuestro antojo.
A lo hecho, pecho. Del pecho arráncate de cuajo la nostalgia.)

Un rostro
para la informe materia de mi casa.
Un rostro para la historia
que resuma la terca escarcha de los muertos.
Un rostro para que sea posible
reconocer siquiera las peñas y las nubes.
Un rostro donde cobre por fin forma
el mercado mundial de materias primas.
Un rostro que no negocie con las máscaras.
Un rostro a grandes rasgos
o de rasgos menudos
fieles a lo que soy, he sido, voy a ser.

Un rostro
para mis días.

Un rostro, aunque sea reducido
a la reja de un grito
arrancando de cuajo la nostalgia.

LOS TENDONES DE LA VIGILIA

Días hay que pasan como una caricia descuidada, con el santo ido al cielo, con el alma puesta en otra parte. Días en vilo, ingrávidos, sin sombra. Días en que el latido se ha agazapado en algún corazón remoto y subsiste, incontaminado pero inútil, apenas como contracción. Días ensimismados como la galería de una mina. Días como expulsados de un jardín.

Vivir es un inacabado, inacabable, horadado movimiento de erguirse. Lo peor es que flaqueen los tendones de la vigilia.

LAS MEDIAS TINTAS

1

A ella le gustan los actos sin rebabas, los juegos inequívocos, los zurcidos en carne viva sin hilos colgando. En el claroscuro quimérico del vivir, actos dueños de sí como hombrecitos, actos sin miedo a las consecuencias de sí mismos. Mejor un río arrepentido que una ciénaga satisfecha. Mejor una palabra tajante que un silencio ahogado. Mejor desandar lo andado que dejarse amedrentar por un sendero hostil.

A ella le desagradan las medias tintas.

2

> En este mundo cansado,
> ni bien cumplido ni mal acabado.
> (REFRÁN)

Las medias tintas nacen de luces impolutas,
de colores purísimos, de fuentes encendidas,
de lo más inmediato y lo más prístino.
Las medias tintas son
un sospechoso enlace de contrarios radiantes.

Lo negruzco, rosáceo, blancuzco:
tonos de servidumbre que mienten más que hablan.

Y para colmo, milagreramente,
castas voces barbudas repiten sus ensalmos:
«la pureza es una viga
en el ojo de las terneras jóvenes».

Necio sería negar las medias tintas:
urge desentrañar los colores trenzados.

PROBLEMAS DOMÉSTICOS

I

Las verdades con pedigrí
son los más incómodos animales domésticos.
Hacen polvo cuanto se les pone por delante,
desnucan a lengüetazos,
degüellan a los moradores, prenden fuego a la casa.

Mejor una buena duda de pelo corto
o un periquito
o un gato.

2

He abierto las dos ventanas:
para la noche, para el día.

El día entra
por la ventana de la noche.

La noche
entra por la ventana del día,
se queda toda la noche y a veces todo el día
y no consiente en salir por ninguna de las dos ventanas.

El día, irritado —y no le faltan motivos—,
cuando salgo a la calle
—por la puerta trasera— me ensombrece.

Verdaderamente
ya no sé qué hacer.

NUNCA LLEGARÁS A NADA

Trabaja
con la nada secreta ambición de que su trabajo
cree una situación en la que
su trabajo no sea ya
necesario.

CUADERNO DE HOJAS RASGADAS

1

Cuando el cuerpo se pudre
nombrar la podredumbre.

Cuando el cuerpo se pudre
palpar la podredumbre.

Cuando el cuerpo se pudre
pudrir la podredumbre:
de la carroña brota
un torso deslumbrante.

2

Urde a veces el tiempo
una fiesta corpórea.
Fuertes manos nos izan
al brocal del milagro.

Una palabra abole
el triunfo de la muerte
o cuatro labios forman
la boca verdadera.

¿Qué manos hay capaces
de acariciar la escarcha?
Cándido viento helado
me segó las mejillas.

II

Hombres que están en las nubes... de las que
caen las bombas.
JOHANNES R. BECHER

CONTRA EL CONSUELO

«Nada puede borrarse de la historia;
a lo más, ser superado en sentido hegeliano».
Lo tiene escrito Franz Fühmann, que es notable poeta,
de ésos que creen en la veracidad subjetiva
no extinta en las cloacas de la era nuclear.

Balsámica papilla para bardos
de hipersensible corazón herido:
con qué saña fecal lo practican los amos.

En este mediodía de los ojos helados,
un solo harapo podría enjugar
la historia entera.

ENDZEIT

(¿Habrá otra circunstancia capaz de producir
tantas actitudes falsas como la certidumbre
cuasicientífica del apocalipsis?)

Lacio superviviente de un letargo sin sueños.
En vano
intentas retener con tus manos de arena.

Tu vida lúcida, crispada en elegía
de rostro vuelto hacia delante
—cuello con los tendones rotos.

Recorres
bajo intacta luz sucia
el vasto experimento de los cementerios.

Te anega blanco, oceánico, imperial,
el flujo emberrechinado de la muerte:

y en vano intentas
retener la arena
con tus rotas manos.

ROEDORA-

mente han cortado al cuerpo
toda posible retirada:
en otro cuerpo, en caricia
de brisa o agua o madera, en los pliegues
primeros del calor, en la contemplación.
No hay refugio. Crece en las sienes
pujante selva de locura.
En el páramo una pareja de hienas
ha despanzurrado al sol.

Guerra desolada y cruenta
contra toda materia,
devoración centrípeta, demente acoso
hasta el brocal de la nada.

Ante mí el día, pálido, vomitado
como sobre una mesa de operaciones.

POEMA DEL DESCONSUELO

Llamo corazón a lo que se emparenta con la llama. Y en consecuencia, inevitablemente, con la ceniza.

Estoy de pie como tallo al que hubieran raspado todas las hojas y todas las yemas.

La soledad de esas comidas sentado a solas ante una mesa blanca, chirriantes ritos de comunión estrangulada, esas comidas agrias que no pueden compartirse…

Inmenso grito de angustia, semejante a un viento helado, que se cuela por todos los resquicios de la creación.

¿Pues qué clave enrevesada enlaza las geometrías interiores y exteriores del hombre? (¿O no hay clave ninguna, sino sólo caos y ruina y torpe desolación sin espinazo?)

Donde acaba el extravío comienza la desolación. Y quién narrará la desolación de las cimas.

Consuelo. Dos dulces manos cortadas no pueden traer consuelo. No pueden traer alivio. ¿De qué nos serviría? Íntegra tierra mansa, unánime bestia moribunda.
   ¿Qué pueden traer dos manos en vela
   al corazón insumiso de la noche?

   Remoto núcleo de calor
  rodeado por una costra impenetrable de cenizas:

  hay una almendra en el centro de la tierra.

TRANSFORMAR

la rabia en paciencia histórica
el abatimiento en estudio y tercamente
la desesperación en desconsuelo.

Dura alquimia
del verbo
todavía unos segundos más.

En el odio
escarbar un agujero y escupir en él.
Dejar que las olas borren nuestras huellas.

UNA TARJETA POSTAL
SOBRE EL HUMANISMO
DEVUELTA AL REMITENTE

Puesto que el hombre todavía no es (o solamente es en fragmento, promesa y anticipación), y verosímilmente no será nunca (fragmento que no casa, promesa incumplida, anticipación falaz), puesto que el hombre es dolorosa e inacabablemente violado por sus propios fantasmas y no tiene fuerza para resistirse a ellos o discernimiento para distinguirlos de sí mismo, puesto que de la cuna a la sepultura oclúyenle boca, ojos, oídos, nariz y ano con mercancías ideales e ideales mercantilizados, por pudor, por piedad, por rigor y por espanto: renuncia a hablar de humanismo.

(Besar carne humana, reconocernos en ella, morderla y tragarla si es preciso; pero no seguir regurgitando y mascando y regurgitando la vieja papilla fría del humanismo.)

Puede tan trágicamente poco el temblor de nuestros fonemas frente al acero erecto de la muerte. Épocas hay en que todos los vocablos —esos cuerpos desollados, destazados en un proceso inconcebible de producción del sinsentido— menos uno chorrean sangre; y quién diría que es fácil encontrarlo.

Quítate esos ridículos bigotazos postizos —hasta los gatos quieren zapatos— recortados de cualquier fotografía de Nietzsche. Y acércate ahora para que te vea la cara, Arthur Rimbaud.

Radical insuficiencia de la cháchara humanista tradicional. «El amor es el hombre inacabado», ha escrito Paul Éluard. Tú canta en voz baja.

ME RESISTO A HABLAR DE LA CONDICIÓN HUMANA

Este instante.

(Pero también yo he conocido la paz nívea de un vientre desnudo).

Un pozo sin brocal, o mejor dicho: alrededor del brocal la perentoria nada que acaba de acosarnos hasta este pozo,

este instante.

(Pero yo también he conocido la paz nívea...)

Y el pozo: seco.

ENCUENTRO CON EL ÁNGEL

Hoy he conocido al Ángel.

Ganas dan de llorar. Qué terca criaturilla miserable, desaseada, vanidosa. Qué plumas grasientas de superviviente de marea negra, qué calva vergonzante cubierta de pelo ralo y engominado, qué barriguilla lúbrica, qué falta de dignidad, qué intentos de cohecho, qué groseras familiaridades, qué burdo narcisismo y qué tartajeo. Por no hablar de la ridícula estatura de corneja...

No me cautivan las aventuras de la humillación. Me negué a decirle mi nombre.

EL VIENTO AUSENTE

Tarda el gran viento
de la transformación, se hace esperar,
no llega
el gran viento prometido
que nos arranque a nosotros mismos,
nos devuelva a nosotros mismos, volviéndonos
del revés nos vuelva del derecho, el gran viento
que nos limpie la piel
o nos la arranque, zarandero viento zurdo
de la metamorfosis
oreador de vísceras
grávido de arenas y de flores y pájaros,
el viento insoportable
con su polen de angustia fértil en nuestros cuerpos.

Nos ha dejado solos
—herederos frustrados con talento insuficiente

para la lucidez o el patetismo—
en el mezquino rincón donde horas fofas
róennos y dormitan sin cambios apreciables.

ENERO ES AGUA
EN EL CANAL DE LANDWEHR

El teniente de cazadores ordenó:
«La puerca tiene que nadar».
El cazador Runge regresó una hora después:
«La puerca ya está nadando».
Berlín, 1919.
Enero es agua en el canal de Landwehr
donde van borrándose las manos
de Rosa Luxemburg.

III

> Nunca puede mi imagen del socialismo-comunismo quedar troquelada por quienes desde sus posiciones de poder imparten directrices, sino sólo adoptar siempre la perspectiva de quienes se encuentran abajo del todo.
>
> PETER WEISS

ESCENA DE INFANCIA

De niño encendí hogueras
para quemar lombrices de tierra vivas.
Veraneaba entonces en el valle de Hecho.

La crueldad de quienes
torturaban sapos me asqueaba,
alguna vez llegamos a las manos.
Lombrices: carne
rosa hasta la indefensión, universales anillos
de sufrimiento mudo.

Se retorcían como seres humanos.

UNE SAISON EN ENFER

Los amos tienen la rabadilla de bronce
y se me sientan en la cara.

Los amos tienen
sangre en las consonantes,
y una manera exquisita de hilvanar paradojas.

Los amos tienen poder
para forzarme a escribir que son los amos.

Creo que Rimbaud anotó en algún sitio:
«esclavos, ¡no maldigamos la vida!»

En estos días de sangre y mierda,
en estos días marcados
a sangre y fuego con cólera impotente

he amado la inocencia
hasta desgañitarme.

RONRÓN

El hampón más
poderoso. El amo del cotarro,
el gallo del corral. Cacaseno
de cacareos genocidas. Por desgracia
con excesiva frecuencia ello nos fuerza
a prestarle atención.

Con tu farfolla, prepotente papandujo,
doy de comer a mis cerdos

cuando les tengo verdadera rabia.

POSMODERNIDAD

Una ética de mínimos
con encefalograma plano
Una razón en saldo
por quiebra del negocio

La anhelada revelación
del anhelado agente histórico
capaz de *changer la vie:*
la propaganda comercial

Ponga un jíbaro en su vida

A ratos se me antoja
que la única virtud aún no ambigua
es ser intempestivo

PS Y eso que son connaturalmente las virtudes
desmemoriadas, sedantes, vengativas.

EL ROSTRO ESPLENDOROSO

Ahora que Dama Ilustración ya tiene rostro
de santa
de virgen
de torera
de payasa
de frígida
de bruja
de verduga
de ajusticiada
de anciana
de esqueleto

como por juego y muy amablemente
vamos a quitarle
todavía una careta más.

ON LIBERTY

Una voz ladra: recógete en un cubo,
y él lo hace.
La voz: recógete en un vaso,
y lo hace.
La voz: en un dedal,
y lo hace.
Y por no molestar, con cuello dócil
ejecuta el siguiente movimiento
antes de que la voz ladre de nuevo.

ATORMENTARÁS A TU PRÓJIMO
COMO A TI MISMO

Y, se dijo,
en esta indudable cumbre de los siglos
en estas horas de deidad metódica
produzcamos un ángel:
ni corto ni perezoso
afanóse en hincar plumas de bronce y uranio
en el desvalimiento de la espalda de un hombre.

HÉROE CAÍDO EN INDECOROSA POSTURA

Intentaba
injertar alambradas en la barba de un Marx
propenso a la calvicie.
Al ejecutar su alta y noble misión
se estrelló desde lo alto de los siglos.
Sus superiores hanlo condecorado

póstumamente.
Es altamente improbable que nos deje
descansar en paz.

NIÑO EXTRAVIADO

Verlorne Posten in dem Freiheitskriege/ Hielt ich seit dreissig Jahren treulich aus./ Ich kämpfe ohne Hoffnung, dass ich siege,/ Ich wusste, nie komm ich gesund nach Haus.

HEINRICH HEINE, *Enfant perdu*

Posiciones perdidas
en guerras de liberación
durante decenios defendidas sin desmayo

Derrotas hay, maestro Heinrich Heine,
por las que parecen no pasar los siglos

TAN A MENUDO

la medicación produce la enfermedad
la prótesis engendra la deformación
la tutela genera la inmadurez.

Haz vivir a tu amigo
un día bajo el sol de la impotencia:
antes de que el astro de alquitrán se ponga
se habrá castrado con sus propias manos.

ES MUCHO MÁS IMPORTANTE DESENTERRAR A UNA CORNEJA QUE MANDARLE UNA PETICIÓN AL PRESIDENTE

He vivido en la Prusia de las VEB.
Un país donde a veces
se siente la necesidad de ser malvado.
Tanta *vie en rose* está pidiendo a gritos
un buen chafarrinón; y uno comprende
la impaciencia de los intelectuales
y siente algo así como simpatía de casta.

Cosas archisabidas. *Mutatis mutandis,* pueden leerse
en autores de éxito como Milan Kundera.

Pero ocurre que enfrente está el otro mundo
—cosa que no menciono por amor a la simetría.
El mundo donde los escuadrones de la muerte
masacran a cientos de campesinos si hay que arrancar de raíz
todo brote de sindicalismo agrario.
Donde se arrasan selvas grandes como continentes
para que bienolientes niñatos calzados con playeras sin calcetines
puedan atiborrarse de hamburguesas baratas.
El mundo de la «calidad de vida»
cuya garantía última se cuantifica en megatones.
El vampirismo. El soborno. El exterminio.

Y entonces uno siente,
además de la necesidad de ser malvado,
la de ser bueno.

ORACIÓN SIN LUNA

Me cerca el carnaval de nieve sucia.

Así a veces las fábulas
son cuchillos en manos homicidas,
y la leprosa realidad
leche más necesaria a fuer de amarga.

(No estoy seguro.
No aventuro teoremas sino versos.
Y quién puede seguir diciendo hermano
sin que la voz se le quiebre…)

Pero ruego que al menos
no falten nunca las lanzadas del hambre,
del miedo, del desconsuelo, de la ausencia.
Porque aún desconocemos
—sietemesinos bachilleres del espanto—
otra manera más digna de ser.

IV

La ideología del fatalismo se constituye en la traición al pasado. Preservar la memoria es defender la libertad. Puede servir para ello, me parece, la objetivación en personajes poéticos cuya voz acota precisamente la posición antípoda de la que en cada momento el autor quiere para sí: gimnasia del sarcasmo. Ofrezco como muestra las siguientes ocho contorsiones.

YO CELEBRO

Canto
mientras mi jardín se agosta.

Canto
mientras agonizan mis animales mis padres y mis hijos.

Canto
mientras mueren mares que no he navegado
selvas que no he hollado
ciudades que no he conocido.

Canto
con mi dulce cósmica expansiva
carraspera de cadáver más brillante.

ANIMAL SIN AMO

Tengo
diez pieles córneas
treinta capas de grasa
un corazón de espejo
y una cola que se desprende

dejando a mi predador con tres palmos de narices.
Puedo
recogerme en una bola
que mengua a ojos vista
para afirmar mi dolorosa intimidad.
Creo
a pie juntillas
en la irrestricta soberanía del espíritu.
Lamo
con gratitud
la mano que me degüella.
Soy
un animal futuro
de una especie ya extinguida.

ARMONÍA PREESTABLECIDA

Una amiga ha estudiado teología;
trabaja como empleada de banco.

Un conocido ha estudiado ingeniería de telecomunicaciones;
trabaja como pastor de ovejas.

La novia de un amigo ha estudiado magisterio;
no encuentra trabajo.

Exceso de seres humanos
con exceso de saberes humanos
cuando las exigencias ob-je-ti-vas son en realidad tan sencillas.
La mano invisible aprieta pero no ahoga.

Vivimos
como es sabido
en el mejor de los mundos posibles, y por ende
también en el más racional.

CORDÓN UMBILICAL DULCE VENENO

Melmoth
funcionario ministerial
Zaratustra
programador de ordenadores
Maldoror
parado y pinchadiscos
Pentesilea
cajera en un hipermercado
Prometeo
obrero de alto riesgo en una central nuclear
Hércules se suicida sumergiendo
la crespa cabeza en un bidé de mármol artificial
lleno de bosta de los establos industriales de Augias

Entre cuatro paredes níveas
y con los auriculares puestos
mi recogimiento dulce anestesia
mi impotencia sublime delicia.

MONÓLOGO DEL MUÑÓN

Lo que me destruye
corrobora mi identidad.
La hoz que me cercena
me da forma.
La pudrición del todo
favorece el esplendor de las partes.
La bota que me aplasta
me libera, en fin,
de mi muñoncentrismo.

CONSTRUCCIÓN DE MAQUETAS

Rasgo
el celofán.
Abro la abigarrada
caja de cartón.
Extiendo
sobre la mesa
las menudas piezas de plástico,
echo mano del pegamento especial.
Largamente construyo
un modelo a escala
de humanidad
(en el sentido del vocablo alemán *Menschlichkeit*,
no en el de *Menschheit*)
fiel a la realidad
en todos los detalles.
Abro la vitrina,
determino su correcto lugar
entre las demás maquetas,
lo coloco allí.
Mi equilibrio espiritual me complace, me exalta,
me desequilibraría
si yo no me agarrase a mi modestia
con uñas y dientes.
Cierro la vitrina
con siete llaves.

CONSERVACIÓN DE LA ESPECIE

La humanidad, en lonchas
como tasajo seco:
salada se conserva mucho mejor.

Llegado el momento oportuno
y dictado edicto por la autoridad competente,
sexos liofilizados se aparearán en invernaderos nucleares.
Los vástagos serán muñones perfectos,
en feliz posesión cromosómica
de la total memoria de la especie.

El resto es sal
—no precisamente de mis lágrimas—.

BREVE LECCIÓN
SOBRE GERENCIA DE CRÍMENES
PARA ESTUDIANTES POR LIBRE

¿Quién no cuenta entre sus antepasados
con un muerto por garrote vil?
¿De qué árbol genealógico no cuelga un ahorcado?
Algún quemado vivo, algún gaseado,
algún achicharrado con napalm,
muchos gloriosamente caídos
por muchos dioses, patrias y reyes
en tantas gloriosas carnicerías de honor.

Mas no todos saben sacar igualmente partido
de semejante capital inicial con equidad distribuido a todos.
Cuán varia, en varios agentes,
la productividad de las víctimas.
Saben nuestros lectores que nos disgusta hablar
de nosotros mismos; no ha de empecer, empero,
ninguna falsa modestia la difusión de doctrinas
tan útiles cual provechosas para el bienestar general.

Pues menester es decirlo: nunca como en nuestro negocio
la sabia, ponderada administración de crímenes
había producido tan suculentos réditos.

Un sabroso capital de sufrimiento, acumulado
por tatarabuelos pródigamente torturados, que invertimos
teniendo en cuenta las fluctuaciones del mercado humanista
allí donde la tasa de beneficio es más alta.

Y la humanidad florece en nos, y nuestros enemigos
son aniquilados inacabablemente
en el tiempo, en la memoria, en el olvido.

V

> Cuando los vivos no puedan seguir
> luchando, lucharán los muertos.
>
> HEINER MÜLLER

LA MUERTE QUE AMASAMOS

Detestables ilustres perfumistas
atareados en ennoblecer nuestros cadáveres
con aroma a tragedia, sudor de semidiós
y sublimes valores
para la especulación en bolsa o la contemplación moral.

Por el contrario, esta muerte que amasamos
no será transfiguración ni sacrificio,
sino un borracho de mal vino a quien su propio carro aplasta.

CIUDAD BAJO LA NIEVE

La mudez sosegada de la nieve
sigue cayendo,
mordaza de conciliación, violencia dulce.
Entre tanta paz fingida se diría es posible
desentenderse del mundo como cosa acabada
y abandonar mis días con un empujón suave.

Desde mi muerte a cachos, frangollada, erecta,
siento nostalgia de la buena muerte.

A MENUDO EL RESUCITADO
DESPIERTA A LA MUERTE

Cabe imaginar un mundo en el que los muertos, en lugar de yacer para siempre amortajados en su propio frío, en su silencio laxo, en su feroz inmovilidad, repitiesen indefinidamente el mismo movimiento. Derribar y enderezar una silla, o abrir y cerrar un grifo, o intentar estrechar una mano, o vomitar la agonía. Y en eso consistiría la muerte de cada uno.

A veces abro los ojos en ese mundo.

ESQUELA

Cuando el muerto murió, todos los presentes
pudieron observar que en su carne sollozada
por larga enfermedad o de tanto tanto
haber casi vivido, habían
germinado innumerables ojos
de un azul desvaído, y en aquel preciso instante
se abrieron todos —casi al mismo tiempo—:
insobornables e inútiles
taladros
de la ausencia.

REDUCCIÓN ESTANDARIZADA

Pérdida del mundo, las veredas amadas;
desmedra día a día como rostro
corroído por un funeral de ácido.

Pérdida de tu cuerpo en aridez trenzado;
las lágrimas inocuas; el calor esencial
que se disipa en viento de lejanías astrales.

A la postre
este triste bregar en una estancia blanca
con cuatro esquinas de mutilación.

DE CÓMO LA ATROCIDAD DE LOS HECHOS
NECESARIAMENTE
SE VENGA EN EL HACEDOR

Voz devorada hacia adentro,
cáncer discreto.

Frutos. Luces. Movimientos.
Amar. Afeitarse. Hacer la compra. El cuerpo.

De un día para otro
—también en los bastiones de lo elemental—,
lo indecible gana terreno.

CABALGATA SIN TRÁNSITO

1

Angustia,
cortas las riendas.
Mal jinete si no, por vida mía.

2

Angustia —nodriza que traspasa toda soledad—,
saca sólo un momento
los dedos amarillos de mi pecho.

3

A vida o muerte corro
una confusa carrera con la muerte.
Por poquísimos pasos voy perdiendo.

4

Aprendo a vivir
dentro del cuerpo de la muerte.
La muerte sabe vivir en mi cuerpo.

CADA NOCHE

apago las luces de la alcoba,
me apeo con sigilo de mi vida
y poso los labios contra el cristal helado.

Afuera Berlín hipa como un animal ebrio.
Intento alzar al pecho
las voces tambaleantes de lo cercenado.

Enmudecen detrás
de una cortina de sangre
regiones cada vez más extensas del pasado.

RECONOCIMIENTO

1

Los dos
no estamos nunca solos.

Carne fértil del delta de los siglos,
tierra donde germinan
tubérculos de vigilia, ojos sin párpados:

y que la carne en éxtasis prolongue
la abrasadora gavilla de los muertos.

2

Anillo, eslabón eres.
Un anillo más de sangre bruñida.

No aro en el hocico del buey duendo.
Aérea ajorca en el tobillo de la amiga.

Y considera que morirás
delante de todos tus hermanos,
y que untarán con tu muerte el rostro de los recién nacidos.

COMPAÑERO PROBADO

¿Y con el miedo a lo desconocido?

Le dejaremos
que nos abra los ojos.

Le dejaremos
que nos quite la ropa.

Le rogaremos nos bese
con sus dientes helados de cadmio y de frambuesa.

Le rogaremos, compañero probado,
que no nos abandone cuando entramos
en lo desconocido.

VI

> Iba a decir, mas cuando fui a decirlo
> había muerto el lenguaje.
>
> Rafael Alberti

BULBOS DEL GRITO

Palabras
como ojos que se abren
en el centro del cuerpo y de la tierra.

Ojos adelantados, exentos, dolorosos
como una quemadura
en el centro inmediato de la carne.

Palabras como un tumor,
como una fiebre.
Bulbos del grito que no sé cauterizar.

A JUAN RAMÓN JIMÉNEZ, ABSORTO EN NEW YORK

Yo hablaría del alma
si no fuese un aceite caedizo y doloroso.

Hablaría del ángel
si no estuviesen químicamente ardiendo las cuatro esquinas del cielo.

Hablaría de la rosa
blanca y de la rosa amarilla y de la roja
si no urdiese la espina el tejido mismo de la carne.

POZO HUMEANTE

Pozo. De pez. Ardiente abismo de la noche
roto por pocas luces.
Me rondan estos días tan pocos pensamientos
que he puesto a cada uno un nombre propio.
Como un coito de rabia. Como un estremecido, tapiado
inacabable
coito de impotencia.
(La pareja de perros que no podían
desacoplarse, y fueron por ello
vejados, apedreados. Lo cuenta el joven Brecht.)
No saber ver y no saber hablar.
No poder arrancarse las escamas de los ojos
ni poder ignorar el pozo de la boca.

LE ATENAZA LA SOSPECHA

de que el único pecado que puede llamarse original —raigal, y radicalmente corruptor— es la mentira. La duda de sí mismo se expresa siempre en los siguientes términos: ¿soy un falsificador? ¿En este pálpito, en esta imprecación, en este análisis —estoy fingiendo? Pero la confusión en el polo de la mentira es simétrica de la confusión en el polo de la verdad, y ambas se resuelven en una dolorosa *crispación hacia la veracidad,* la tiesura del miedo que esquematiza y amojama los rasgos otrora vivos del rostro. No sólo el fingidor necesita una máscara.

LLEGAR A SER SUJETO

El lento, riguroso, solitario proceso de llegar a ser sujeto.

Con el pequeño morral verde donde sólo vas guardando las derrotas. Forzando los recodos de un sendero exhausto.

¿Pero qué significa llegar a ser sujeto en un texto, por medio de un texto? ¿Qué valor le atribuimos? ¿Construcción de un modelo? ¿Poesía como teoría de la des-enajenación? ¿Un modelo para quién? ¿Quién puede pretender ejemplaridad para los jirones de sus vestidos prendidos de las zarzas, y si acaso una gota más o menos intensa de su sangre…?

Reconozco. Acepto. Reordeno.

Pongo las manos sobre la mesa, junto a las otras manos, junto al pan, junto al cuchillo.

SIN MIRAMIENTOS

Arrancarlo a su propia perspectiva. No hacer caso
de sus opacos hábitos, su grumoso confort.
Aprender a mirar
también consiste en aprender a no mirar
al objeto como éste querría ser mirado.

RIESGOS DEL ESTETICISMO

El cadáver no mostraba
señales de lucha.

Se le halló sin objetos personales
que pudieran facilitar su identificación.
Nada más que otro ahogado
en el proceloso piélago de la Belleza.

PARA CANTURREAR
MIENTRAS USTED LEE EL PERIÓDICO

Todo era posible
aún. Se cernía la palabra
alta, radiante, preñada de poder.
Ojos creando rosas, todavía,
rosas creando ojos. Todavía
encuentros decisivos en las forjas del sueño.

Pero cerré el mañana a piedra y lodo.
Pero de desamor
se me pudrieron los labios.

LA ESTRUCTURA DE LA LÍRICA MODERNA

Soñé   un dedo
un dado   un lance de dados
un dardo   un verso

que destruyese el mundo
después de la paz blanca
sería en verdad posible comenzar.

Acaricio fragmentos hasta sacarles llagas.
No hay posible comienzo.

NO CEJAR

Literatura popular
sin pueblo

poesía revolucionaria
sin revoluciones

arte para las masas
que se dan la espalda a sí mismas
y a sus voluntariosos artistas cejijuntos

no cejar, no cejar. Al fin y al cabo
también decimos «ser *humano*» sabiendo
que el adjetivo es tan sólo
un latigazo rabioso de utopía.

DIALÉCTICA DEL POEMA

El poeta queda por detrás de su poesía.

Para cubrir el hueco
proponemos hipótesis:
voz colectiva, don divino, inconsciente.

Pero dar forma a un verso
es darse forma a sí mismo.

La poesía no es mejor que el poeta que la escribe.

JUSTIFICACIÓN DE LA POESÍA

La poesía es injustificable.
La tensión de las sílabas no es ni con mucho tan alta
como la de las zumbantes torres eléctricas hincadas en el lomo de
    la tierra.
La energía represada en los versos resulta ridícula
en comparación con la embalsada por la presa.
La canción y el cirujano prestan ayuda a la vida
—¿quién preferiría la de la canción?
La poesía tiene manos de nieve,
tiene manos de cebolla, tiene manos de arena.
Su respuesta al último *para qué*
es un silencio
ensimismado de angustia y de esperanza.

La respuesta del ser humano
al último *para qué*
es también un silencio
ensimismado de angustia y de esperanza.
El ser humano es injustificable.

VII

> Boca besada no pierde ventura.
> (Refrán)

POEMA DEL ENCUENTRO

> De ti me fío, redondo/ seguro azar
> Pedro Salinas

Te encontraré
postrada tras una revuelta del otoño
—estandartes de sol helado,
barricadas de hojas secas—
o no te encontraré.

Te encontraré
desnuda frente al mar en el rellano
de una escalera oscura
—y no me atreveré a rozar tu cuerpo—
o no te encontraré.

Te encontraré
sucia de soledad o de heroísmo,
acribillada de pájaros sin vuelo,
inmensa e íntima cual cielo sin heridas.
Te encontraré.

INCREDULIDAD

No eres
posible,

no es posible
que todo el calor del mundo
haya cobrado la forma de tu cuerpo
tendido e irradiante junto al mío,
no es posible tu cuello
girando sobre la almohada lentamente
como fanal de dicha,
tanta fructificación no es
posible, tan alta primavera
desbordando tus pechos y tus manos
hasta inundar todas las alcobas de mi vida,
no es posible el latido de tu sueño
cuando convoca
paisajes como caricias, dédalos susurrados
de fraternidad y auxilio y maravilla,
no es posible la paz de tu vientre rubio
si te busco debajo de las sábanas.
Desnuda no eres posible. Junto a mí, no es posible.
Eres lo más real y no es posible.

UN TIEMPO LIBERADO DE SUS GOZNES

Beber
una taza de té. Conversar
sobre pintura, paisajes
y personas amadas,
sobre el conocimiento, la memoria, el deseo.

Un tiempo liberado de sus goznes:
no he tomado tu mano entre las mías.

Y la luz que cuajó sobre tus pasos
como materia y ámbito de un amor por venir.

MANANTIAL DE LO HABITABLE

1

Cuando estás
cuando no estás

por detrás de tus ojos busco
siempre la misma voz
en tus palabras
siempre el mismo tacto

siempre la misma comunión rasgada.

2

Desbordas
el espacio cercenado
la libertad contrita
el parco viático visible

desmientes a
la inercia
limitas
las dudosas
prerrogativas del absoluto

en la caricia tus dedos
son una llave

tu cuerpo un manantial de lo habitable.

TRES VECES DESPERTAR

1

Por las mañanas, recién despierto,
cuando ya una luz pálida de no haber desayunado
aventura su inmensa curiosidad en la alcoba
y tú eres aún sobre todo
ovillo de calor, desnudo imán de sueños,
me permito
un minuto para adorarte.

2

A veces, al despertar a tu lado
estoy seguro de que ciertos «buenos días»
podrían curar el cáncer, la ceguera y la lepra.
Y deseo entonces desesperadamente
ser también yo capaz de saludar así
a lo recién creado.

3

Entreabre el alba ventanas en la piel.

Yazgo junto a ti. Sé que no conseguiré recordar lo que hemos soñado esta noche. No hay calor comparable al de un cuerpo vivo.

Pero el ojo, el ojo desecándose querría... una niebla carmesí, una lluvia de oro, al menos un avivamiento de la noche... querría poder olvidar los poros de sarcástica nitidez que perforan a todos y cada uno de los seres de este mundo.

El sol arranca de los cuerpos una música sin cobijo. Duermes,
pero asediada por la claridad. Yo ya sé que la prueba de este día
consistirá en engolfarse

en la estremecida vigilia de la realidad.

AUSENTE

Hay en tu ser
cámaras apartadas que no alcanzo,
invernaderos de delicia, lenta
germinación en tu sangre y en tu risa.

Está bien así. De tu retiro tornas
con la frente encendida y en los ojos
una promesa de luz
total para mañana.

ELOGIO DE LA DISTANCIA

Presencia que no es desvelamiento sino opacidad. Pulmón encharcado, corazón sin eco. Un oscuro y mudo abismarse en lo inmediato. Una tensión huraña en las articulaciones interiores de los seres, en la que quedo prendido —atravesado—.

Acariciarte, sí. Pero también contemplarte, rememorarte, pensarte, soñarte.

GERMINACIÓN DE SOL

Tras semanas
de nieve gris bajo cielo encapotado
unos minutos de sol recién nacido
percibido todavía desde el lecho.

Desayuno espiritual inmerecido,
fugaz, sin preparación, sin consecuencias.
Correo de gozo con destinatario ausente.

Amor, cómo socava la vida no vivida.

ALIMENTO DE LA NOCHE

Velar, velar, la madrugada arrecia.
Escuadras de estrellas excavan
hacia el corazón. He derramado vino
sobre tu vientre entero, duro y dulce.

Tus ojos, alimento de la noche.

Déjame repetir los gestos inseguros
de la reconciliación, déjame desvalido
murmurar la plegaria de la sangre.
Ha amanecido un sol partido en dos.

LECHO VACÍO

1

Hablo de un tiempo rabioso
en que todos los rostros se habían tornado piedra
pulida impenetrable, y cuervos ávidos de fuego
hostigaban al sol.

Te busqué detrás de todas las puertas condenadas,
en muladares, en torrenteras secas, en mataderos cerrados,
en estaciones vacías. Había perdido
la fuerza de la memoria y del futuro.
Te buscaba con palos aguzados, con dientes
y costillas de cadáveres, con rabia y
con exaltación y con herrumbre.
Hablo de un tiempo en que te había perdido,

y no quedaba nada.

2

Desde que te he perdido
he perdido mi cuerpo.

Azotacalles de un tiempo
sin dimensiones.

Sólo me trato con árboles invictos.

Amontono
las mañanas segadas junto a tu lecho
vacío.

ACTO DE PRESENCIA

Esas albas exangües en una alcoba de plomo, después de que a lo largo de toda una noche hierática la avispa nos haya embutido en la boca los huevos amarillos de la muerte; esas albas de acidia en que querría desabrocharte el mundo y apagarme en tu carne.

Pero tu piel constante me recuerda siempre a tiempo cómo la poesía es una disciplina de la presencia. La remisión inacabable del allende al aquende.

VIII

No, no dejéis cerradas
las puertas de la noche,
del viento, del relámpago,
la de lo nunca visto.

PEDRO SALINAS

Hay una palabra que me exalta, una palabra que nunca he podido oír sin experimentar un gran escalofrío, una gran esperanza, la más grande, la de vencer a las potencias de la ruina y de la muerte que oprimen a los hombres; esa palabra es: fraternidad.

PAUL ÉLUARD

CARTA DEL AMIGO

Un frío de millones de estrellas perforando la punta de mi nariz. La gravitación era tan exagerada que me eché a reír.

LUIS BUÑUEL

Vicente ha escrito
que, de tan lejos,
mi voz no llega.

Imagino
mis brazos alargándose
de una cañada a otra,
de un continente a otro.
Mi cuerpo filiforme
dando diez veces
la vuelta al mundo.

No sé a qué cuerpo

llamar humano:
mi cuerpo de carne,
mi cuerpo de hilo.

(Mi cuerpo de sal,
mi cuerpo de hierba,
mi cuerpo de humo.)

Desaprendo
a soñar el cuerpo.
Aprendo
a medir la distancia.

FERROCARRIL BERLÍN-FRANCFORT DEL MENO

La anciana rusa
a pesar de los decenios que le zapan el rostro
—sin duda más de siete—
y de los cristales de las gafas
gruesos como culo de botella
contempla el paisaje como si quisiera
fijar la nitidez terrible
de cada cabaña, cada árbol, cada pájaro
en un minucioso inventario de redención.
Y en su libreta anota el precio del café flojo
que sirven en este tren.

PRAGA, 1987

Los menudos jardines de Praga.
En las afueras, donde las calles se convierten en trochas
que quieren subirles la falda a las colinas

y las colinas se convierten en crepúsculo.
Rosas de reconciliación,
    frutales invictos.
Los menudos huertos de Praga
despojan por un instante de connotaciones negativas
a la palabra redención.

SÄULENMENSA HUB

Encima de la mesa
tazas de café, un tiesto con violetas, cuadernos abiertos.
Cuatro estudiantes africanos
y una estudiante alemana. Ella
les explica análisis matemático
(menos a uno, notoriamente distraído).
También a mí me hace fruncir el ceño
el arte afirmativo. Pero en Berlín,
cuarenta y nueve años y once meses
después de la
Kristallnacht.

PLACERES

He comprado dos cuadernos de notas
buenos y muy baratos.
He visto una fuente de bronce
que representa a una mujer y un hombre
desnudos dentro de una pequeña bañera
mirándose a los ojos,
entre los dos robustos cuerpos una tabla
que hace las veces de mesa, en las manos
copas de vino,
en la izquierda del hombre una rosa.

He reparado en la poco llamativa
hermosura de la fuente
que ya había visto otras veces.

Placeres
para toda la tarde.

BESARÉ LAS HERIDAS

¿Con estas palabras
mancilladas
sangrientas
a lo largo de siglos
envilecidas
tuertas
escribir un poema?

¿Con tales hombres
cercenados
humilladores
carniceros
inaccesibles a sí mismos
fundar una ciudad?

Así será mi poema
así mi ciudad

y besaré las heridas
y no maquillaré las cicatrices.

«PORQUE ERES LINDA
DESDE EL PIE HASTA EL ALMA»

(Mario Benedetti)

La cajera del supermercado cuyo rostro ha magullado
algún novio bestial pero no hay error en las cuentas
La estudiante vietnamita en el autobús
con la cara mojada de lágrimas o de ese aguacero
que desbarata Berlín con risa socarrona
La obrera jovencísima de anchas caderas rientes
que jugando enseña a su hijo todas las caricias de una amante
La militante en un grupo clandestino por los derechos humanos
que prepara un té menos dulce que su sonrisa
La tabernera de un local cerca del puerto báltico de Wismar
cuyas anchas manos tranquilas son deseadas por cada marino
La rubicunda estudiante de magisterio entrada en carnes
que te abre su corazón cuando sabe que amas *Pentesilea*
La camarera en el café de Weimar de piel y pechos tan amables
que sin querer bebo dos cafés más de los que quería
La mesticita nicaragüense inverosímilmente pelirroja
aprendiendo literatura para niños que hoy hacen la guerra
La adolescente solar con su hijo pequeño en Potsdam
que sería mi compañera si se hubiera bajado del tranvía
una parada después

Mujeres en Mecklemburgo en Sajonia en Turingia en la Marca
a ratos las más hermosas de la tierra
hermanas mayores a las que no dobla el peso
del límite, la enfermedad, el horno:

vuestras mejillas abrasadas
anticipan un mundo no indefenso
contra los mecanismos de la masacre.

INGENUIDAD EN FORMA DE ADIVINANZA

Ese animal desnudo hasta los tuétanos
y al mismo tiempo oculto
tras montañas de pellejos, barros
ensoñaciones, aceites y disfraces.

Blando animal roído
por la lepra de luz.

PROFECÍA CON LOS OJOS CASI ABIERTOS

1

De qué manera hablar cuando la tierra
apenas tiene la consistencia del rocío.

Pero precisamente este cielo derrengado
echa de menos tus vértebras
precisamente en este instante.

2

El fin del mundo es mañana.

Cada tarde ese mirlo se planta
exactamente en la esquina entré la *Kameruner*
y la *Togostrasse,* en el cuarto piso,
y canta. Canta una hora
para que lo oiga todo Wedding.

Durante una hora el crepúsculo
no es otra cosa que su canto.

Mañana será otro día.

3

Fecunde ya al presente
el inmenso caudal ciego del futuro.
Un corazón en el centro de una nube.

Y lo imposible vivirlo
hasta la extenuación, hasta las lágrimas.

4

Yazgo
sin sueños
sobre un lecho de lava.
Mi memoria ciudades destruidas,
mis ojos una flor de montaña.
En los tejidos de mi cuerpo
se acumula —proliferación
de tumores opacos—
lo no comprendido.
Sé que algún día
he de erguirme
en la estatura aterradora de mi libertad.

5

Será de alborada,
pero bajo otro cielo.

Cielo que ya no quiebre la espalda del titán.
Cúpula de delicia sostenida por todos.

«Endurar» es un viejo vocablo castellano.

Una mano de leche
enhebrará las arterias
y borrará las cicatrices.

NOS TORNARÍAMOS HUMANOS

El pan incandescente de la fraternidad.
Si comiéramos de él nos abrasaría la boca.
Si comiéramos de él nos desgarraría los miembros.
Si comiéramos de él se quebraría el anillo.
Si comiéramos de él nos tornaríamos humanos.

COPLAS DEL ABANDONO

(AÑOS OCHENTA)

> Todo cuanto se edifica y perdura ha exigido de antemano,
> para ser, un total abandono.
>   ANDRÉ BRETON

> ¿Cómo te vas a encontrar/ si no te quieres perder?/ Hay
> que perderse primero/ para encontrarse después.
>   JOSÉ BERGAMÍN

1

Calles de Magerit
que en un momento dado
se vuelven transparentes.
¿Por dónde estoy andando?

2

(rotura de cañerías)

Bajo cada acera
una vena de agua
promete una fuente.
La vida sería
tan fácil, tan fácil…

3

(atardecer en el Buen Retiro)

Podríamos dormir
en un nido vacío de cigüeñas.
El parque en esta tarde

casi tiene el tamaño
de un abrazo que vuelve...

Es así que vivimos
en la más extrema misteriosa
latitud del gozo.

4

Como la salvia soy
frágil e invulnerable,
como el espliego.
Hombre de humo, de humus:
el alma es un aroma.

5

(evocación de Manuel Sacristán)

Fiesta de la memoria.
Maestro fue de veras:
nos enseñó a enseñarnos.

6

(apuntes de una conferencia de Tomás Pollán)

Digo que existe
lo inconmensurable.
Digo que hay agonías
que rompen las balanzas.
Que ninguna moneda
es de curso legal.

Hoy me importa olvidar cómo se suman
o restan cantidades a la vida.

7

(baño en el Turia)

Río que desencubres
mi cuerpo de agua verde,
las arterias cuajadas
de algas diminutas:
refrescas el misterio
de toda encarnación.

8

(escuela de verano del Zambuch)

Una canción de vigilia
para la torre trémula del ojo.
Una canción sola
que sola se amiste con la soledad.

Hasta que llegue el alba,
arroparse en el frío
y cantar.

9

(hayedo de Montejo)

Diosa de mil brazos,
un soplo te derriba.

Que tu templo mortal
acoja a mi esperanza.

10

(catedral de Sigüenza)

Un corazón de quietud
en ciudad de galgos vientos.
Secreto centro dormido
donde me dejo y me pierdo.

11

(en la lección de poesía)

¿Li-
teratología
o liberatura?

12

Un verso de Baudelaire paga el rescate

Un verso de Blake abre la puerta

No sé lo que hay detrás.

13

Habla y habla y habla y habla,
que al cabo sólo resuena
queda
la voz que calla.

14

Distancia de repente desbordada.
Como una encina atónita,
contemplaba a la espiga de la muerte
abrazando a los hombres.

15

Si es abandono el corazón del tiempo
quién trazó el luto
que inflama la espalda del amor,
roe la palabra centinela del día.

Tiembla la mano,
no arriesga una promesa. Y sin embargo
no deja de esperar.

16

Festival de briznas,
soplo preso en susurro,
brasa de éxodo.
Nos ama lo más frágil,
lo inasible.

17

¿Por qué confiar, obrar?
Pienso en la llama de una vela,
la apago con un soplo,
confío, actúo, río.

MATERIAL MÓVIL

(1987-1988)

MATERIAL MOVIL

(1957-1988)

EL RESPLANDOR DEL CÁNCER

1

Voy a buscar un torrente para descarnarme
una gruta para maldecir
y un mar helado para rememorar mi historia.

Voy a abrir los ojos
hasta que el dolor atraviese
el espesor mortal de las imágenes.

Y sin embargo: mientras alguien
siga sintiendo vergüenza de este mundo
no está todo perdido.

2

Sembrábamos
trozos de vida
enterrándolos hondo debajo de la tierra.

Enferma la simiente,
el sembrador,
la tierra.

Sembrábamos
rutilantes bulbos
de cáncer escarlata.

3
En las escombreras genitales de la historia
　　　　　　　　　　　　　　en muladares
　　　　　　　　　　　　　　　　　　　　en márgenes
en intersticios
　　　　en charcos
　　　　　　　　en derrubios
en los lugares comunes
　　　　　　　en los cuerpos tronchados
en el cascajo verbal
　　　　　　en los informes grumos de sentido
en las morrenas de cólera
donde las vidas machacadas
milenarias se acoplan entre la piedra y el hielo

una mano cortada va juntando
fragmentos del trilobites esperanza.

　　　　　　　　　　　　4

Cayendo
hacia delante
　　　　　　desde hace ya
tres
　　millones
　　　　　　de años
　　　　　　　　　sin llegar aún
　　　　　　　　　　　　　　nunca
a tomar
tierra.

246

5

Milenios
y se creía
que la historia ayudaba a despojarse
de su placenta ensangrentada a la belleza.

Y el día milenario de los hombres
no era una ascensión
                sino una fuga.

6

La historia no avanza a saltos
parece que no repta
                ni vuela
                        ni se arrastra
no excava
      ni nada
               ni proyecta pseudópodos

A veces se diría
que no elegimos bien nuestras categorías históricas
No recurrir por ejemplo
a tanta zoología desmañada

sino aceptar la hipótesis
de movimientos monstruosos indecibles
con la tersa ingenuidad de nuestras voces

recurrir más bien a la teratología.

7

El tiempo nos desborda.

El tiempo
          panza de terciopelo
y espolones de nácar.
Nos toma de la mano para mentir al tacto.
No es mío, ni nuestro, ni suyo, ni de nadie.
Nos regala un tesoro de puertas condenadas.

El tiempo
          barba socarrona
y andares de lobo.
Nos encela con falsos enigmas arbitrarios.
Nos tienta a través de una vulva indiscreta
con el jardín de entrañas de un origen perdido.

El tiempo
coronado de ortigas y estreñido de historia
nos desborda.

8

Para el horror
no hay palabras.
          Aurora desventrada en la frontera
entre cloaca y glaciar.
          No hay palabras
ni es piedad demorarse
en los bordes abrasados de la herida.
          Sé de lugares

donde hasta la memoria del beso es injuriosa.
He madrugado
a negarle palabras al horror.

9

Hay un momento
sangrando de intimidad entre ayer y mañana
en que incluso el asesinado
      el crucificado
          el torturado
han vencido y relumbra como un pan en sus manos
el sentido del tiempo.

De ese momento
perdido en pliegues
     casual para todo corazón desacordado
no son dignos los inmortales
ni la eternidad misma.

Y nuestros rostros
    mi vida
breves como fotos.

10

No se alcanzan las metas:
se las ha dejado atrás
    sin advertirlas.

Al lado del camino, dos chiquillos
(¿en qué siglo de brasas o de vértigo?)
comen una sandía.

Nunca se alcanzan.

LAS BUENAS INTENCIONES

I

Ni la estética de la derrota
ni los alucinógenos de la desesperación
ni la obscena *suite* de lujo en el Hotel del Abismo.
Mejor arponear caimanes ciegos
en las cloacas de Nueva York.
Mejor buscar a Céline por los burdeles.
Mejor hundir la cabeza
en los fértiles patatales radiactivos de Ucrania.

Probablemente soy cuarto y mitad de filósofo
un matemático maleado
por caricias y luces que no deben contarse
un traductor de poetas cuya salud más intensa
de lo que toleran las patologías de mi gente
no deja de provocar malentendidos
Vivo en la intersección de fronteras incendiadas
reales imaginarias e imposibles:
catacaldos de mundos con mapas poco fiables

(presbicia profesional del transterrado:
qué bien se ve Castilla desde Prusia
con cuánta claridad Prusia desde Castilla)

Escribo versos y te amo
          y pienso sobre todo
en el envés de los días en la hez de los líquidos
en ácidos suburbios mañanas roncas vegas desmanteladas
en lo que destruimos antes de conocerlo
en lo que negándonos nos hace libres
y proyecto
        amor mío

una rebelión
que no sería espasmo sino larga caricia.

Con Benjamin y Brecht: no dejar huellas.

2

Padre, madre: era sin duda
un hogar pequeñoburgués
con rastros de alta montaña en los rincones.

Veranos en los Montes Pirineos.
Abetales mordidos por las motosierras.
Montañas que eran
buques varados o castillos malva. Los valles:
Hecho, Pineta, el cañón de Añisclo agreste
de vertical veracidad paleolítica.
Los sábados subíamos al Guadarrama.
Siete Picos, el puerto de los Cotos,
la Calzada Romana, Pinares Llanos,
Peguerinos. Los niños encontrábamos metralla
o casquillos de bala de la guerra civil.
Alto de los Leones. Bayas rojas
que no deben comerse. Lagartijas que huyen
dejando el tesoro sangriento
de una cola viva entre las manos.

La mortaja de la España cenicienta de Franco
servía de mantel. No se decían tacos. Nunca
se hablaba de política.

«Hijo, ten cuidado con quién te juntas».
Pude juntarme siempre con quien quise.

Yo leía
los libros permitidos y a escondidas

todos los no permitidos.
Me descubríais y no pasaba nada.

Un hogar pequeñoburgués
con rastros de alta montaña en los rincones.
Muchas sendas guiaban fuera de la angostura.
No había balcón. El cielo no expiaba.

3

Tengo una amiga que es
un ángel de generosidad

por eso le molesta
que le llamen ángel.

Tengo un amigo que es
un maestro en sabiduría

por eso le molesta
que le llamen maestro.

Sin amigos así
no sería quien soy
hacen que me molesten
muchas cosas.

4

De golpe
y porrazo, a los veinticinco
años cumplidos de mi edad, advierto
que he perdido el futuro.

Y sin embargo no tengo

agujeros en los bolsillos ni sietes en la memoria
ni más remiendos que los sólitos en mis pasiones sociales
ni se me cae el pelo exageradamente.

Qué libertad con alas desplegadas.
Qué espacio inmenso para la concordia.
Qué contratiempo para papagayos.

El mañana ya no destiñe más
sobre el hoy su indecisión, mermelada bendita.
Presente puro: manos a la obra.

5

Esperanza,
nido de cicatrices,
corazón seboso,
corona de espinas
para mesías de colmado o vecino intachable
con perrito pequinés.

Si más hiere lo más íntimo,
si todo enemigo es un nombre
pronunciado ante un espejo,
si sonríen dengosos
los huesos fracturados, si cada caricia
cercena el cuello, la nariz, los pectorales,
es que el mundo hace acopio
de su inmensa ancianidad
y aprieta un poco más el nudo de los días
atroces o acaso sólo
—si no miente el poeta—
inermes.

Pero tú
    no caigas.

Arrojado de ti, segado de distancia, mas
sin arrepentimiento.

Esperanza, vientre hendido,
zapatilla grande, meretriz zascandil,
camello que pasa
por el ojo de todas las agujas,
abrígame en la palma de tu mano,
déjame respirarte.

6

Una habitación
abrigada en invierno

Buena comida y fruta
y tazas de café
varias veces al día

Libros

Luz uniforme para poder
leerlos de noche
Viajes en tren
a ciudades
no del todo desconocidas

Amigos con quienes hablar
de Lenin y de Alberto Giacometti
sin apenas melancolía

La compañera
de días y de noches
que siente frío cuando duerme sola

Definitivamente estaré muerto en el instante

en que dejen de escocerme
estos mis privilegios.

7

Nunca me han dolido todos los huesos
después de arar o segar de sol a sol.
Nunca he disparado un fusil.
Nunca he violado a una mujer.
Nunca me he desriñonado en una cadena de montaje.
Nunca he navegado en un mercante.
Nunca he linchado a un policía.
Nunca he conducido un camión.
Nunca he matado una gallina.
Nunca he comido faisán.
Nunca he ocupado una fábrica.
Nunca he dirigido una orquesta.
Nunca he torturado a un ser humano.
Me faltan, en suma, tantas experiencias
constitutivas de la humanidad
en su actual constitución. Yo no me explico
cómo consigo reunir valor
para el trabajo insensato de urdir versos.

8

Escarbo en el niño, dulcedumbre, acónito,
pretérito de naves en penumbra,
inmenso bosque como una esperanza
de abetos enhiestos, lee en montañas ciertas
un libro mentiroso, juega
dentro del río, el agua límpida
me devuelve sus pies.

Irrecuperable.

Le conozco por las fotografías.
Me dan miedo sus días por venir.
Me dicen que soy yo.

INSTANTÁNEAS

>   Mas busca en tu espejo al otro,/ al otro que va contigo...
>   Antonio Machado

1

Castilla,
      claro torso
de miembros cercenados.

Hoz de qué vasto grito
se prendó de tu sangre.
Castilla la sin caricias.
No regala porque no sabe recibir,
doncella de piel anciana.

No coronéis con laurel,
no con pino.
Con pocas hojas de encina.

2

Plaza de Santa Teresa,
                    Ávila la bien cercada.
Sobre los tejados
bailan
las más esbeltas criaturas de la fragua.
La luz: un gran toro negro
que se ha tendido en la plaza.

Deseo inadecuado, la ciudad
a sí misma se abraza
en la muralla.

Las antenas de televisión, por una vez
insumisas,
        doloridamente borrachas de futuro,
bailan.

3

Encogida,
        una muchacha con muletas
al borde de la autopista.

La siega un coche,
        dos,
            muchos.
El sol la quiebra como un tallo seco.
Durante un instante la sostiene mi mirada.

La pierdo de vista
        ya.

4

Quiere el cielo a menudo
besar la tierra; ella lo rechaza casi siempre.

Llega un día en que no,
un día dulce o amarillo, y entonces
hay durante unas horas algo tan suave en el aire
que todos los seres —sin excepción alguna—
son besados.

Como si fueras ciego y pudiera yo regalarte
una transfusión de atardeceres.

5

Tren que casi acaricia el cuerpo de Castilla.
Febrero luminoso, azul, sin reticencias,
como si inaugurase un año verdadero.

Hermoso hubiera sido vivir en tal lugar,
beber la escasa sombra,
caminar de esa mano, respirar ese hálito.

El sol sin un asomo de ironía. El sol adolescente.
Adiós. Nunca mis ojos volverán a besar
tal tierra enamorada.

6

La primavera no tiene manos serviles.
Miguel Suárez

Pinares Llanos.

Aroma de espliego mezclado con gasóleo.

Con lentitud y a menudo
no sin sabiduría
el tren va construyendo los paisajes.

7

Durante unos instantes vivo en la expectación
de la avalancha ignota que va a descender

por las paredes del valle
—se pierden por arriba en un yugo de niebla—
pulverizando sin resto todas las consciencias
que abajo se engurruñan.
Como si la tormenta
—ameba inmemorial, titánica de purificación—
fuese de sopetón a desplegar un vientre
donde se resolviese por fin
nuestra precariedad objetiva.

8

Hacia el lago de Ordiceto.
Casi paralelo a la carretera que trocea el valle
en dos mitades de difícil ajuste
discurre el antiguo sendero, hoy fuera de uso.
Una sola mirada a las ginestas florecidas
basta para decidirnos.

ESTE SORDO ACEZAR

I

Rompe el alba desolada friolenta
y comienzo a vivir

a mediodía empiezo a interpretar
las tenaces máscaras de ruinas
y atino apenas a orientarme por el sol

al anochecer
caigo
sin haber hecho otra cosa
que acumular materia prima

para ocho o nueve vidas
verdaderas humanas
que no vivirá nadie.

2

Así que vivo dentro de dos cadáveres
confortables, holgados:
                      quien fui,
quien no llegaré a ser.
              Somos
uña y carne los tres.
Como los dos me miran
tengo que sonreír.

3

Escribir
un ovillo
si me guiase fuera del
laberinto intestinal
donde masivamente
agonizo

4

Quiero abrazarte
                Mis manos de acero
te romperían la cintura

Quiero besarte
              Mis labios de cobre
te abrasarían el rostro

De la muerte vengo
A la muerte voy

Sobre el yunque de orfebre
sigo batiendo
mi muerte diminuta.

5

Seres envueltos en días irrompibles,
                                      que musitan
la inacabable letanía de sí mismos
sin traicionar una pizca de secreto.
Alcanzo las torres pero no las sillas.
Escribo la muerte en teoremas falsos.

Y este sordo acezar de animal sacrificado
sin llegar hasta ti.

HE VISTO DEMASIADO

1

Yo he visto demasiado.

Ya no basta
que me desordenéis las fichas o los versos.

Ya no basta
que deportéis ciudades,
carbonicéis bosques, estranguléis ríos.

Ya no basta
embadurnar de sangre lo encalado
o adoquinar con cráneos mercados y zaguanes.

Ya no basta
que me raspéis la retina
o me aplastéis los dedos.

Ya no basta
descuartizarme
y dispersar mis miembros a capricho.

Os digo
que he visto demasiado.

2

La cámara avanza con lentitud lacerante

en interminables hileras de frascos con formol
los fetos monstruosos
que dieron a luz muchachas vietnamitas
afectadas por el eficaz defoliante *agente naranja*
pródigo en dioxina
con que el ejército de los Estados Unidos de América
arrasó la mitad de las selvas del país

fetos con dos cabezas
amarillos cíclopes diminutos
bracitos como alambres retorcidos
piernecillas dobles triples cuádruples
vagos esbozos híbridos de bueyes
de peces de bejucos de moluscos
trofeos ambiguos
de alguna pavorosa cacería trashumana

la rebeldía elemental de un pueblo se castiga
con un buen aguacero de mutaciones genéticas
durante dos o tres generaciones

y no pare usted de contar

de madrugada paren monstruos
las sedeñas muchachas de Hanoi
si uno sólo de ellos llorase
saltaría en pedazos el planeta
de madrugada

es la una de la noche apago el televisor
aún me extraviaré un buen rato
en las desconstructivas sutilezas
de Jacques Derrida y de Paul De Man

pero quiénes son en realidad los monstruos
y cuántos hemos nacido
muertos.

3

Inerme.

Quién confundiría con un hombre ileso
a un desollado cubierto con su piel.

Indemne.

Retornas
desde la noche cerrada de la sangre.

Inerme.

Alma en vilo, cuerpo en vilo,
rebelión en vilo trizada contra el muro.

Indemne.

La tortura, ese lacio sonsonete
al que ya nadie presta atención.

Inerme.

Tus manos ensangrentadas
contra lo irremediable.

Inerme.
Inerme.
Inerme.

4

> Y alimentaban a los hijos con los nietos.
> Heiner Müller

Yo sé de gentes a quienes degüellan
por lo menos tres veces cada noche
y no pueden dormir.

He visto prótesis de sal
en cuerpos que reniegan de la infancia.
Sé de ojos que revientan de tristeza.

Sé de los muchos mundos de este mundo
donde pocos
crucifican a muchos.

Sé que no dignifica el sufrimiento
y sé la radical indignidad
de quienes no sufrimos.

Cuesta trabajo matar a dentelladas.
Mas casi es de mal gusto andar con dengues
cuando uno asesina simplemente comprando

en grandes almacenes impecables
(Jerry ya nunca sale de casa
sin su tarjeta *American Express*).

A veces no sé qué hacer con tantos hechos.
Si ellos son los muertos yo estoy vivo.
Si ellos los vivos, yo el muerto.
Resulta inexpugnable la posición de los muertos.
Los vivos son vulnerables en extremo.
Pero en cuanto los muertos empiezan
a tentarse las costillas, entonces
son vulnerables de nuevo.

5

Dije: altas, feroces
son las tierras
del nacimiento.

Las derrotas de los campesinos
escarnecen
las victorias de los generales.

De entre las maneras de ser fiel
prefiero las amapolas
y la venganza.

POEMAS PARADISÍACOS

1

La vida
rosario de instantes líricos.
La sociedad

una congregación de maniquíes.
La economía el baile
de los vampiros.
El sueño circular recorrido sabroso
por las estaciones de la tortura.
La realidad un montón de escombros
radiantes en las pantallas de teuve.
Comprovendo prontuarios para estetas
(máxima discreción garantizada).

2

(Madrid, agosto de 1987)

Toneladas de carne bien bronceada
envuelta en algodón de tonos suaves.

Me asquean los simulacros de inocencia.

3

Una escuadrilla de ángeles
atravesó anoche la barrera del sonido
muy cerca de mi casa

Ángeles
su presencia se torna
más ominosa cada día

ángeles de reconocimiento
ángeles espía
ángeles nodriza
ángeles bombarderos
escuadrones de ángeles paraísos volantes
seráfico cáncer que revienta miriápodo

bajo la piel de la noche
y vuelven a sus bases

El general John Galvin declaró
que el acuerdo para la eliminación global
de los misiles de alcance intermedio
puede suponer un riesgo excesivo.

4

Me rodea y me acuna
con palpamientos cálidos
y sedas tan suavemente ceñidas a mis miembros.
Me inyecta
el divino licor que torna blanca la sangre
con quelíceros de cariño hundidos en mi cuello.
Deliquio ardiente de mis entrañas que se funden
en un líquido extático
golosamente sorbido por el sueño.

Se trata del sueño
más seductor y amable
de cuantos hoy surcan nuestras brillantes ciudades multimedia.
No seré yo quien se atreva
a romper el consenso
o turbar con un *no* la paz del paraíso.

5

Escribir era
conjurar
la fuerza que ensarta hombres bestias y astros
en el collar tenso del cosmos.

Escribir era

orar
al ser todopoderoso amante y terrible
a cuyo ojo ciclópeo resulta imposible sustraerse.

Escribir era
seducir
con desparpajo goliárdico a una tabernera
con galana orfebrería a una cortesana
con pánico exultante a una diosa vengadora.

Escribir era
hilvanar
la imperfecta solidaridad de la fratría humana
rozar los costurones de la piel de la especie
restañar un momento la herida de ser hombre.

Escribir es
producir mercancías.

Vanidad de seguir encapsulando
humanismo liofilizado en endecasílabos
mientras en derredor los guapos muertos vivientes
menean epilépticos
el penúltimo cubalibre de cesio y de cicuta.
Y es que yo soy, amigo,
de la generación del paraíso.

LA SOCIEDAD BURGUESA

I

Cierto que los ejércitos de mercenarios
enrolan a veces a la fuerza.

Pero la responsabilidad de no desertar
es de cada soldado.

2

Apoyarse
precisamente donde uno pierde pie.
Sacar por ello fuerzas
de la flaqueza, del miedo, de la angustia.
Perder cuanto se gana y ganar
lo que se pierde. No poseer por tanto
sino desposesión, y morir por no morir
con todos los respetos.

La vieja bestia
donde los medios de producción son propiedad privada
nos quita a empellones el resuello y las ganas de vivir
a empellones nos saca los colores y la vocación mística.

3

Le hemos llamado
descreador del mundo
sojuzgador de pueblos
artífice de cosificación
señor de la guerra
falseador de conciencia y de existencia

y nada de ello estaba mal dicho
mas olvidábamos algo
quizá lo más importante

él es también
el pudridor de los sueños
el desvencijado y salaz y poderoso
violador del deseo.

4

> La formación de los cinco sentidos es un trabajo de toda
> la historia universal hasta nuestros días.
>
> KARL MARX

En aquel coruscante anuncio televisivo
aquella esbelta, neumática muchacha
le canta a su televisor:
«Elme, tú me haces sentir».

5

Soñar
una hora al año
es bueno

soñar
una hora al mes
es mejor

soñar
una hora a la semana
se diría excelente

soñar
una hora al día
no puede ser inocuo

soñar
tres horas diarias
es preocupante

veinticuatro horas diarias
sueñan sólo los muertos
y ciertos teleadictos implacables
sobre todo los fines de semana.

6

(this is Hollywood!)

Las *fábricas de sueños*
van creando filiales, absorben pequeñas empresas,
se agrupan en cárteles transnacionales
y compiten sañudamente por el mercado mundial.
Ley de concentración
y centralización del capital onírico.

Confieso que prefiero
los cada vez peor vistos, aún visibles
sueños de artesanía.

7

En el secano va sembrando
quijadas avarientas
de las que surgirán, como en el mito,
guerreros de bronce armados con guadañas.

Esta catástrofe tiene las muelas grandes.

Pero que nadie ponga en entredicho
su acrisolada inocencia: era época de siembra, y él era
un hijo de su historia y de su siglo,
y la sangre humana
es menos espesa que el petróleo
incluso ahora que el precio de éste va a la baja.

8

(Escenas marginales de la sociedad postindustrial)

Reuniólos el maestro
bajo las rebanadas de un cielo escasísimo,
se sacudió renqueante las ronchas y bubones
y dioles en voz baja
un casi mandamiento:
que no rindiesen culto a la cloaca
y no se regocijasen
en la podredumbre.

9

Combatir una noche más un minuto más
sólo por dignidad y sólo
por que no sea la última palabra
el tórpido eructo universal del lodo.

BRUSELAS, 1988

1

La muerte tiene la última palabra.

Las autopistas:
cinturones de castidad.
Protegen la perenne virginidad de Europa.
Ya he perdido la cuenta, mas recuerdo
que al desflorar a esta doncella
salta la sangre de otros.

Con Mete y Nevin, amigos turcos, visito
la exposicióndeesasquehacenépoca
sobre los aztecas.
Abarrota las salas un público cultísimo.

Raza roja, ergo predestinada al tormento.
Los cuerpos a la mina o al cuchillo o al fuego,
al museo los tesoros culturales.
Cada cosa en su sitio.
De esta doncella dirían los alemanes
—otro pueblo cultísimo
rico en catástrofes, poderoso en metáforas—
que tiene pelos en los dientes.

Y la cena en el restaurante vietnamita
estaba para chuparse los dedos.
Las ventajas del imperialismo
son gastronómicamente indiscutibles.
El sabor de la leche de soja
recuerda vagamente al de la horchata.

Mi muerte tiene la última palabra.

2

En este laberinto intestinal de calles
seguir el rastro de algo
que llamamos futuro

el soliloquio de la violencia me amodorra
no podría respirar
sin esta lámina fría
hundida en mi costado
seguirle el rastro
no es difícil
        reconstruir

el pánico
las vacilaciones en las encrucijadas
las vaharadas de muerte que erizan el cabello

ya no podría respirar
si en cada pulmón no floreciese pujante
la rama de la traición

no es difícil seguirlo
     va perdiendo
cada vez más sangre

hay presas constituidas por la fuga
         yo
cartografío un territorio
que se deshace a mis espaldas.

3

He visto
  desiertas
todas las carreteras de Europa.

(Las ciudades pendían de su extremo
como muertos apéndices.)

Las he visto
  bañadas
por una película finísima de sangre.
En los vertederos las ratas
disputaban su alimento a las panteras.

La unión de todas las arterias venas capilares
de un sólo cuerpo humano
mide muchos kilómetros.

4

Gobiernos optimistas conjeturan el comunismo
de aquí a doscientos años. Gobiernos aún más optimistas
consagran lo mejor de sus esfuerzos
a masacrar campesinos (política exterior)
y a quitar a quien no tiene para dar a quien tiene
(política interior). En el resto de los gobiernos
va abriéndose paso inapelablemente
la auténtica *tercera vía:* canibalismo
en pasado, presente y futuro.

El Santo Padre afirma que usar cualquier método anticonceptivo
es oponerse a la idea misma
de la santidad de Dios. Su teólogo personal,
monseñor Scaffarra, habla sin tanto eufemismo:
tomar la píldora o calzarse un preservativo
es homicidio. En los próximos cuarenta años
la población de Nigeria crecerá
de 95 a 301 millones (tasa de fertilidad
superior a seis niños por mujer). Cabe suponer
que los nigerianos apenas oponen resistencia
a la idea misma de la santidad de Dios.

Mi hermano biólogo me escribe
que hindúes y nepalíes se saludan
exclamando *namasta,* que significa
saludo a los dioses que haya en ti.
¿Dioses dentro de mí?
En una cuarta parte de los cuerpos
los habrá eliminado el agua clorada,
en las tres cuartas partes restantes
se los habrá comido el hambre.
Corren malos tiempos para los dioses.

Me avergüenzan
mis dioses, mi clase, mi nación, mi continente

y la especie animal de nariz triste
a la que pertenezco.

5

En este bendito jardín de las delicias
que florece tras setos de alambre de espinos
protegido por trincheras de cemento armado
confieso que la hermenéutica—
para consagrarse a la hermenéutica hacen falta
intestinos más fuertes que los míos.

6

El sufrimiento hiende la mirada.

Europa es una flor
carnívora y hedionda.

Ha devorado el mundo. Ha devorado
su invernadero. Ha devorado el tallo.
Se devora a sí misma:
                              lancinante
perfección caníbal de la nada.

PARA ESCRIBIR POESÍA

I

(escrito en los días en que un mercante naufragado, emisario letal de nuestra industria química, envenenaba Galicia sin que la noticia fuese de las peores)

Para escribir
           poesía
tendría que poder dormir
sobre una almohada de piedra

tendría que haber vuelto del revés
todos los espejos
de la ciudad efímera en que vivo

tendría que estar en huelga
de mi pragmático oficio de cinismo
tendría que dimitir de la ceguera y del cálculo

tendría que acuchillar al caudillo horror
tendría que aborrecer el canibalismo
tendría que desnudarme de mi sangre
tendrían que haber encanecido en una noche
todas las sardónicas
primaveras de mi vida.

Nada más cotidiano que el horror de lo que es
Canta el muñón marcado de una estirpe maldita
No se resuelve el mundo en la página blanca
No otras alas despuntan que las del dolor.

2

Da vergüenza escribir
que escribir poemas
es un trabajo

y sin embargo algo hay de eso.
Es una terca artesanía prisionera
que toma prestada materia del futuro
a cuenta de un pasado sarnoso y deslumbrante.
(Hay tantos comercios donde no me fían.)

El poema
no dice saber más de lo que dice.
Dar forma: damos siempre de lo que no tenemos.

(Préstame algo para que pueda
cubrir mi desnudez en las bodas pujantes
del mundo y del lenguaje.)

El poeta se pierde por las manos,
son las suyas las menos inocentes.

Escribo en un taller sin interior.

3

No escribo poesía inocente.
No entiendo
las palabras *poesía inocente*.

No escribo poesía pura
ni sé lo que haya podido significar *poesía pura*.

La mirada de la pureza es ciega.
Las manos de la inocencia son hoces.

Talados a ras de suelo
algunos árboles rebrotan.

4

«La falta de exactitud
me parece inmoral», dice la amiga.

Principio de una ética del arte
no ocioso para quienes
borrajeamos versos.

5

               (leyendo la obra completa de Ángel González)

Poemas que no son desahogo
sino construcción
             —y a veces desahogo—.
La solidez de cuatrocientas páginas
de experiencia ordenada, de emoción digerida.
La suma casi exacta de una vida
incontestablemente honrada,
pacientemente trazada copla a copla,
ya bien empaquetada para la eternidad
de los anaqueles.
            Privilegio señero.

Dónde van a parar todas las vidas
no encuadernadas en piel
ni difundidas en libro de bolsillo,
los millones de vidas tan ricas

y valiosas, tan tristes y tremendas,
o tan redundantes e inútiles
cual la que estoy leyendo.

Se explica el anhelo
de la resurrección de la carne por lo menos
ante los ojos cansados de un dios bibliotecario.

6

Palabras
que se acercan por detrás a una experiencia
y le saltan encima
para morderle la yugular
o besarla
hasta que pierde el sentido

Desconfiad de garduñas
y de poetas.

7

No cambiéis los nombres.
Preservad los nombres antiguos.
Renovad cada día el pacto de los nombres.
Y no dejéis de dudar
de todo cuanto digo.

GALERÍA DE RETRATOS

I

(Buster Keaton's Parade)

Antes que nada: he mentido. No hay desfile,
está regando su jardín autocontenido, inocentísimo.
Hortelano de preguntas de riego diario:
el ojo no se ve
(pero eso es otra historia).

Buster Keaton
trazando las figuras de su límite,
asomando por una esquina eterna
los ojos de almendra sensitiva, listísima.

Su difícil silencio (hay quien dice de él:
para quien sabe mucho
resulta difícil no mentir
y rectifica luego parcialmente:
difícil es saber algo y actuar
como si no se supiera).
Difícil es la inocencia en la vigilia.
Sueña, sabe tanto... su precario equilibrio
desde luego no logra preservar el del mundo.

No contradice, no otorga; ni hace falta:
el silencio nos libra con su hueco
aquel mismo saber, más el vacío,
quizá una posibilidad de redención reversible.
No escribiré poema de consentimiento.

Buster Keaton,
acróbata para ontólogos y magos,

responde sin respuesta (entre todos los rostros sólo el suyo
no fue nunca máscara): pirueta reflexiva,
pregunta sin pregunta (pues saltar
es mucho más que saltar:
en el aire un nudo se ha deshecho).
Y con obstinación infantil
continúa ese juego solitario.

En el arduo ajedrez contra leyes y estirpes,
juego de la lucidez imposible
perdido de antemano (la derrota es nacer),
rehúsa categóricas plegarias.
No te postres sino para amar.
Cuando mueres estás amando todavía.

Buster Keaton,
rostro pálido de la muerte feliz,
cristal de aristas enigmáticas.
Ahondar en un enigma
es hundirlo tal filo mortal en nuestro pecho.

La espiral del asceta
nunca reposa en sí.
Transparente cortador de soledad,
manipulador de los sutiles mecanismos
de la dicha geométrica, del miedo irreducible,
del heroísmo de precisión,
él, con sus blancas manos y su rostro asolado de belleza.

Toda la vida es vivida.
Buster enamorado de la muerte
(amante de inteligencia finísima)
inventó el *happy end*.
Por eso han deseado concelebrar sus amigos,
y el resto del poema lo he olvidado soñando.

2

Pierre Drieu
la Rochelle
colaboracionista
con los pies embadurnados de mierda
pero las manos no
lector de Nietzsche
de Coleridge
de Miguel Ángel
de la más exquisita filosofía china e india
un verdadero
aristócrata
un fino paladeador y analista
de la nada
un príncipe galo
del espíritu

¿qué castigo podrían infligirte
tus enemigos
sin rebajarse a la venganza y la cobardía
como tú tan noblemente temes?

ni encarcelarte
ni fusilarte
ni ahorcarte
ni lincharte
ni esquilarte tus espirituales guedejas
de aristócrata espiritual

sino más bien trocar
tu exquisito espíritu de aristócrata
en una hermosa patata
una patata de plenitud humilde
nunca entendida en sentido figurado

promesa de felicidad para estómagos no aristócratas
llena de ojos amables
y recién sacada de la fecunda tierra negra.

3

Para algo ha de servir un renglón, acto seguido de muchas obras públicas, una revolución tal vez aunque todavía desconozcamos la forma de abordarla.

Murió hace apenas
ocho años. No con el pecho podrido. Era poeta.
A los más
de mis contemporáneos intuyo ha de sonarles
cual muerto hace ocho siglos.

Curiosa sociedad ésta en la que
el uso de la palabra
revolución
se reserva para los presuntos cambios
en el empaquetado de la bollería industrial.

Los motivos de asombro son nuevos cada día
para quienes vivimos
en *la Europa de la libertad y los derechos humanos*
según asevera el seráfico editorialista
del diario que leo.

SALVACIÓN DEL RESTO

1

Asomarse al borbotón de la muerte
desde un cuerpo arrasado

sin las almenas del temblor
sin senderos internos
sin los ríos y avenidas límpidas que salvan

beber sangre
beber enfermedades pragmáticas
beber agua de desesperación
en los ojos amarillos de esa mujer cosida
o dulce cicatriz

ser expelido por el propio aliento

reintegrarme al nido de la angustia
que nunca abandonara.

2

El olor de la orina de mi abuela
que se ha meado en la cama
llena el cuarto
su calor impregna el calor de mis manos.

No me hablen de héroes.
Yo no voy a olvidar el color de esta orina
ni el cristal de vergüenza que velaba sus ojos.

3

El resto de la muerte en la escudilla.
El resto de la entrega en tus muñecas.

Apegarnos al resto. (Es menester salvar
lo que podría salvarnos.)

Un rebañado, irreconocible
resto de comunidad en los rincones
más soleados y lentos de la plaza.
El resto del miedo en tu abrazo sonámbulo.
El resto irrestañable del amor en tus manos
dulces de paciencia y humilladas de artrosis.

En la escudilla, el resto de la muerte. Cuando
mueres querría
caber en la muerte de todos
los seres del mundo
y contenerla.

4

Aquí he venido a morir. Bajo
los ojos. Rehúso la mirada de los vivos.

Tienes los labios hinchados. En las fosas nasales
algodón. Cuerpo presente. Intocable
tras los cristales, porque la ley mortal
de esta ciudad estéril prohíbe el contacto con la muerte.
¿Quién ha vedado besar labios hinchados?
Aquí he venido a morir y no es posible.

No he conocido un ser con menos culpa. Las últimas semanas
creías que una servilleta de papel
agujereada, zarcillo salutífero,
te ayudaba a expulsar a los muertos del mundo
concitados en tu vientre y tu garganta.
Demencia senil, dicen. El nombre
común de una destrucción y una distancia.
Carraspeabas y tosías muertos,
dulce mía, ya novia
de diecinueve mayos, ya niña azul.
Esos muertos del mundo que apenas eran tuyos

sino mucho más míos. Hasta esa carga
hubieras querido ahorrarnos.
No he conocido un ser con menos culpa.

Bajo los ojos, el cerco
común de una distancia y de una destrucción.
Arco ciego el umbral de las palabras. Las tuyas
anotadas (doce de enero,
ocho días antes de tu tránsito):

Esto son cosas que se dicen y no se creen.
Hemos llegado a una vida que nadie sabe nada,
nadie comprende nada

y que todo hay que hacerlo.

Alzo los ojos. Fronda de silencio. Reingreso
en la mirada vacía de los vivos.

Abierta la memoria, ciudad torpe
animal desventrado
barranco en llanto.

MUJERES Y MONTAÑAS

I

(Georges Mounin, *Historia de la lingüística*)

Hermana:
en la escritura ideográfica sumeria
la adición de los signos
mujer y *montaña*
produce el signo *esclavo*.

2

En el teatro, anoche,
el rostro de la muchacha era sólo magulladura macilenta
con una gran nariz de esparadrapo blanco
partiéndole la vida.

En este bar anónimo junto a la Plaza de Roma
una niña lee el libro de memorias de Buñuel
bebiendo un botellín, fumando, moviendo los labios en silencio.
También su ojo absorto
lo ha sellado alguien con un signo brutal.

Es mi tierra. La amo por su cielo y sus sílabas.
Para mis compatriotas de sexo femenino
se diría que vivir en mi tierra
es perder un combate de boxeo.

3

(«Mujer espulgándose», de Georges de la Tour)

Déjame ser por un momento
la llama de sílex que te acompaña
mientras te espulgas. Recogerme
en ese vértice de luz, ser sólo
presencia en tu presencia, desnudarme
de todo salvo tu vientre hinchado, tu espalda
que no teoriza sobre la derrota,
tus manos lavanderas de pureza humillante,
la miserable camisa que no te llega a los muslos.
No sé quién eres, ni eso importa. Un rostro
rojo, una mirada
que respeta la sangre,

de tristeza animal, inexplicablemente
semejante a un escolio de Espinosa.
Quien conoce el secreto
dice que no hay secreto. Pero tú
no aplastes esa pulga: su aullido
acaso destruyese cuatro siglos que median
entre dos noches parejamente inefables. Dime si acaso
quién una vez
apoyó la cabeza en tus rodillas,
a quién, sin una palabra,
enseñaste a morir.

4

(Figura de una sierva egipcia moliendo grano, piedra
caliza, 26 cm. Museo egipcio de Leipzig.)

No cantaré al bisabuelo exterminador de indios, no cantaré
la hora de la batalla ni el rostro final del soldado
ni el rito de la espada.

Viejo rito execrable
diga lo que quisiere el vate ciego.

Pero cantaré
a la esclava egipcia que molía grano
hace cuatro mil quinientos años, cuya estatuilla blanca
me subleva
me subyuga
me enamora.

No cantaré las banales manos cercenadoras
que erigían y derrumbaban imperios.

Pero cantaré las deslumbrantes manos humilladas
que encaminaban el pan.

5

Quien no recordase sino el muérdago
hallaría en tu palabra memoria del roble y del enebro.

Quien no tuviese noción de la fertilidad
admiraría sin embargo los bellísimos surcos de tu rostro.

Piel que no conociese el agua lustral de la montaña
reviviría con tu saliva.

El sumiso a yermos
en el fulgor de tus ojos intuiría el mar.

Quien no supiese qué es amistad
aovillado junto a ti soñaría con rosas tibias.

Quien nunca se hubiese enamorado
te amaría.

Y me gustan los posos
                —repito tus palabras—
aunque sean amargos.

6

Sería poco cauto construir
sobre el milagro
de la reciprocidad.
Sería poco cauto.
            Lo elegimos.

NACERÁ DE TU DESNUDO

1

Supón que me sumerjo debajo de mis marcas
de sexo, de clase, de edad, de ocupación.
Suponte que buceo en la espesa calina
de ese día anterior: lo primordial es tórrido.
Supón que vuelo como un pez,
canto como un cangrejo embriagado de estrellas.

Supón que me hago un nido
con cicatrices políticas, briznas de ontología y constructivos
  desechos
con indolencia buscados en parva comunal
después de la concienzuda trilla del lenguaje.

Supón que me acurruco en mi carencia.

¿Desearías aún
decirme «mío», dignificar mi lecho,
besarme?

2

Te sueltas los cabellos, y de súbito
se desanuda el tiempo.

Mucho más que el impracticable origen:
lo todavía por venir.

Amiga, yo ya sé que lo indecible
es mucho más a menudo que inefable
lo censurado.

Lo que soy nacerá de tu desnudo.

3

Amarte
          esa odisea tímida de lindes
en el espacio del sentido

cuerpo recíproco que sin escándalo
instaura un centro del mundo
vivir contigo es dulce como la constancia

si otra no es posible
venga la comunión de la agonía
pero otra es posible:
lo sencillo el milagro
lo sencillo la entrega

a partir de ti no es lo real
sol desagregado o enjambre que acribilla
sino cuerpo recíproco presente
en la inviolable integridad del tacto

pero explícame cómo cada vez logramos
quedar contenidos dentro de la piel.

4

Amor
     sé que
no se puede vivir en un hemistiquio

y escribo tantos versos
que no me llevan hasta ti

versos que a veces guardan
pedazos de la piel de quien los escribió
mas sobre todo de otros

(¿qué feliz propietario de un alma bella
podrá jamás pagar el trabajo ajeno impago
que durante siglos fue acumulándose
para producirla?)

amor
     sé que
no se puede vivir en un teorema
no se puede vivir en un cuestionario
no se puede vivir en un aforismo
y tampoco se puede vivir
en tu vulva en tu cintura o en tus labios

no te detiene un beso
no te prende un pájaro
no te encierra una risa
         amor
abro las manos para retenerte

has engastado en mis días tanta aurora
que ya no sé qué hacer con mi pobreza.

5

Te pienso
     en tu cuarto blanco.
Las ventanas abiertas,
acaso esa música de Branduardi

que yo quería escuchar siempre.
En Berlín hoy ha de hacer bochorno.

Las severas encinas de mi tierra
dan consistencia al paisaje más expuesto.

El trigo castellano,
del color de tu pelo.

6

A partir de los dos mil quinientos
metros de altura
acompañado sólo por el viento
los pocos pinos negros
y los gritos de pájaros a contraluz invisibles
logra uno reconciliarse con la idea
de la extinción del género humano
por ley natural o necedad de género
                            o justicia poética
dentro de siglos años días

otras especies
colonizarían nuestros yermos de asfalto
y estos valles glaciares
apenas notarían nuestra ausencia

que no existan
seres humanos
            sea

pero
    amor mío

¡que no existieses tú!

eso es inaceptable.

7

Ciertas mañanas
tus cabellos sobre la almohada trazan
sin lugar a dudas el jeroglífico de mi vida.
Te das siempre la vuelta
cuando estoy a punto de descifrarlo.

8

Mañana de febrero.
Podemos permitirnos el goce
de despertar lentamente
a esta injustificable claridad.
Y si se desgañitan
en universal algarabía instantánea
aparatos centrífugos de radio
—el hombre una pavesa sin oriente
en mañana vastísima de invierno—,
no encenderé el transistor sino tu carne
brillante aún e inasible por el aceite de soñar.
No encenderé el transistor sino tu cuerpo.

9

Apartar
   tal vez
una cortina de luz
una cortina de agua
una cortina magnífica de sangre

con el corazón en la boca ir descubriendo
fotografías dibujos anotaciones rápidas

y bajo los grabados más hermosos
una elegante cucaracha muerta

que no ha de andarse hurgando
en biblioteca ajena
hasta los huesos cala esta paz angulosa
a mis años debería saber bien
que lo acabado y redondo en las vidas de otros
lo pone nuestra mirada

amar
    no sé

lo que yo querría verdaderamente
es habitar tal vez en tu pasado.

10

Me sobrecogen dos cosas.

La rebelión de los desposeídos,
mil veces ahogada en sangre y reiniciada mil veces,
en la que bajo esa apariencia de majestad ciega e indiferente
propia de los procesos cósmicos
—los embates del oleaje contra el acantilado,
el combate de dunas y matorrales en los márgenes del desierto—
tiembla la precariedad inestimablemente valiosa
de la decisión humana;

tu mirada inocente y enamorada y pícara y soberana
que se cruza con la mía ebria
cuando bajo los ojos a tu rostro de resurrección, a la ternura
    desgarradora de tu boca
que ahora ha adoptado la forma exacta de mi verga.
Amo estas dos cosas
hasta más allá del punto en que el sujeto de este enunciado
pierde toda importancia.

II

La memoria del combate me ensangrienta los hombros.
Piel contra piel, no poseemos nada.
El invierno excava largos túneles
en nuestros cuerpos. No te muevas ahora.

No tenemos derecho a la desesperanza.

Para ti salvo, amor,
el tesoro de mi pánico.
Y para ti rescato
la fuerza y la pureza de un mundo destruido.

CUESTIONES MARXISTAS DISPUTADAS

I

Vivir.
    A dos carrillos.
        Sueño lacio
de nuestra enteca escualidez, por débil
propensa a la nostalgia.

Vivir, alto recuerdo desolado
o angustiosa punzada de futuro
que horada las entrañas.

Vivir hoy, privilegio
que se compra (facilidades de pago extraordinarias)
con la muerte de otros.

Amor, nos traicionó la mansedumbre.

Si no vivir, al menos sin respiro
continuar braceando a contramuerte.

2

Objetivamente
soy
musaraña en un bosque calcinado.
La misma deshilvanada zozobra,
la misma sobresaliente miopía,
el mismo nivel de monte bajo arrasado
y corvas exquisitas,
el mismo subconsciente de papilla y volcán
y otra cucharada de la más amarga papilla
que gastan las bestezuelas acosadas.

Pero.

Algunas musarañas
tenemos
    idealmente
        por lo menos la misma dignidad
que el Moisés de Miguel Angel un primero de mayo.

3

De antemano le resulta el mundo deshilachado.
WALTER BENJAMIN

El mundo
    deshilachado
no hasta el extremo de perder
toda su consistencia
(de transformarse en lo inmundo)
pero sí

       deshilachado
lleno de cabos sueltos
de salidas por peteneras
de cerros de Úbeda
intangible laberíntico no reducible a unidad

azúcares de muerte
espesando el jarabe del vivir
                         una pelambre profética
de mañana de domingo
                    y digo yo si acaso por eso
habrá escrito también Benjamin: «Arte
significa cepillar la realidad a redropelo»

Con las hilachas del mundo raramente
logra el amor urdir una bufanda.

4

No ve tanto a través de sus ojos
como a través de sus deseos

La situación sin duda es poco amable
                                Malo
sería que se arrancase los ojos

pero peor todavía
que se arrancase los deseos.

5

De nuestra cotidianidad de pesadilla:

arrastrado por el vigor irrefrenable
de su impulso utópico

perfora el mundo de parte a parte
y se pierde en trasfondos leoninos e ignotos.

Aún lo buscan
solícitos equipos de rastreo.

6

Primero cayeron las escamas de los ojos.
Luego cayeron los muros
de los cuarteles las prisiones y las fábricas.
Cayeron luego las fachadas de las casas.
Cayó después la ropa que cubría los cuerpos.
Luego cayó la carne que vestía los huesos.

Y en un abrazo extático
incorruptibles esqueletos celebraron
el triunfo de la esencia.

7

Novísimas
poscorrientes en la
teología del discurso:

los trípodes de dos patas son amables,
                                                 pero
en verdad poco estables.

Y frente a los de una,
                    casi prefiero
a los que no tienen ninguna.

8

Citamos
los dichos de los grandes maestros

nos abrigamos
con los dichos de los grandes maestros

devoramos
los dichos de los grandes maestros

nos masturbamos
con los dichos de los grandes maestros

cagamos
los dichos de los grandes maestros

y por contera
con fingida ingenuidad nos asombramos
de que todo siga exactamente igual.

9

(«Boñiga de mayo, tira manchas cuatro»)

En menos de dos décadas pasamos
del manifiesto subnormal
a la subversión débil (es casi de rigor
leerlo como galicismo).

Huyendo de los grises
la Revolución acogióse a sagrado
en el hipermercado y parece que la pobre
no encuentra, no acaba de encontrar la salida.

La autocompasión mancha
casi más que el desprecio.
Se puede elegir algún padre, pero apenas
hay hermanos mayores.

10

La pureza de la Revolución
la pureza del Gran Rechazo
la pureza de la Larga Marcha
a través del funcionariado
la pureza de la Derrota
la pureza de las Mocitas en Flor
la pureza de la Pureza

todas ellas cosas,
                amiga,
harto sospechosas.

11

                      (... teniendo racionalmente sosegada
                      la casa de la izquierda...)

Iluminados que avanzáis de triunfo en triunfo
a la derrota final inapelable:
dadnos conocimiento.

Mal sirven las banderas
para limpiar las narices a mocosos
o enjugar las lágrimas que tiernos corazones
destilan en los ritos de aclamación mutua.
No nos deis emociones,
dadnos conocimiento.

No hace falta entusiasmo por victorias soñadas:
dadnos conocimiento.

12

Ciudadanos,
    el cielo
matinal maquinal
es un plato de loza desportillada
que ya no nos sostiene.

Esta misma mañana
con gañidos de cachorro aterrado
se me ha querido meter en el pulmón
y he logrado evitarlo a duras penas.

Ciudadanos, el cielo deshauciado
matinal marginal
tiene los nudillos en carne viva
de llamar a las puertas del hombre.

Ciudadanos,
    salid a las calles
    salid a las calles
que se abre el cielo sin que logremos por cierto
ver el cielo abierto.

13

(sobre un verso de Walter Hasenclever)

Los asesinos están sentados en la ópera.
Seguimos disfrutando
de palco reservado. ¿Importa que se trate
de los bisnietos de aquellos asesinos?

14

Revolución,
　　　domingo de la vida.
Voz de leche y de sangre
embadurnando crudos celajes entreabiertos.
Surtidor musculoso, verdad del manantial
represado hasta el día de la fiesta.

También el poema es placer dominical:
domingo terrible del pánico y del páramo.

La palabra heroísmo
sólo cobra un sentido no asesino
los días laborables.
El afán redentor nubla la vista.

15

Arcadas
　　　arteriales volcánicas
de rebeliones
anárquicas
　　　　　—un cálido corazón fuera del pecho
contra la mano que lo estruja
sigue latiendo segundos todavía

angustiosos zarpazos
desgarrando en la oscuridad
contra el propio cuerpo jadeante que ataca
desde cuatro lugares a la vez

milenios de humillación desdentaron cordilleras
milenios de culpa desventraron golfos

hubo revoluciones peleadas
exclusivamente por muertos
y guerras santas que se ganaron contra generaciones por nacer

y si el eslabón violencia tira del eslabón contraviolencia
yo os aseguro que aún no conocemos
qué sería el vengador océano demente
de la violencia de las mujeres

mas todo eso aún no representa nada
acaso la rebelión
más atroz
atroz como la generación de una estrella en un horno de pan
atroz hasta la cercenación de la historia
                                   —si llega a producirse—
sería la de los muertos que se alzasen
a conquistar su derecho a la inocencia.

16

El lago insomne refleja cicatrices
Un tajo hediondo ha degollado a la montaña
No canta el ave, pero sí el veneno.

Se me está enfriando el cielo
de la boca.

FINAL

Canción, álzate,
llégate de mi parte
a la ubérrima vega de la muerte.

Excava junto a ella, desentierra

los frutos hirientes de su poder blanco.
Desentierra naranjas y tomates canos
y los humanos cuerpos níveos de la muerte.

Canción, come
esa tu parte de los gajos de muerte,
madura el presente perpetuo en tu vientre.

Canción, vuelve
con tu beso implacable de podredumbre o nieve.

EPÍLOGO PARA INSUMISOS

I

Yo denuncio a toda la gente/ que ignora a la otra mitad.
FEDERICO GARCÍA LORCA

Esta es una habitación de cuatro paredes, menos por una que da a la memoria.
BLAS DE OTERO

... por el distrito grande y doloroso/ del corazón...
FRANCISCO DE QUEVEDO

... el pan, el hombre que camina, aquí/junto a mi hombro, sin saber expresar/ la dura condición de estar despierto.
JOSÉ ANTONIO LABORDETA

Me place escribir una cosa y decirla/ después de leerla, y luego hacerla.
JOAN BROSSA

Muchos han sido los fracasos; muchas/ más las conquistas que no tienen nombre.
BLAS DE OTERO

Señores: la solidaridad con Bolivia, con El Salvador/ es un esfuerzo humano que arranca desde la hermana iguana.
ERNESTO CARDENAL

¿Cómo va a competir una estación/ contra/ el calendario de tu ausencia?
JOHN BERGER

2

... hemos analizado cuidadosamente todas las guerras antes de que estallen. Pero no las hemos detenido. Describimos cómo los ricos explotan a los pobres. Vivimos entre los ricos. Vivimos de la explotación y vendemos las ideas a los ricos. Hemos descrito la tortura y hemos puesto nuestros nombres al pie de peticiones contra la tortura, pero no la hemos detenido. Ahora una vez más podemos analizar la situación mundial, describir las guerras y explicar por qué la mayoría son pobres y pasan hambre. Pero no hacemos más. No somos los portadores de la consciencia. Somos las prostitutas de la Razón.

JAN MYRDAL

La clase que lucha, que está sometida, es el sujeto mismo del conocimiento histórico. En Marx aparece como la última que ha sido esclavizada, como la clase vengadora que lleva hasta el final la obra de liberación en nombre de generaciones vencidas. Esta consciencia, que por breve tiempo cobra otra vez vigencia en el espartaquismo, le ha resultado desde siempre chabacana a la socialdemocracia. En el curso de tres decenios ha conseguido apagar casi el nombre de un Blanqui cuyo timbre de bronce había conmovido al siglo precedente. Se ha complacido en cambio en asignar a la clase obrera el papel de redentora de generaciones futuras. Con ello ha cortado los nervios de su fuerza mejor. La clase desaprendió en esta escuela tanto el odio como la voluntad de sacrificio. Puesto que ambos se alimentan de la imagen de los antecesores esclavizados y no del ideal de los descendientes liberados.

WALTER BENJAMIN EN 1940

Hemos de tener presente que hoy, puestos a la tarea de despertar el factor subjetivo, no podemos renovar y continuar los años veinte, sino que hemos de partir desde la base de un conocimiento nuevo, con todas las experiencias que poseemos sobre el movimiento obrero anterior y sobre el marxismo de los tiempos precedentes. Tenemos que tomar consciencia clara de que se trata de un nuevo comienzo o —si se me permite la analogía— de que no nos encontramos ahora en los años veinte del siglo XX, sino en cierto modo en los comienzos del siglo XIX, cuando comenzaba a formarse lentamente el movimiento obrero.

GEORG LUKÁCS EN 1967

La plétora miserable: en el Norte miseria psíquica y malestar cultural, en el Sur sobreexplotación y hambre; en el Norte preocupación por las enfermedades llamadas de civilización, en el Sur reaparición de viejas epidemias que parecían ya erradicadas; en el Norte aumento de la desconfianza en la alimentación contemporánea y difusión de un vago orientalismo, en el Sur falta de alimentos; en el Norte crisis de legitimidad de la ciencia como consecuencia del miedo ante el nuevo pacto fáustico, en el Sur persistencia del analfabetismo; en el Norte desarrollo de las subculturas de la autodestrucción, en el Sur humillación por la destrucción cultural desde el exterior; en el Norte envejecimiento demográfico e infantilismo de las conductas, en el Sur explosión demográfica; en el Norte impulso a las transferencias de las tecnologías especialmente peligrosas, en el Sur fuga de cerebros, transferencia inversa. (...) Tal es, en esquema, la miserable plétora de nuestro mundo: un conjunto de circunstancias en el que casi todo depende, en el Norte y en el Sur, de que logre evitarse la guerra y detener el proceso de degradación de la biosfera reconociendo al mismo tiempo el derecho a la resistencia de los humillados y oprimidos; una situación de conjunto en la que también hay Sur, esto es, subdesarrollo, desempleo, falta de alimentos, miseria material, analfabetismo y miedo en ciertas regiones y suburbios del Norte...

FRANCISCO FERNÁNDEZ BUEY

Si no se consigue detener la explosión de necesidades materiales el comunismo será imposible, y no sólo económicamente, sino hasta psicológicamente. Cuando Marx decía que el comunismo presupone una abundancia de bienes, estaba aludiendo en primera instancia a los medios de subsistencia, a lo necesario para vivir. (...) El deseo compensatorio y el ansia compulsiva de poseer, de usar, de consumir, obliga a la prosecución de un estilo de producción, de seguir en el cual dentro de cien años seremos demasiado pobres para el comunismo. El círculo diabólico de la dinámica capitalista de crecimiento debe ser interrumpido.

RUDOLF BAHRO

El duelo entre industria y futuro no se dirime con cánticos en los que sea posible establecerse. Su música es el grito de Marsias, que hace saltar las cuerdas de la lira de su divino desollador.

HEINER MÜLLER

La impaciencia para esperar hasta que el *shock* se convierta en experiencia. Quizá originada por el sentimiento de que ya no tenemos tiempo, porque los padres gastaron demasiado. El ritmo de la huida causa pérdidas.

HEINER MÜLLER

El límite extremo de lo posible sólo puede alcanzarse extendiendo la mano hacia lo imposible. La posibilidad realizada es el resultado de imposibilidades a las que se ha aspirado. Pretender lo objetivamente imposible no significa, pues, insensata ilusión u obcecación, sino política práctica en el más profundo sentido. Mostrar la imposibilidad de realización de un objetivo político no significa mostrar su insensatez. Lo único que muestra, a lo sumo, es la falta de inteligencia que tiene el criticastro de las leyes del movimiento social, particularmente de las leyes de la formación social de la voluntad. La política propiamente dicha, la política en sentido fuerte, la política vigorosa es el arte de lo imposible.

KARL LIEBKNECHT, *póstumo,* EN 1922.

No es probable que una era futura de felicidad universal vaya a redimir el sufrimiento del presente y del pasado. El mal es una realidad constante, no erradicable. Ello significa que la resolución, el aceptar el sentido que hemos de darle a la vida, no puede quedar aplazada por más tiempo. No podemos fiarnos del futuro. El momento de la verdad es ahora. Y cada vez más será la poesía, y no la prosa, la receptora de esta verdad. La prosa es mucho más *confiada* que la poesía; ésta habla a la herida inmediata.

JOHN BERGER

DONDE ES POSIBLE LA VIDA

(1987-1988)

Motivo:

*Aprendemos a vivir
dentro del cuerpo de la muerte.
La muerte sabe vivir en nuestro cuerpo.*

>Reflexionar sobre los muertos es un imperativo democrático: constituyen la mayoría de la humanidad.
>HEINER MÜLLER

>Los muertos están cada día más indóciles.
>ROQUE DALTON

>La acción que tiene un sentido para los vivos no tiene valor más que para los muertos; no alcanza acabamiento sino en las consciencias que la heredan y la cuestionan.
>RENÉ CHAR

>Si a la hora de la muerte de un hombre se reuniese la piedad de todos los hombres para no dejarle morir, ese hombre no moriría.
>CÉSAR VALLEJO

>Y los pueblos se salvan por la fuerza que sopla/ desde todos sus muertos.
>MIGUEL HERNÁNDEZ

NACIMIENTO TELÚRICO

Nace dentro de la muerte de su madre,
en un vientre de escombros,
sin rescate posible.

La querida familia le somete
a un bautismo purísimo
con aceite industrial.

La muerte, incestuosa, tiende al niño
un puñado violento de raíces.
Creced, multiplicaos, llenad la tierra y sometedla;
dominad los peces del mar, las aves del cielo y todos los
vivientes que reptan sobre la tierra.

MI VIDA ENTRE LOS MUERTOS

I

De modo que por fin vas a empezar,
virtuoso de la lezna,
con tus coplas.

El momento no está mal elegido.
Pero tu propia voracidad te traiciona.

Una rosa de talidomida te horada el pecho
para que quepa un puño
o un feto inflamado
o un tubérculo.

2

Acercaos, habitantes de los márgenes.
Este poema espacioso como un estómago
os acoge empavesado con gallardetes
hermosos como una gastritis.

Acercaos, merodeadores de la ruina.
Este poema
no excluye a nadie.

A este poema sólo se la ponen tiesa
las impecables faenas de digestión de la muerte.

3

Aquel guardián me dijo: es casi gratis
y confortable nuestra brutal sinfonía, asómate.

Advertí pronto la rotundidad del engaño:
yo ya siempre había estado dentro.

Sigo dando fe del estómago externo
donde ácidos rabiosos nos corroen los párpados.

4

Yo a la muerte no le regalo nada.
Ni un cabello. Ni el beso de una vieja.
Ni una preposición.
Ya el alquiler que pago es exorbitante.

La muerte, grasa en la colisión de clases.
La muerte, grasa en las articulaciones del hastío.

Y un tajo por distracción puede
cercenar la garganta a una ciudad, y la gangrena
cebarse en otra.

El canto del gallo me ha abrasado la lengua.
Comienza un día con suburbios atroces.

5

Comienzo
reventándome los ojos

fuerzo
el desgajado laberinto de mis venas

trazo con la cuchilla sobre mi piel negra
las runas del dolor

me interno exangüe en mi vientre
donde nada madura

pero no reconozco mis entrañas

y se me escapa la cálida
intimidad presentida de la muerte.

6

Los muertos:
sus gruesas lenguas de arcilla
su exagerada sed de conocimiento

sus pensamientos de cal
su compañía ígnea.

Abruma a veces
la fidelidad canina de los muertos.
Algunos son pura columna vertebral
algunos son puro presentimiento atónito.

Yo permanezco dulcemente en sus costillas.

7

No comparto vuestra cólera, sí
vuestras encías ensangrentadas.
Sí vuestra saliva agria en las cavernas.

Indemostrable en suma
la necesidad de la muerte.
En la cima de los álamos enloquece mayo.
En las manos del pánico se enrosca más fuerza
que en cualquier argumento de la muerte.

Este poema en la boca
se mancha de sangre.
Esto, dice el borracho, *es un retrato
de mi enemigo.*

8

Los orgasmos de los muertos desvencijan las ciudades.
Los sonámbulos se acuclillan para rebañar la catástrofe.

Yo no he malbaratado las palabras, pero aún
he de quemar esos lentos cuadernos
donde se sedimenta la muerte.

9

El cielo despilfarra suficiencia agria.
Una mitología de cañones recortados
te venera las sienes.

Tres cosas te salvan:
la vergüenza, la vergüenza y la vergüenza.
Morir es un modo de pedir perdón.

No pueden mantenerse largo tiempo
los pactos de no agresión con la esperanza.

Pero tu rostro hierve.

10

Terraza con dulzura violeta.
Crepúsculo encomiable. Café helado, lentísimo.
Comunidad mentida que irradia calor falso.

De repente el ladrido
me ha arrancado de cuajo la garganta.

11

Desierto
de espaldas heridas,
de manos suaves,
de irrefutable tibieza.

Reconozco el dulzor de la estructura.
Reconozco la impertinencia de las sendas.

El rastro de una víbora sobre las dunas.
La soledad —mullida con delación—.
Desierto dulce como la vulva
de la mujer que amo.

12

Desde cuántos lugares
he intentado arribar a tu playa blanca.
Hacia cuántos destinos imposibles
me rechazaba
una y otra vez el filo de los pájaros.

Noche asestada.
Un fanal amarillo en la playa desierta.
Apenas oigo el mar sobre tu vientre.

13

Cuántas noches velando
tu cuerpo devastado por el sueño.
Cuántas noches roídas, blancas de tristeza:
como una creación inacabada.

Trae algún alivio la hora ambigua
en que la aurora empieza a desleír la tiniebla.
Como esos inciertos suburbios
que ya no son barrios de la ciudad, y aún no son campos,
y la extraña libertad del afán inconcluso.

Antes de que despiertes yo ya habré terminado
de soñar la muerte.

14

El sol a escondidas
está aprendiendo a hacer fotocopias.

La arena hace espionaje industrial
sobre la estructura de los chips de silicio.

Las ondas de radio hace ya mucho
que no tienen secretos para el viento.

No saben cómo darnos la noticia.

15

Y cuando el musculoso chorro de tiniebla
surte de nuestra entraña
y nos ahoga, encharcando
la respiración y el grito, ¿quién
osará todavía referirse al
hombre,
esa larga pulsación extravasada,
ese centón resabiado de locura,
ese ojo sumergido,
ese muñón?

16

Sin salvaguardia soñamos
el lento sueño adiposo del veneno.
La mudez nos abriga.

Una mano atroz
afila el cuerno del amo
por si los sacrificios numerosos.

Desmesurada noche
con madrigueras lacónicas
para animales tullidos.

17

Seguir sentado, quieto
mientras retorna agrio a la boca
el vómito de angustia.

Terca voz insomne
empotrada en la muerte.
Purulento panal atesorado.

Sin entender mastico
el horror del retorno.

18

La eternidad, esa pantalla triste.
Ese pulido soliloquio del hastío.

La usura ha recobrado su elegancia sarnosa.

La sangre de los mártires no tiene ni siquiera
dos dedos de espesor.

19

Que asciendan lentas las palabras, lentas.
Bien lastradas de cieno. Bien lastradas de besos.
Que asciendan las palabras retardadas
por siglos de obediencias indebidas.
Y que severamente lastren al cadáver bailón
en cuanto empiecen a entrarle ganas
de entregarse frenético
a las sólitas piruetas.

20

Deja que sigan aullando los cuchillos
mientras el veredicto al mejor postor
inacabablemente confirma su inocencia.
La muerte continúa desovando en mis ojos.

Honor leproso
este estar medio vivo entre los muertos.

EL LARGO ALIENTO

1

Lo transmite por ejemplo
el beso de nutrición con que una mujer
comunica comida ya mascada al hijo.

2

Lo transmite cualquier persona
al enseñar a leer a otra persona.
Palabras que son actos entre otros actos.

3

Lo transmiten las manos de quienes saben ver
la belleza dentro de la agonía,
el veneno dentro de la belleza.
Y el esplendor del mundo refractado
en el turbio trabajo inacabable
de nuestro llegar a ser.

4

Atroz la gana de libertad
no menos que el llanto de hambre de las crías.
Para escapar del cepo la raposa se roe
su propia pata.

5

Fraternidad:
no sólo he soñado con ella.

Y el viento sopla tan fuerte
que arranca ramas de los árboles
y sopla a veces tan fuerte que los tumba.

Yo también he escrito
contra el mundo simétrico.

6

Las palabras. Sé que quedan las palabras
echando raíces en la carne, afirmándola
contra la piadosa erosión del tiempo
y la terca mirada blanca de la muerte.

TALLER DE «MI VIDA ENTRE LOS MUERTOS»

> En las culturas madres del pasado fue ella, con su presencia atroz, quien presidió la vida. Dieron testimonio de sí con la muerte: por ella las conocemos, y por ella perviven. Ahora sucede al revés: está la vida muerta o medio muerta, y la muerte es tabú.
> ANTONIO GALA

> Tal vez el mundo debería dormir un rato. Tiene los ojos inyectados en sangre.
> ARTUR LUNDKVIST

La muerte no es la negación de la vida sino una calidad de ésta.

El hombre no es sólo el ser que sabe que va a morir; es el ser que tiene que encararse con su muerte, aceptarla, tragársela (como dice Teresa de Ávila), digerirla y asimilarla. ¿Qué actitud adoptaríamos, en esta hora excremencial que nos corresponde vivir, sino una de insurrección radical?

La muerte es lo que dice: el porvenir se acaba en este mismo instante.
Lo dice muchas veces al día.

Cobrar conciencia de la propia muerte es ya media resurrección.

Hojeo en el autobús un libro de Cernuda recién comprado. La amargura se vuelve una espesa pasta en la boca. Todos los poemas se han transformado en elegías; todas las obras de arte documentan la barbarie de una civilización al mismo tiempo senil y pueril que agoniza. La muerte ha tomado posesión de mis sentidos.

También los «bosques de símbolos» de Baudelaire andan heridos de lluvia ácida.

Uno de los procedimientos poéticos más obvios que empleo en Mí *vida entre los muertos:* la asociación de las intensas emociones que despierta en nosotros la idea de la muerte personal o la experiencia de la muerte de seres queridos (única que realmente sentimos) a los fenómenos de *muerte* (descomposición) *social* y de *agonía de la naturaleza* que determinan nuestro presente (sin provocar empero la reacción emocional adecuada). Acaso pueda contribuir con ello a ese impostergable proceso de aprendizaje colectivo del cual depende hoy el futuro de la especie humana.

Escribir poesía es cosa muy distinta de fabricar mermelada casera.

Por lo menos, tan certero y tan escueto como el filo que revienta un absceso de pus.

Versos irreconciliables. Un espacio inmune al compromiso. La incitante y dolorosa profundidad de una mina de sal gema.

Esquivar el rusiente plomo derretido de la inmunidad.

Retener el aliento: los escritores lo aprenden de los buzos.

No administrar lubrificantes, sino echar arena entre los engranajes.

O el silencio.

Hay poetas rumiantes y poetas de altanería. Prefiero decididamente a los segundos.

El arte no miente. (La proposición anterior es analítica.)

Intentar no seguir hablando el lenguaje del poder —aun a costa de que se nos desgarre la boca en el empeño—.

Arte didáctico: no veo objeción en contra *si tiene efectivamente algo que enseñar* (lo cual no suele ser el caso).

Que el artista sea voz de su pueblo es bueno. Que cada componente del pueblo tenga voz propia es mejor.

No puedo resolver —salvo por afortunadísimo e improbable azar— los problemas que soy incapaz de conceptualizar. Sentir vagamente un malestar es muy poco, expresarlo con oportunidad, fuerza y precisión representa ya bastante.
Arte como digestión de la experiencia.

Constituye una superstición monoteísta suponer que existe una única solución para cada problema.

El aburrimiento es una deficiencia subjetiva. Cualquier fragmento de realidad basta para colmar las vidas de generaciones enteras de investigadores y de enamorados, si éstos adoptan una actitud productiva ante la realidad.

La maestría artística es un proceso de conquista de las propias limitaciones (artísticas, personales, sociales).

Trampa de lo barroco: en arte, la acumulación de excelencias produce hastío —y por consiguiente malogro. Una sarta de metáforas brillantes satura pronto la capacidad receptiva del lector, y probablemente es menos eficaz que una sola metáfora brillante: la cantidad se transforma en mala cualidad. La sencillez no es un valor estético en sí, pero permite perfilar con limpieza otros valores.

Cada sendero tiene su atolladero, y yo me doy continuamente de bruces con el mío: desconfiar cada vez más de las palabras hermosas (sospechar su inanidad, su condición de palabras huecas) y no tener sin embargo nada más personal, nada más valioso, ni casi otra cosa que ofrecer a los demás.

Lee despacio. Más despacio. Aún más despacio.

Escribir para que aquello sobre lo que escribimos se vuelva mentira.

Es un error preguntar ante cada obra de arte: «¿Qué ha querido decir el autor?». Acaso éste no ha intentado formular un enunciado sino provocar un efecto en el lector (por ejemplo, insatisfacción consigo mismo) u otra cosa.

Una actitud más productiva es intentar poner la obra de arte en relación con la propia experiencia.

Los libros son herramientas para transformarnos. Transformándonos transformamos el mundo. Transformando el mundo nos transformamos.

Ningún marxista debería permitirse olvidar jamás que la máxima favorita de Karl Marx era DE OMNIBUS DUBITANDUM (HAY QUE DUDAR DE TODO).

La ilusión de la absoluta *necesidad* de un desarrollo (histórico o existencial, colectivo o personal) resulta sólo de las limitaciones a que está sujeta la mirada retrospectiva. Fascinación de los hechos consumados: la mirada unidimensional reprime y olvida el momento de la elección, el instante en que —a veces en una profundidad remotísima— se sopesaron y se desecharon posibilidades. Sólo el tipo de relato histórico en el que el pasado vampiriza a las otras dimensiones temporales elimina sistemáticamente la virtualidad de la acción humana.

No nos desprendamos de la idea regulativa de la comunidad de personas amantes —por decirlo con vocabulario cristiano— o de la sociedad libre de explotación y enajenación —con vocabulario marxista—. Es claro que los moldes que la estructura social nos asigna no nos convienen; son vacíos que magullan, hieren, humillan. No son lo nuestro. Pero no es menos cierto que esa estructura social no desaparece por ocultar nosotros la cabeza bajo el ala.

Me encuentro *objetivamente* vinculado a los demás, inserto en una determinada estructura social y en cierta división social clasista del trabajo; el que tales relaciones sean relaciones de enajenación no quiere decir que puedan suprimirse con un juego de palabras. Un proyecto vital solipsista conduce al falseamiento de la existencia.

«Muerte del sujeto»: no muere porque lo decreten cuatro gatos —cuatro flexibles felinos intelectuales— parisinos, sino a consecuencia de un sistema social que cosifica y mercantiliza las relaciones humanas; sino por medio de una industria cultural que machaca metódicamente la subjetividad. La «muerte del sujeto» no se exhibe en *Les mots et les choses* tanto como en *Dallas*.

Jeunesse dorée (juventud bonita) que dura desde los quince a los sesenta años. Hedonismo de la muñeca hinchable. Generalizada infantilización de la sociedad...

Resulta cómico oír a las mercancías proclamar su «derecho a la diferencia». Y cuanto más idénticas, con más énfasis lo proclaman. La monotonía del coro no hace mella en su sublime pretenciosidad.

Dos elementos de la conciencia trágica perfectamente discernibles en nuestra época: *lucidez profética* e *impotencia para la acción* capaz de conjurar la catástrofe.

Acaso la esencia de la tragedia consiste en la necesidad (histórica, social, metafísica) de un desarrollo negativo (aniquilación del héroe, degradación social, catástrofe histórica) que es reconocido como necesario y como negativo por quienes lo sufren (que pueden ser simultáneamente quienes lo impulsan).

Desde esta perspectiva, ¿podría identificarse un conflicto trágico fundamental en nuestra época? Las sociedades europeas han puesto en marcha procesos socioeconómicos (el modo de producción del capitalismo industrial) que conducen a la humanidad hacia su exterminio; debido al desarrollo desigual de la conciencia en sociedades divididas en clases y que se hallan en estadios históricos muy distintos, sólo una parte de la humanidad percibe ese peligro; mientras tanto, los intereses de minorías privilegiadas y la inercia histórica nos arrastran aceleradamente hacia la catástrofe.

LA LENGUA DE LA MUERTE

(1987-1988)

RECUENTO

El óxido de la posesión me suelda la lengua.

La saliva de los imbéciles apuntala los arcos de triunfo.

Un escalofrío seccionado recorre el estiércol.

El fósforo seca la piel de las mujeres.

La exquisitez de los torturadores turba.

Enterramos al siglo en ataúd de plomo.

La lengua de la muerte se introduce en las ingles.

MANOS DE ESTIÉRCOL

He visto palomas
girando enloquecidas dentro de catedrales.

Gargantas interrumpidas donde se abreva la muerte.

Ciudades decrépitas masturbándose con desgana.

He visto devanarse inacabable
la cinta interrogante de los cuerpos.

Mujeres con un dedal de desolación
anegando los ojos abrasados.

Triunfos erigidos despiadadamente
al horror colectivo de ser hombre.

Un perro muerto que por fin comienza
a creerse su propia pudrición.

Hoy he visto manos de estiércol
cubriendo el rostro de mi amigo.

SOBREPRODUCCIÓN DE SACRIFICIOS

Pisé la garganta a mi canción
escribe Maiakovski.

(Se encocora la muy humana Nadiezdha Mandelstam,
que juzga irrepresable la música interior.)

Yo a mi sabiduría
le cercené las alas y el gaznate.
Y con la espesa sangre aborujada
dibujé los rastros del terror sobre el hielo.

No atiné sin embargo con la época.
Se devalúa en mi tiempo el gesto noble,
         nos falta el pertinente
fondo de medianía y de normalidad
contra el que perfilarlo.

Esta crisis cíclica incluye por desgracia
también la sobreproducción de sacrificios.

ANDRÉ BRETON, ERECTO POST-MORTEM

Desear el asombro desertiza.

PEDRO PROVENCIO

La Fundación Banco Exterior
lo anuncia en desplegables a todo color
en el diario de mayor tirada.
Azafatas reparten sonrisas de alquiler.
El surrealismo: un capítulo
—de los que entran seguro en el examen—
en el manual de *marketing*.

Hay que poder plantar flores de sal al margen
de un río clandestino.
Hay que poder llorar de rabia
devolver el aceite del estrangulador
abrigarnos con la compasión de las víctimas.
Pero André Breton infalible
mente extraviado en un rigor desierto.
Desdén arado por su propio asombro.

Hay que poder olvidar la rabia y las monedas.
Entre las tumbas hurgan voraces los colonos.
Cuídate: no es cierto, nunca es cierto
que un muerto no tenga nada que perder.

EN EL LIBRO DE HUÉSPEDES
DEL HOTEL DEL ABISMO

1

En qué país ganaste
                    —¿o fue una pérdida?—
la ciudadanía incruenta de tu desolación.

Qué cielos has untado
inútil, roncamente con tu sangre.

Tu vida expuesta
como animal desollado con limpieza
como suicidio blanco y laborioso
como devoración de soledad.

Y a quién diriges ahora
estas sabias preguntas.

2

Todo tu equipaje
es una herida abierta.
Los deleites del Báltico son fosfato y mercurio.
Niños deformes nacen y pescados monstruosos,
pero vas aprendiendo felizmente
a convivir con el veneno.
(Nada sorprende al monstruo
en un mundo de monstruos.)
Esa herida enconada
es lo único que hoy puedes
llamar humano.

Mas parece que pronto
van también a extirpártela.

3

Devastado en el día devastado.

La renuncia o el grito
que ayer fijaban el límite del mundo
ya no contienen hoy tu soledad.

Derruido en la noche derruida.

No conoces verdades de lluvia ni de aliento.
Te hace cosquillas la muerte
como lengua extranjera.

Apiádate del barro.

4

Torrencialmente
desnudo.

Minado por palabras
ajenadas, dementes.

Empuñando
el miedo
con ambas manos.

Ya sin saber
temblar.

5

Increada fugaz
constelación de brasas,
tu vida.

Continuamente caigo
dentro de ti,
despierto tras tus párpados.
Ajeno.

Si alguna vez se abriese
la matriz de tiniebla.

ARQUITECTURA INTERIOR

Excavaste en ti mismo
alcobas, escaleras, alacenas. Dispusiste
cierto complejo equilibrio entre las cavidades.
Las comunicaste
mediante los pasadizos adecuados.
Decoraste con gusto y sobriedad
los interiores, y colocaste una buena cerradura
en la puerta que daba al exterior.
Luego has tirado la llave.

Y hoy afirmas
que eres un ser de una pieza, macizo, irreversible,
enteramente libre de oquedades.

ARRÁNCATE

1

La gente muere con tamaño encono.
Bastara sin embargo un cedazo bien limpio,
dos varas de tela de algodón, algo de aceite
para cebar una lámpara. Ni prisa ni perfumes:
la noche, su agua, su piedad propicia.
Traicionan a sus cuerpos muriendo con tal saña.

2

Arca de podredumbre
era mi boca. La lengua
seco áspid de inversión,
blanca serpiente ciega
devorando mis vísceras.

Hermano, arráncate
la gruesa lengua podrida
con tus propias quijadas.

3

Inocentes no somos,
tampoco cómplices.

BARCELONA, BARATIJAS Y JUGUETES

He paseado por el barrio viejo
con un signo en la frente:
estaba vivo.

Aceite proletario en las tardías sartenes
donde crepita la cena prometida.

A la desenvainada luna temo,
indolente mutiladora argéntea
de esta noche volcada.

Enfilaba sin soportales
por la calle de la Piedad.
Irreparable, pluralmente. Estaba vivo.

Conozco algún amor irrefutable.
Conozco algunos muertos que sanaron.
Pero estas vigas podridas
ya sólo aguantan el cielo a duras penas.

Y en las calles meadas
de cerveza y aurora,
la danza más sublime.

Baratijas y juguetes. Pero
solamente la vida me obsesiona.

NOS ATARON LAS MANOS AL HACHA DEL VER-
DUGO./ GLACIALMENTE CORTÉS, LA NOCHE VA
APAGANDO/ UNA A UNA TODAS LAS VENTANAS

    Fantasmagorías
    atroces.

    Anémicos fantoches
    del duelo y de la ira,

    siervos imperturbables del veneno,

    yermos fantasmagóricos
    y espaldas necias.

    Cuándo des-
    pertaremos,

    preguntan los
    patéticos
    pálidos
    peleles.

ALIMENTACIÓN INFANTIL

> No aprendas más que con reserva. Una vida entera no basta para desaprender lo que, ingenuo, sumiso, te dejaste meter en la cabeza —¡inocente!— sin pensar en las consecuencias.
>   HENRI MICHAUX

    Lenta papilla odiosa.

    Donde aún chapotea nuestra vida común

cuidando de evitar toda salpicadura
de huraña libertad o ácido gozo.

Con la que hacemos aplaudidas gárgaras
conceptuales o a gusto embadurnamos
gruesas tajadas de emociones nobles.

Cruel sebo que enmascara
los rasgos afilados de nuestra miseria,
la sevicia del día:

esta pútrida sopa
durante un instante
discernible.

EMBEBECERSE

1

Según datos demoscópicos recientes
que obran ya en poder de nuestro público
superlativamente amable alegre y democrático
para casi el setenta por ciento
de los ciudadanos de los Estados Unidos
ver televisión es
la mayor fuente de placer del ser humano.

2

Tras la victoria de la selección nacional de fútbol
la intención de voto al primer ministro
ha saltado de golpe cuatro puntos arriba.

3

Me asomo a la ventana.
Veo a tantos vecinos
asomados a su televisor.

Me asomo un momento a mi cadáver
                              no me demoro
y luego a la siempre libre pantalla azul
del cielo.

PREGUNTAS DE UN MUERTO QUE LEE

Desgajado un corazón,
¿aún es capaz
de ecuanimidad
en su deliberación?

¿Y una mano?

¿Y un dedo?

¿Y un hombre?

Callaron sus preguntas con un pedo
los tolerantes amos
de aquella explotación a cielo abierto.
Gran beneficio daba el mineral de muerto.
Salvo los muertos de aquella mundial mina,
nada tenía nombre.

LAS MANOS CORTADAS

> Va a ser entonces/ cuando vas de verdad a tener manos.
>
> Antonio Gamoneda

Vendrá la revolución, quiero decir:
viviremos hacia ella.
Vendrá con su rostro de ramas rotas
que no reconoceremos.

Vendrá a destiempo y herirá sin séquito.
Ignorará los cálculos, confundirá los datos.
Serán torpes al señalar
sus brazos de agua salobre.

Si te robaron la cosecha
no te la devolverá.
Si emparedaron tu amor
seguirás sin saber amar.
Si mataron a tus hijos
seguirán muertos.

Vendrá la revolución a trancos imposibles
y no restituirá las manos cortadas.

ROSA DE AUSENCIA

I

Esperábamos la noche.

Tanto habíamos crecido,

tanto nos había gastado
amar y combatir a los animales de sombra
—la lengua cálida y rasposa
como un consejo indescifrable,
la música sin envidia de sus pasos.
Tanto habíamos gritado desde entonces—.

(Recuerdo a alguien diciendo:
unas notas de saxo que te explican
tu vida entera.
Comprender, comprender.
He amado un estertor.)

La noche no acababa de bajar.

2

Había que bajar a la boca amarga.
Escuchar, en tanto que ella misma
se empozaba en sus signos.
(Ahora el piano, única
llave para la oscuridad,
diamante que cortará diamante.)
Había que escuchar los pasos gatunos,
besar la boca desconocida, ser dignos
de la agonía diáfana que duraba muy lejos.

3

Rosa de ausencia.
Una noche más pura
supo circunscribirte.

Enterramos al siglo en un ataúd de plomo. (Ya no me preguntéis si estoy hablando de vampirismo, de socialización de la producción o de contaminación radiactiva.)

La poesía no tiene historia: sólo tiene futuro.

No somos inocentes, pero tampoco cómplices.

La lucha sigue.

> Desde Juan el Bautista, cada uno de nosotros lleva su cabeza cortada en un plato y espera su segundo advenimiento.
>
> ADONIS
>
> Que haya muerte donde es posible la vida es nuestro único pecado.
>
> ARTUR LUNDKVIST
>
> La humanidad, que antaño, en Homero, era un objeto de espectáculo para los dioses olímpicos, se ha convertido ahora en espectáculo de sí misma. Su autoalienación ha alcanzado un grado que le permite vivir su propia destrucción como un goce estético de primer orden.
>
> WALTER BENJAMIN
>
> ¡Pobre cuerpo! Entre sarna, piojos y chinches y toda clase de animales, sin libertad, sin ti, Josefina, y sin ti, Manolillo de mi alma, no sabe a ratos qué postura tomar, y al fin toma la de la esperanza que no se pierde nunca.
>
> MIGUEL HERNÁNDEZ

FIGURACIONES TUYAS

(1988)

FIGURACIONES MÍAS

(1958)

I

UN AMOR VIEJO
COMO UN RECIÉN NACIDO

Tuve un amor. Hace tantos siglos de eso.

Venía cuando ya era noche cerrada y marchaba antes del alba. El viento rosado del amanecer, decía, de seguro le quemaría las lágrimas.

Cuando pienso en ella echo de menos la capacidad de segregar un esqueleto externo en las circunstancias en que el interno se derrumba. Una reserva de quitina para suplir las carencias del calcio.

Ella venía lastrada por milenios de dominio, de vejación, de tormento, y al mismo tiempo sus pasos eran indeciblemente ligeros. El poder ascensional de su risa me asombra aún hoy.

Me regalaba tarros de miel furtiva, caramelos color de ámbar con un insecto dentro, ineficaces sortilegios para detener los relojes, serenidad destilada de la contemplación de árboles de diversos colores, me regalaba promesas, promesas a regañadientes, muchas laboriosas y fugaces promesas.

Con ella era imposible establecer las reglas de respetuoso trato que los seres humanos pactan para evitar despedazarse. Nos amábamos y nos heríamos con pasión pareja.

La tentación de la vida vegetal. La purificación de las pasiones, hasta que la sangre se transforma en savia. La inocencia de la fotosíntesis frente al trabajo del carnicero.

Ella añoraba la época en que cabalgaba una yegua blanca por entre bosques inmediatos, las teas asombrosas del otoño. Yo no podía ofrecerle nada equivalente.

Me enjabonaba el cuerpo de arriba abajo, demorándose en el sexo, y yo hacía lo mismo con ella. Nos lavábamos los dientes a la vez, mirándonos a los ojos en el espejo. Hasta que un día ella apartó la mirada.

Tuve un amor, un amor viejo como un recién nacido, un amor intacto después de tantos siglos.

FIGURACIÓN DE TI

> Te amo. Pero ya no sé/ Lo que es eso, un amor.
> Heiner Müller

La eternidad dura unos tres años, de los diecisiete a los veinte aproximadamente.

Tiene el espesor agrio de una lámina de vino tinto.

Tiene la consistencia de tus muslos de estío bajo la falda tenue y larguísima que nunca te levantaré.

La eternidad. Un lugar sin sabiduría y anterior a la nostalgia de ella.

Hay luz filtrada por ramas de un verde restallante en el Parque del Buen Retiro, luz adolescente que se quiebra inverosímilmente sobre tu blusa.

Casi me da pudor decir que sólo te acaricio los pechos una vez. Frescas ensoñaciones interminables en el jardín de la torpeza.

Las puertas sí que son algo irreversible: duros núcleos expectantes, aristas insomnes, una condensación exagerada de tragedia.

Pero la memoria ha desaprendido el llanto de manera radical.

Me besas tú por primera vez, en un teatro donde no hay otra cosa —espectadores incluidos, desde luego— que terciopelo rojo.

Para besar tienes que sumergirte. (Yo no lo comprendo.)

Una cinta negra alrededor de tu cuello. En esa tibia frontera sí que podría abrevar el crepúsculo. En lugar de eso se te echa en el regazo y, como si nunca hubiera hecho otra cosa, no para un instante de ronronear.

Creo que puedo enseñarte algo y me engaño. Crees que puedes enseñarme algo y te engañas.

Celos atroces, obscenos, inconfesables, de los chicos del laboratorio de fotografía.

Tus geografías soñadas (Canadá). Es como haberte perdido para siempre antes de haberte encontrado por primera vez.

Para lograr conciliar el sueño tengo que masturbarme (de fijo más de mil veces) pensando en ti.

La eternidad se adensa en la sala del Cinestudio Griffith de San Pol de Mar.

La eternidad no se inmiscuye en la cita en el interior de la estación de metro a la que entro por la calle Felipe II.

La eternidad no acaba de tomarme en serio.

Hace bien en no hacerlo.

LOS PRIMEROS POEMAS DE AMOR

I

En ellos uno escoge
casi arbitrariamente un objeto
cálido, apetecible, curvilíneo
para fantasear sobre él

(a veces
ni siquiera es preciso el objeto:
impenetrables los caminos de Narciso).

No se habla del otro: se habla
de la propia ansia
del propio miedo
del propio dolor.
Autoindulgente campanero de cristal
echando la vida al vuelo.

Más adelante se aprende, poco a poco
a menudo con crujir de dientes
y gustosas angustias
y estrujones de corazón, la enorme
distancia que separa un cuerpo de otro
cómo a veces se salva en un instante
cuán radicalmente
es cada ser humano un infinito.
Se llega a estar ante el otro
como ante una patria remota.

Dicho sea de paso
lo antedicho no solamente ocurre
con los poemas de amor.

(1987)

2

He regresado a casa llevándote en los labios
asediado en mi gozo por tus dedos de nata

He regresado a casa con tu calma en los brazos
atropellándome algo en las lindes del pecho

Herido por la lluvia he regresado a casa
he perdido mi sangre y he ganado la tuya

He regresado a casa con acrobacia fácil
atónito del largo azar de tu caricia

He regresado a casa con tu cuerpo en los dedos
me he cortado los brazos y tu cuerpo persiste
afirmando en el tacto su trabazón de dicha
Qué dulce riesgo ser ladrón de tu cintura

He regresado a casa en este país cálcico
donde en los huesos crecen delgadas llamas negras

He regresado a casa y me he echado en la cama
con un alba asesina que me roba los párpados

He regresado a casa sin regresar ausente
y hasta el oxígeno dice la magia de tu risa
He regresado a casa desnudo por el aire
Es más frágil el pecho que el hálito que alberga
He nacido esta noche del collar de tu abrazo.

(1979)

EXPRESIÓN

> Toda mi vida he querido expresarme.
> Félix Grande

¿Expresarme? Apocada ley mezquina
que se me enrosca al cuello.
La palabra rebasa el barro de la boca.

Quiero decir mi amor por ti
tu amor por mí
con palabras no eternas pero sí necesarias.

Reescribir el amor del hermano y la hermana
de la madre y el hijo
de la fraternidad de iguales.

Dar forma
a lo que no estaba ahí para recibirla
con espirales tensas hacia el centro
con palabras no eternas pero sí necesarias.

BIOGRAFÍA DE UNA DE MIS SOMBRAS

I

Me preguntaron si yo era
el soplo peregrino de mis trazos,
la memoria amenazada del fuego
o el muy exacto cristal de soledad.

Yo no quería
sajarlos, dañarles las inteligentes manos,

la piel heredera. Yo no sabía cómo
decirles que mirasen a otra parte.

Yo buscaba y buscaba
gorgojos y carbunclos y narices
y sed inaplacable para cesar tan sólo
a vista de lo abierto.

Yo no creía entonces en
milagros, e inquisiciones tan inteligentes
sólo alentaban a mi miopía.
Huía respirando.

2

La épica de bar me deja frío.
Prefiero no escribir con neón.
Me conmueven
las flores enhollinadas de los suburbios
y la hierba acampando en el balcón
de esa casa abandonada.
Estás tan lejos
que no puedo asomarme a la flor
ni a ese balcón.
No puedo hurtar ni tiempo ni belleza
y sí dilapidarla.

3

Tú conoces estaciones donde la luz respira
y puede ser amasada, universidades de elite
para enredaderas, conventos para magnolias descarriadas
y es cierto que también

los barrios encanallados donde bubas
de placer y de angustia
carcomen las fachadas.

Yo vengo de otra historia donde el deshonor
se llama estar ileso.
Amigos me han enseñado
a recelar de centones y resúmenes.
Mi amor, ten por seguro
que manos derrotadas
no te acariciarían.

ESTADO DE LA CUESTIÓN
EL 28 DE SEPTIEMBRE
A LAS SEIS DE LA TARDE

Vivo
con amor en el corazón
(cierta prestigiosa tradición lo localiza
precisamente ahí)
y lombrices en los intestinos
(desconfío de otra prestigiosa tradición
que clasifica ambos fenómenos
bajo la rúbrica «parásitos»).
Vivo con manos
ultrajantemente blandas,
con cuerpo bien lavado
y nutrido varias veces al día
(más lo que cae entre horas),
vivo en el vientre de la ballena
y doy conferencias sobre las úlceras gástricas,
vivo dando dos pasos hacia atrás
y uno adelante porque mi amante —poco leninista— me enseña
a bailar charlestón, vivo medio vestido que es casi lo mismo
que vivir medio

desnudo, vivo arrancando banderas,
vivo izando banderas
y arrancándolas, vivo en la frontera
donde ya no viven indios libres y salvajes
sino aduaneros salvajes y sumisos,
vivo en la frontera, como les decía, vivo
con amor y lombrices.

POEMA PARA EMPUÑAR EL DÍA

Con cuidado
porque es mentira que sea duro rígido
y esos hilos de voz
no son gritos de mando son preguntas
promesas torpes ensayos de caricia

con inocencia
porque no es cierto que se las sepa todas
pero sí está acostumbrado a palizas hipócritas

sorpréndele entonces
dale luz como leche a un cachorro
que beba un beso sin premeditación
que dance fuera del círculo
que al morder fruta no se empape de sangre de pus
o de papel moneda

con amor
porque es el día
el día del dios
del día

el día único.

LLAGA DEL AIRE

> Me mezclé entre los hombres en tiempos de rebeldía/ y me rebelé con ellos.
> BERTOLT BRECHT

A cuerpo limpio.

Recibir las semillas asestadas
por este alegre turbión de primavera

y entre ellas el dardo envenenado
de la demente aljaba de la historia
a cuerpo limpio.

AMOR A RATOS PERDIDOS

El viento inspecciona la ciudad, salvaje niño
patoso y zanquilargo,
automóvil rabioso con los frenos rotos.
La mano del miedo
arranca a puñados las hojas de los árboles.

Amiga, tus ojos no tienen
dos veces seguidas el mismo color.
Lo comprendo.

Yo que ando buscándote
por el envés del tiempo.

CITAS

Una vez llegaste tan pronto
que no había flor que no fuese semilla
mano que no fuese garra
ni amor nocturno que el sol no descubriese
en los cines de barrio o en los parques.
Otra vez llegaste tan tarde
que el prólogo ya estaba en el epílogo
un pinzón cantaba a medianoche
las castañas asadas sabían a sobresalto
de muchachitas muertas.
A veces llegabas cabalgando una tormenta
y te asombrabas de encontrarnos empapados.
A veces custodiada por un tigre
y te ofendías mortalmente si yo le daba la mano
sin quitarme los guantes.
A veces llegabas desde detrás del tiempo
me tapabas los ojos
y yo tenía que adivinar
si el beso o la agonía
la entrega o cuántos surcos
arados en tu cuerpo por estaciones de un año
donde ya no había plaza para mí.

Hoy te estoy esperando en el momento justo.
En el fruto maduro. En la frente del día.
En una espuma que equidista de la rosa y del cenit.

Amor mío
no tardes.

CANCIÓN DE AMOR

No nos equivocamos acerca del futuro:
ni ruina ni despojo.

La savia en el umbral.

II

TOCO EL MUNDO SOLAMENTE EN TU PIEL

1

Está aquí. Arráncate
la piel para asomarte
al río más profundo.

Hermosa, hermosa, hermosa, engalanada
solamente con su fugacidad.

Toda la luz del mundo
excava esta caricia,
revienta en este fruto.

2

Pero mis ojos engendran
en tu piel. Mis ojos escriben semillas
sobre la luz de tu cuerpo.
En este mundo hay demasiada muerte
para que durmamos
en lechos distintos.

Mirarte es un retorno interminable.

3

Todas las noches del tiempo han trabajado
para crear el fruto iridiscente,

la terca drupa humana con sus manos
pequeñas para amar.

Viene la noche de total vigilia.

De la verdad solamente sé
a través de tu risa.
Toco el mundo solamente en tu piel.

4

Ven. Acércate hasta que tus fértiles pestañas
me rocen la mejilla. Entra despacio
con la lengua en mi boca, dame
de beber tu saliva, aplácame
la explosión de los labios con los dedos.
Ven. Tú estás hecha para mis ojos y mis manos,
igual que yo estoy hecho
para el vértigo de tus manos y tus ojos.
Amor, qué sinsentido hablar de la verdad
lejos de tu piel o fuera de tu aliento.

5

Me dijeron ayer:
«Imagina los gusanos anidando en su cuerpo».

Imagino las raíces abrevando en su sangre.
No se aplica el amor a corroer el tiempo
sino a crear el mundo.

6

Un torrente de tiempo o un remanso
debajo de la piel.

Angustia parsimoniosamente respirando
entre cuatro paredes.

Al besarte, entreabierto, siempre
un fulgurante panal de intimidad.

Y la oscura herida fascinante
de tu sangre menstrual
rememora la promesa de las estaciones.

7

Tu testarudez,
que te vuelve inmune al soborno.
Tu impaciencia,
que te hace tan difícil resignarte.
Tu risa a destiempo
abriendo ventanas y cerrando heridas
en el espeso tiempo del horror.
Tu sensualidad, alimentada
por una nube igual que por un beso.
Tu inconstancia
incompatible con la mentira y con el dogma.
Tu imprevisibilidad,
palabra con que calumnio
una libertad más ágil que mis sueños.
Tu puerilidad
por la inocencia imposible y verdadera
que te brilla en los ojos.

Debajo de este roble de la *Holteistrasse*
amo
todos tus vicios.

        8

Al besarme en la boca me entregas un aliento
que viene de tu madre
y de la madre de ésta
y de la madre de ésta
y la cadena carnal se pierde hacia el origen
del amor y del pánico

Ese aliento
lo ignoran a veces hasta los pulmones
por no hablar de tú y yo

Me desgarra los labios
la dulzura acre de la libertad.

        9

Una vinculación. Amo los cuerpos
donde el sudor y el tiempo echan raíces,
la oscura explosión carnal del compasivo,
el doloroso golpe en los riñones
de la fraternidad. Te amo
vinculada, apegada a tu sangre,
solidaria en los fuertes tendones de tu cuello,
vertical en la tierra como un árbol
cuyo peso fuese ya meditación.

Amo los cuerpos
donde el sudor y el tiempo echan raíces.

10

Apoyo la boca
contra la boca que es tu sexo y grito
porque la soledad de multitudes
de repente es mi cuerpo.
Y hoy que podría jugarme a cara o cruz
una moneda con el mismo sol,
hoy que un otoño orgulloso pastoreaba robles,
hoy que se amaban sirenas y campanas
—hoy acaso tampoco voy a ser capaz
de besarte en los labios tierra arada, musgo,
espuma marina, cobre, potros desbocados
y los labios unánimes de todas las mujeres—.
Mas no te debo menos ni me debo yo menos.

11

Si por ventura tropiezo con mi muerte
amiga
de guardia en la cañada
si me siega una espiga
no me levantes
sonríe a mi sonrisa
rózame una vez sólo
la frente con tus dedos
de tierra jovencísima
y no guardes de mí

aunque me diera miedo más de un río
y me desayunase con ruindad
un día sí y también otro día

memoria menos limpia
que la generosidad de ti aprendida.

12

Solamente por ti
he tropezado mil veces con hogueras
duras como el cristal de la memoria,
me he enredado en ovillos que eran selvas sañudas,
he robado su infancia a los imanes.
He luchado con mirlos por un grano.
He remontado fluviales corazones.
Por ti he dudado del sol y de mi historia,
he olvidado quién no soy,
he crecido más alto que mi sombra,
he tallado bondad sin consecuencias.

Por ti que vales mucho más que yo
y que no vales siquiera
una hoja de olivo.

13

Durante años severos
cada primavera y cada otoño
añadían un anillo a su mudez.

Pero por fin
ha comenzado a hablar.
Se ofrece descortezada,
temblorosa, insegura, rebosante,
tan bellamente incierta en el verbo herido.

Ya no hay savia más dulce que su boca
y en la punta de la lengua
le bailan estrellas y pájaros
y otras cosas peores.

14

Ahora es hace mucho.
Jugamos a inventar
la senda más precaria entre la lluvia.
Te has parado un momento.

Hojas lanceoladas
y largos tallos, hilos verdes que cosen
la sangre a un sueño de estrellas
mojadas, infantiles,
leves alfabetos dispuestos por el viento
sobre el capó blanco de un coche.

Qué hermoso, dices.
(Y la palabra se anonada
ante la belleza que tus palabras conjuran.)
Y se abre la noche, el asombroso nido,
aquella noche antigua o la inmensa noche actual.

15

No se desenlazaron las miradas
mientras compartíamos el agua, el alimento.
Un brillo en tus pechos
húmedos de saliva
asienta la penumbra.
Un clavel rojo se justifica ante el horror.
Sería tan hermoso poder asentir
a la paz inviolable de una tarde como ésta.

16

Un sólo ventanuco iluminado
en la espalda plana de la casa.
Sobre la vertical la pregunta de Venus
depone la malicia.

La noche, gravemente.

Nada nos salva. Nada salvo acaso
la densa quemadura de tu piel en la mía.

17

Las exportaciones españolas de armamento
se multiplicaron por ocho
hasta sumar más de medio billón de pesetas
entre el ochenta y dos y el ochenta y seis
(hasta alcanzar un meritorio octavo puesto
en el *ranking* mundial).
Diez de las 544 centrales nucleares
que funcionan en el mundo
están instaladas en España.
Almaraz la visitan 25.000 escolares al año, y les enseñan
que una central nuclear tiene menos radiactividad que un huevo frito
(25 milirrem)
y que la luz de la luna
(35 milirrem). Entra en examen.

Las mejores agencias de viajes norteamericanas y británicas
organizan veraneos en las guerras del tercer mundo
para disfrute de profesionales que buscan calidad de vida.
Voy allá a encontrarme a mí mismo
manifestó uno de ellos en televisión.

Comenzó entonces la rigurosa prueba
de vivir tres semanas sin ti.

18

Desconfío de usted, víscera imberbe,
corazón elegido,
corazón con muletas.

Desconfío de su hábito de interpretar el mundo
en términos de fidelidad y de sabañones.
Me incomoda su pretensión de trato preferente.

Amor, cómo desprecio a los artistas de la ausencia.
Amor, escríbeme para poder respirar.

19

Sin ti puedo escribir versos.
Sin ti puedo pasear. Puedo
recoger hojas secas. Puedo leer.
Sin ti puedo admirar un crepúsculo prusiano
que me recordará la Sierra
de Guadarrama y puedo cocinar,
eso sí, con pocas especias.

Sin ti no puedo respirar un segundo.
Sin ti la sangre en las venas
es aterida pasta de silencio.
Sin ti la luz se pudre.
Sin ti no hay mundo.

20

Como un buzo horroroso
ciegamente horadando un espesor que no es agua.
Un animal acorralado por la aurora.
Un adiós pespunteado con cuchillos.

Doy vueltas y más vueltas
en el yermo de la cama sin ti,
siento cómo el pánico de amarte
va traspasándome los huesos
con agujas de lentísima plata.

Te conocí el día en que acabaron
todas las treguas.

21

La ácida lengua insomne de tu ausencia
duramente me excava cada poro,
cada hora de arena y de silencio.

El valle despoblado.
El jardín cultivado por el hambre.

No se apega a la sangre para un beso
el trallazo solar de la belleza.

Amiga, no se vive,
no se ama impunemente.

22

El vertiginoso desequilibrio de tus labios
contra el mundo,
del calor de tu cuerpo contra el sol.

Verano extravasado.
Días envenenados de dulzura lentísima.

Tortura de la incertidumbre
encalostrada de sí misma.
Gozo
de no saber ya.

23

> Soledad tengo de ti,/ tierra donde yo nací.
> Gil Vicente

Soledad tengo de ti.

Te amo en un mundo
donde el tormento nutre.

En los versos se clavan
astillas, sólo astillas:

atisbos de una vida
más profunda, más lenta,
más amarga, más limpia.

Soledad tengo de ti,
amor, desde que nací.
Soledad
tengo de ti.

24

Hemos soñado un mundo
exactamente igual a éste,
menos el pus.

Menos la explotación.
Menos el encanallamiento programado
por los bandullos infalibles.
Menos los niños picoteados por la muerte.

He soñado este mundo
a imagen de tus ojos
y de tu inapagable desnudez.

25

En torno a ti cristaliza
lo imposible,
el continuo del mundo.

Un otoño fluvial hace diez años
y la andrajosa primavera de hoy: contiguos.
Un barrio madrileño adyacente de otro en Bonn
o en Santillana del Mar o en Sevilla.

Te cortas un dedo y sangro.
Un zaguán da a una aurora.
Los gastados peldaños de la lluvia
suben al anfiteatro de ese aroma.

Y todos los pasajes encristalados del deseo
que recorro cegado son concéntricos
a la nata espiral de tu cintura.

26

Junto al Valle de los Sarrios
te he abrazado honda
contra la tierra,
has clavado
la tersura
de tu deseo en el cielo.
No moriremos.

27

Nunca he descansado en un azul más intenso
que el de este cielo.

No conozco primavera más altiva
que la de tus pechos.

Nunca me ha herido un temblor más espacioso
que el de tu beso.

28

Con un beso desprendes
mis párpados de ceniza.

El oro de tu piel
desnuda.

Tu cuerpo es el centro de este valle.
Este valle es el centro de tu cuerpo.

29

Entre tu vientre y tus senos
beso la incandescencia del mundo.

Obrero en las mejillas,
temblor de rodillas duras,
rico en retornos.

No hay retroceso posible
después de haberte amado.

30

Cuando el rompecabezas del amor está completo
me encuentro con que no obstante
ha sobrado un montón de piezas.

Y de tanta alegría tengo
que besarte en los hombros.

III

COMIENZA A ESCRIBIR PORQUE QUIERE APRENDER A AMAR. PERO EL PRIMER VERSO NO ACABA NUNCA...

Y así un día
dejas de ser un terco límite
contra mi corazón
—te has transformado
en vasto viento dentro de un jardín—.

EL RIESGO DE ESCRIBIR CARTAS

No sé si cuando te encuentren
tú vas a ser del sol o de la luna.

No sé si estarás desnuda
o vestida de pétalos o de papel mascado.

No sé si el espejo
te regalará luz o te devolverá cieno.
Ni sé si en los muslos tendrás
la rabia o el verano.

A lo mejor la gata está inventándote el regazo
pero también puede ser
que duerma hecha un ovillo en otra habitación.

No sé si cuando te encuentren
van a arañarte con torpeza
o van a acariciarte.

HE SOÑADO CON ELLA ESTA NOCHE

> La amistad danza en torno a la Tierra y, como un heraldo, nos anuncia a todos que despertamos para la felicidad.
> Epicuro

1

Invención del cuerpo,
abolición
del cuerpo.
Deseo.

2

Las arañas dulces
de la fatiga
sólo cuando he llegado hasta tu vientre.
La pregunta se extingue.

3

Huésped de un sueño, amante,
amazona de gracia y abandono.
Lunar la mano o beso
cauteriza la ausencia.

4

Así un día encuentro —y es gozo en duración—
que la mejor expresión de aquel amor
tan buen acompañante de mi vida
se da en esta cálida, precaria, nocturna frase del oboe.

5

Inútil para el rencor.
Cada beso abre
una boca en la piel:
la vida a borbotones.

6

De la carne no la resurrección:
la insurrección. Contigo
hasta el fondo del sueño
y desfondarlo.

MI AMANTE SE EDUCÓ
EN UN COLEGIO DE MONJAS

Ese país lentísimo donde las gotas de lluvia
llegan al suelo una a una
en ordenadas sartas.

Esa tibieza neutra donde ya no se advierten
las cicatrices antaño abrasadoras,
la ausencia del deseo. Lentísimos rosarios de la lluvia.

Niña con cuerpo de agua. Te arrancaron
algo y después no dejaron de arrancarte
la memoria de algo
ni la memoria del extirpamiento.

Hoy tu cuerpo se acuerda de la lluvia
y mi cuerpo se acuerda de tu cuerpo.

NATURE MORTE ET PAYSAGE
—PLACE RAVIGNAN

Me asomo a una ventana de Juan Gris,
aquella que da al mundo
clamantemente azul.
Una ventana que no horada un pulmón.
Y te llamo por todos los nombres
capaces de atravesar el día.

No te detengas. Basta una sonrisa.

AMORES IMAGINARIOS

1

Hemos venido para festejar.
La fiesta de dos cuerpos y una sombra.

Dos cuerpos desgarrados por raíces
y la savia amarga de tu vulva dulce
bautiza mi traición.

2

Tu voz está aquí, pero tú no estás aquí.
Están tus ojos, pero tú no estás.
Tu cuerpo está, tú no.
Como un árbol arrancado,
como una oreja arrancada,
como un barquito tallado en corteza de pino
que se pierde en el arroyo de la infancia.

3

Increíble azar
de una moneda no trucada
que cayese sobre la misma cara siempre

pero vivir es eso.
Inspiración crear un código
y expiración quebrarlo. No sigas arrojando esa moneda.

Anochece a las cuatro de la tarde
el cielo desmiente a todos los espejos
y sé que te he perdido.

AM SCHIFFBAUERDAMM

Berlín mi capital destartalada.
Tú mi amante, aristócrata sublime,
tú la del pan pringao, la de los ojos hondos
y las medias negras con sensacionales agujeros.
Costras de tiempo se agrietan en las calles
públicamente desiertas.

El cielo de Berlín cuesta, amor mío,
tanto trabajo
cuando reposan las gaviotas
y tú faltas.

TROUBLE IN MIND

(Hawk, para sus adentros:)

Te prometo, te prometo, te prometo
que éste va a ser el último penoso
discurso sobre la inocencia.

Bella durmiente,
rubio candor creíble en demasía,
que te voy a querer sin teoremas
y sin fingir que creo que no me reconoces
en quien yo era hace un minuto.

Qué hermosas luces, qué ciudad de juguete,
qué alta nieve incendiada,
qué abetos que enamoran.

Te lo regalo todo.
Tienes los labios partidos. O los míos.
Y algo relumbrará por detrás de las máscaras.

AMOR EN LA METRÓPOLI

I

Al despertar el calor
de tu cuerpo desnudo
y panecillos de pasas recién hechos,
cuyo aroma saboreas primero.

Abrigándonos
una manta hecha trizas

y una coraza resplandeciente de tortura.

MUERA LA TUTELA. ABAJO LA CANINEZ.
VIVA LA PESTE.

2

Las revoluciones más hermosas de mi vida
las he vivido contigo
tus muslos enlazando mis caderas
tu risa abrazándose a mi risa
los dos girando más deprisa que ambas
y enredándonos sin remedio en la luz cremosa y dúctil
del estudio de tu padre.

3

Felicidad: una herida en la memoria.

PRIORIDADES

I

En julio todas las almendras son
inapagablemente hermosas
oblongas incitantes predilectas

Con mi compás de armonía mido
su excéntrico círculo de anhelos:
victoria de lo aleve

Se dice que duermen sin sueños
no puedo creerlo.

2

Hace falta ser profesor de filosofía
para emplear la palabra *desopilante*
Hace falta tener ojos de ratón
para celebrar el humor de un lema previo de Euclides
Hace falta enamorarse de un clavo
para abstraer la materia de la forma
Hace falta atropellar a un rincón
para apearse del eterno retorno
Hace falta intimar con una lechuga verde
para valorar su ternura y entereza
y sentar entonces con lúcida ataraxia
esta declaración formal de rebeldía.

LAMENTACIONES DEL AMANTE PERRUNO

Es verdad que le gusta mi hocico húmedo
y la puerilidad de mis patazas ansiosas.
Le hago gracia. Y entretanto me abraso en pasión muda.

Es ya una artista del olfato
y lamentablemente no puedo impresionarla por ahí.

En invierno rastreo embalajes abandonados
para su pobre estufa.
La duda entonces: ¿me ama por mí mismo?

Ella ama a un tigre
y detesta las orejas gachas.
No sé cómo consigo engañarme a mí mismo.
Ella ama a un tigre.

Me sitúo detrás de la persiana
para que el sol raye mi piel raída.

PROGRAMA PARA DESOLLADOS

Evitar entonces la retórica del escarnio
la sopa tibia de la compasión
que tan caritativamente te otorgas a ti mismo
la atlética ansiedad que te sigue y te persigue
sin derribar ni una valla
la angustia pudorosa
 guiñando sus púdicos pecados tras un velo oriental
las sabandijas solares
que colonizan el sueño
y las cazuelas de setas guisadas por una bruja
enamorada de tu omisión

Salir así a la calle arrastrando los colores
sagrados del otoño
quemarte los dedos con la ira del justo
ajusticiar a su sobada justicia
predicar y prevaricar en el desierto
para quien con apetito te siguiere
llegarte hasta el molino loco del amor
y preguntar su nombre o si ha pasado alguien de eterno
aroma inolvidable
por este ácido mundo o por los otros.

FIRMES PROPÓSITOS EN EL PRIMER DÍA DEL AÑO
QUE COMIENZA ESTE DÍA

No enamorarme por tercera vez
de esa mujer que no me quiere.

Aprender a leer de una maldita vez.

Dejar de peinarme
como un notario del siglo diecinueve
en una ciudad española de provincias.
Dejar de medir el té a cucharadas.

Renovar el propósito
de no poseer nunca un automóvil.
Renovar la suscripción
a las revistas donde aún se escribe
revolución sin comillas.
Escribir al poeta Miguel Suárez, que me ha regalado
mi jerséi bretón favorito. Beber
con el unas cañas en Valladolid
por procedimiento de urgencia.

Intentar
no encanallarme. Como digo,
aprender a leer.

No enamorarme por tercera vez
de esa mujer.

EL AMANTE, CON HUMILDAD MAÑANERA,
SE ASOMA AL APOCALIPSIS

Y no reconocerte ni olvidarte.
Cuando nos azoten
con el mandilón abrupto de la sangre,
cuando nos borren de este mundo
con la bayeta de sal.
Cuando nos deshilvane pulcramente la extrañeza,
cuando vomitemos vencejos vivos,

cuando por la ventana
del patio transparente
atisbemos a la fiera escarlata
que tiene siete cabezas y diez cuernos.
Cuando todos los olmos mueran
de su modesta peste, cuando un mal viento
doble todos los húmeros
en ángulo recto:

no saber reconocerte
ni querer olvidarte.

ÚLTIMO RECODO DEL CAMINO

Te he enjugado la frente,
besado he
la sal de tu sudor.
Dame la mano.

Tu cuerpo es un sendero
de estas montañas.
Es tan claro tu cuerpo
como la risa.

Torrente, verdad suma
del corazón.
Vértigo puesto en pie.
Dame la mano.

DIURNO JARDÍN, JARDÍN NOCTURNO

En el jardín nutricio —estrictas lechugas civilizando fuentes neoclásicas— cada gesto dice entrega, cada corola la consumación del amor.

Hiriente la perfección, hiriente. ¿Secas los pétalos para protegerlos? ¿O para protegerte?

Penetrarte por cada poro. Absorberte también así.

Tu falda negra y morada, perfección dolorosa de arquitectos.

La historia con su síncopa progresista de puñetazos en la boca del estómago: veinte millones de muertos en la guerra que fue mañana. A Iskra y a su madre las ahorcaron juntas.

No hay ya otra forma de violencia que la dulzura en la piel de tus muslos.

El riesgo impredecible de encontrarme en tus ojos.

Tu columna vertebral cuajada de flores nocturnas.

Sudor, ofrenda a regañadientes de la noche, cuando corro para alcanzar el penúltimo metro a la una y veintinueve.

Por detrás de la almohada, tenue y lejanísmo, siento cantar un grillo desde alguna pradera de tu amor.

Tu cuerpo desconoce los senderos marchitos.

Te espero, ya sin miedo a la pérdida, en la ardua ribera de nuestro manantial sólido. No llevaré la mochila cargada de rocío, pero te prometo que tampoco estará vacía.

LA LIBERTAD ENJAMBRA

> Paseando por la Alhambra —Castillo Rojo—
> contigo, contigo y nada más que contigo.

Aunque detestas el paternalismo bienintencionado de los cipreses, tú no puedes ser más que de un jardín.

La colmena y el bancal intercambian embajadores. La libertad enjambra.

¿Sabes respirar como respira un gato? ¿Y respirar como respira un gato tendido al sol?

Nos gusta que los seres que amamos tengan los huesos alegres y el aliento íntimo. Su fortaleza no es una excusa.
Los placeres no generalizables me ponen nervioso.

La inmortalidad de la carne no es un dogma: es una turbadora promesa por la que salen espontáneamente fiadores el cuerpo de la flor, el de la fruta y el de la amiga.

Poesía no es palabra desencarnada, sino palabra pronunciada por un cuerpo. El calor de la poesía es esa extensa temperatura corporal que funde los tiempos y amalgama los espacios. Fonemas floreciendo, rebosando, ardiendo en el mediodía de tu cuerpo.

Poesía no es palabra ensimismada sino palabra compartida. No es palabra empozada sino andarina palabra de valle, de ladera y de cumbre. Es palabra enhiesta en la victoria de una ascensión compartida.

La literatura, en cambio, es angosta. Cuando te tomo de la mano ya no cabemos dentro.

El deseo de poder disponer las trochas por donde va a caminar nuestro amor. (A la espalda de tales jardineros, inmodestos pero meticulosos, el monte apenas logra reprimir los pujos de risa.)

Una muchacha que pasa dice: «esto está más seco que el ojo de un tuerto», y me pregunto a cuál de las soledades se refiere.

No soy siervo de nadie y tú eres mi dueña.

La intimidad del interior del fruto y la eclosión del espacio. Yo no sabría vivir sin ti.

Yo ya sé que de amarte nunca se regresa.
　　Emilio Pedro Gómez

Ayer fuimos y mañana seremos él y ella,/ pero hoy somos el sitio donde es posible hallarlo todo./ Quien pierda hoy algo puede buscarlo aquí.
　　Roberto Juarroz

Contigo todo tiene nombre.
　　Félix Grande

LA ESPERANZA VIOLENTA

(AÑOS OCHENTA)

LA ESPERANZA VIOLENTA

Ver a través del rostro azul
la soberana libertad del cielo
su voluntad aposentadora de espacio
de morada para lo que se alza

Tocar en la carne enamorada y en el agua
la explosión interminable de la rosa
la insurrección material de la poesía
y el puro tormento de los dioses vivos

Ancestralmente los seres hemos sido
puertas del otro ser
signos del otro signo
lenguas en el incendio vertical de la noche.

OTRO RITMO POSIBLE

Un buen verso
no sacia el hambre.

Un buen verso
no construye un jardín.

Un buen verso
no derriba al tirano.

Un verso
en el mejor de los casos consigue
cortarte la respiración
(la digestión casi nunca)

y su ritmo insinúa otro ritmo posible
para tu sangre y para los planetas.

SERVICIOS MÍNIMOS

No me conformo con menos de tres mundos,
vaya usted a saber por qué.

Y no me conformo con menos de un amor
de los que desvencijan las órbitas celestes
cambian los nombres de todas las ciudades
quitan el sueño cuarenta días y cuarenta noches
tornan vergel el desierto del asceta.

No rebajo ni una peseta ni una hora
de las cinco condiciones que imponen los sindicatos
para negociar con el gobierno tras la huelga general.
Con menos no me conformo.

Mi vergüenza
le sube el color a un continente y medio
mi miedo hace sudar tinta al calamar gigante.
Son exigencias mínimas.

Y aunque se suba usted por las paredes, caballero,
en el hipermercado
no pienso firmar ni una condena a muerte más.

NO CONCLUYAS

I

Haz nacer un oriente de lo oscuro,
la viña fiel de la sombra.
Revela el iris de la nuda imagen.

Cristal colmado y quebrado
toda mediación. Agonizante a ráfagas, álzate
en la voz. Inventa
la cañada y la aurora del encuentro.

Nacer, nacer, nacer interminablemente.

2

Para hablar y callar
con la resonancia justa
desciende a un pozo.
Arrópate en el frío solamente.
Haz amistad con designios
que los demás despojan.
Haz conjuros infalibles
y no fíes en ellos.
Apiádate del sueño talado.

El amor
no ha de quedar al margen de estas tareas previas.
No concluyas.

SEDICIOSA PROCLAMA PARA LAS GENTES DE LA MUY NOBLE VILLA BURGALESA DE ROA

Y la violenta fragua
de nuestra derrota.

Y el molino loco
de nuestra rebelión.

Y la plaza desnuda

de nuestro poema.

Y el soto luminoso
de nuestros amores.

Y la era inabarcable
de nuestra carcajada.

LOS TRENES SON DE LOS ENAMORADOS

En su puntualidad la vida cobra
la dimensión diáfana del amor: ser llevados en algo
que nos sobrepasa, hacia un destino cierto.
La purificación de la impaciencia. El transparente temblor
de la esperanza. Los trenes
son de los enamorados. Quien nunca
haya viajado en tren a una ciudad lejana
donde aguarda la amante o el amante
nunca ha viajado en tren.
Hacia ti. La caricia de la nieve
sobre los campos. Deseo de una rosa
roja.

EL VESTIDO MAS HERMOSO

El mejor vestido para mi cuerpo
es tu cuerpo desnudo.
El mejor vestido para tu cuerpo
es mi cuerpo desnudo.

Vestido así
no tengo ganas de desnudarme
nunca.

LA AMANTE 1

1

Por encima del pan puesto en la mesa
ella tiende
la dimensión exacta de un latido.

Cada gesto completa
otro gesto tronchado en días idos
que creímos deforme para siempre,
torpeza amontonada en nuestra carne.

Los grillos se aparean con los pájaros.
La noche ensaya un laberinto simple.

De repente nos son restituidas
las manos, y podremos
acercarnos al pan.

2

Que se haga presente la extensión
total de la aurora, sin ritmos y sin llagas.
Encontrarte en lo amargo del café
o en la piedad de Cesare Pavese.
Detrás de la atención y detrás del sueño,
constante. Que el día esté tejido
con tu aliento y que tu voz
duraderamente acompañe sin palabra.
Que tu realidad
torne fatua la invención de nuestra historia.

Que despertar por fin

sea el don asombroso de tus labios,
a veces.

CAMINAR HACIA TI

bordeando un nevero
o trazando la orilla vertebral de un ibón.

Tu voz, nómada aún en zonas imprecisas
de la memoria. El olor de tu cuerpo dilatando
un pañuelo morado. Ilimitadamente
las cumbres comunican con los valles.

Lascas de vértigo que recojo
para fabricar herramientas y caricias.

HABRA QUE TRABAJAR EN ESTE BOSQUE

Cuando te quitas la blusa
dan ganas de cantar.

El deseo, nuestro alimento transparente.
Dan ganas de desplegar
hayedos en los balcones.

También la ausencia, para completarte
por el lado de las estrellas.

AUSENCIA DE LA AMIGA EN ZAMORA

Enmudece mi cuerpo sin tu cuerpo.
Mi soledad se confunde si la tuya
no la limita o apremia o acaricia,
si el brocal de tu vientre
no convoca frescura, si la noche
está tan huera de ecos.

Dulce, dulce es el nombre que esta aurora
inventaré para ti, lejana mía.

LA AMANTE 2

I

En la dignidad de una alcoba desnuda
quiero poseerte.

Ni una planta siquiera,
porque en ese instante somos del desierto.
Barrancos amordazados, alquileres imprecisos.

El verano en el frescor extraviado de tus brazos.
La delicia de no comprenderte
durante un instante. Cómo podría alejarme.

Y hay de repente
algo abrupto en tus manos, y te amo.

2

La voz parece arraigar en los pulmones.
Recorro sus raíces en el interior de tu sexo.
Te beso los labios
del rostro y de la vulva.
Me tiendo sobre ti para no oír tu voz
desde la boca, sino para sentirla
en lo más hondo de tu cuerpo.
Déjame levantar el triunfo de tu hálito
por encima de los tejados de la ciudad.

Te amo porque en ti
todo tiene palabra

y en su frontera el silencio
ungido, terrible, manantial.

LA TERSURA DE LA ENAMORADA

Velar frente a tu cuerpo no como frente a un espejo: como frente a una puerta.

Noche ventral iluminada por tu cuerpo. No sé acabar las frases que comienzas tú.

Recorro el estupor de las avenidas de tu cuerpo. Poseer es un acto de debilidad.

Tu sexo como una boca nocturna abierta contra mi piel, por la que inhalas y exhalas el oxígeno de los sueños. Déjame abrazarte antes de la desecación de la noche.

Noche ventral iluminada por tu cuerpo.

Agua sólo quiero de tus labios de musgo. Luna, de tus pechos.

Tu cuerpo, vértice de existencia donde se cortan el tiempo y el deseo. La certidumbre tangible —acariciable— de poder no olvidar.

En cuántas noches de soledad, aún por venir, podré arrebujarme en la película de calor que hoy he robado nupcialmente a tu cuerpo.

Noche ventral iluminada por tu cuerpo.

CONTRA LA TRAICIÓN

Si me extraviase tan absolutamente
como el tesorero de abyección
si negase
que en el vasto lenguaje simbólico del mundo
alienta el delirio de un amor ingobernable
sin otro apetito que su transparencia
si acariciase las romas vértebras del verdugo
si de sopetón me durmiese por un siglo
si no supiese quién soy
como un grano de sal condenado a muerte
si asesinase a un gato
para ganar la lepra en algún sedicente paraíso

bastaría que me rozara un dedo tuyo
la resurrección de un sólo dedo tuyo
para regresarme.

CONTRA LOS CELOS

Lo dijo la mujer de un político español
de aquella patria que fue la Segunda República
y yo lo adapto *mutatis mutandis*:

—Si yo la quiero tanto,
¿cómo va a extrañarme que los demás la quieran?

CONTRA EL OLVIDO

Vivir cada presente rescatando
todos los presentes ya vividos.

Que no borre este amor
ninguno de los amores anteriores:

cada uno de ellos prefiguraba éste
desde la llaga o la transparencia.

Estancias de una casa en cuyo patio
conversas toda la noche con la luna.

CONTRA LA MUERTE

Un único conjuro
amor, contra la muerte:
comunidad. (Palabra sin veneno
pero a menudo endulza
los venenos mortales.)
La repito no obstante, la sostengo

como un planeta tibio
recién nacido:
comunidad.

El frescor de tus brazos y el himno
de la conversación entre seres libres.

LA PARTIDA

Última noche en la ciudad sin lejanía.

Plenitud del misterio.
Absuelta de la duda,
agua aún quieta en las fuentes
soñando el retiro de lo hondo, lo azul
inefablemente dulce, la palabra de la noche.
Desperté a la luz que dormía
y la extendí sobre la amante.
(Cómo asir
el don precioso e incierto de la aurora,
a la fiel mano blanca
cómo dejarla marchar.)
Sacudí el sueño afiebrado del aire,
dispuse los primeros caminos y los últimos,
besé los cimientos del fuego:

y el viaje abrió su largo corazón de vigilia.

27 MANERAS DE RESPONDER
A UN GOLPE

(1989)

> Escribir no es un deporte. O se mata uno en cada línea de su vida, o no escribe.
> MARGUERITE DURAS

> Si me dieran a elegir/ entre diamantes y perlas/ yo elegiría un racimo/ de uvas blancas y negras.
> NICANOR PARRA

> Por lo demás, hay que cambiar la vida.
> VOLKER BRAUN

I

He vivido en la superficie de las cosas.

Mas viví también por fortuna
en las palabras. Ellas iban
incorporándome a la lentitud
penetrando las estaciones de mi piel
dilatando la malla amarga de los días
rastreando el frío y el calor en los seres
zambulléndose en el amor hasta salir al tedio
en el tedio hasta dar en la esperanza
en la esperanza hasta emerger en el asombro
sin yo quererlo o porque lo quería.
Las palabras
maravillosamente
incapaces de compromiso.

No soy un juglar de la descomposición. Acaso
amo sobre todas las cosas
el lugar del canto del pinzón
la aérea ebriedad de las mimosas
y el minuto con memoria del beso de los amantes.
Pero hay que ir hasta el fondo

correr el riesgo
de abrasarse en la resistencia de las cosas
—para sacar acaso la cabeza
al otro lado del espejo
o en el frescor de un nuevo meridiano—.

2

El rocío suplica a la montaña
que se quite la sal de los labios:

pero a ella están talándole las faldas,
no tiene tiempo.

3

Desde hace días han desaparecido
las africanas que vendían maíz cocido
en el mercado de la *rue Dejean*.

Extrema quietud la de los niños negros
fajados a la espalda de ellas
con la ventrera, un arcoiris pobre.

Y ya que estamos hablando de colores:
el interior de este silencio es rojo
como un corazón arado.

4

Al individuo con sus correas ásperas
con su boca tapiada
con su triste inmunidad
aléjalo de mí.

Hemos nacido para soles más limpios.

Y no dejes de escribir
tu fiebre por las paredes.

5

¿De qué estábamos hablando?

(Pese a su título, estas páginas
nada tienen que ver con un curso de defensa personal:
son acaso una conversación
desgarrada entre los dientes y el tiempo
y vuelta a comenzar. Cosa que ya sabías.)

En realidad lo que quería decirte
lo tiene escrito ya Nicanor Parra:

todo lo que se dice es poesía
todo lo que se escribe es prosa

todo lo que se mueve es poesía

lo que no cambia de lugar es prosa.

Lo más urgente, poesía con valor de uso.
Lo más nefasto, poesía sin valor para el cambio.

6

Las raíces de la referencia
según excelsos filósofos y poetas sublimes
cercenadas:

socorro.

La poesía
prolonga la realidad
cuando ésta cesa justo antes de lo mejorcito
por pura cabezonería.

La poesía
despliega haces de realidad paralela
cuando la realidad se niega a ver más allá de sus narices
de modo injustificable.

La poesía y la realidad
intersecan continuamente
en puntos líneas planos espacios de muchas dimensiones.
Son las geometrías de la risa incoercible
y las del sufrimiento.

7

Nunca, jamás me vuelva a decir nadie
que el fin justifica los medios

o sintiéndolo mucho no respondo de mis fines
ni de mis medios
ni muchísimo menos de mis actos.

***

Cierto que hay ansias de pureza
neuróticas. Seguro
que lo son casi todas las ansias de pureza.

Pero no lo es menos que la mierda mancha.

8

Renuncia al centro.
El sol succiona la sangre de los muertos; la acuña
en monedas de luz con que engaña a los vivos.
La gran ciudad diluye tanto el sueño
que éste deja de reparar fuerzas y purificar el sudor;
en la gran ciudad el pan supura arena;
los ojos de las mujeres se vidrian de mudez.
Renuncia al centro.

Un punto que no existe imanta todas las miradas:
mientras tanto se siegan cuerpos
los árboles pierden la memoria
las parturientas mastican cristal.
Renuncia al centro.

Puedes buscar las manos fértiles de los ancianos
las manos inventoras de los niños
el gozoso misterio en las manos de tus hermanos y hermanas:

renuncia al centro.

9

No dejes nunca de desconfiar de las instituciones

No dejes nunca de confiar en las personas

No dejes nunca de confiar
en que las personas
crearán instituciones
en las que quizá podrás dejar de desconfiar

No dejes nunca de desconfiar
en que el triste proceso
por el cual las instituciones
cambian a las personas tristemente
pueda ser cambiado

No dejes nunca de confiar en las personas

No dejes nunca de desconfiar de las instituciones.

10

(Y perdona que alargue un momento más la prédica
pero tú ya sabes el tono zumbón con que hablo
hiperbólicamente desde mi casa en ruinas:)

Piensa
no solo con la cabeza

Piensa también con los brazos
con el vientre
los pulmones
el sexo

Piensa también con los brazos
de tu compañera
con su sexo
sus pulmones
su vientre
su cabeza

Piensa también con la cabeza de tu amigo
con su vientre y su sexo
con sus pulmones y sus brazos

No dejes nunca
de pensar con la cabeza.

11

Y te digo una cosa más: donde encuentres la raíz de una verdad
aférrate a ella
porque se trata del más infrecuente y valioso
de todos los tesoros.

Y donde encuentres la raíz de una verdad
no temas soltarla
porque, como cualquier tesoro, la perderás
si te empecinas en aferrarte a ella.

12

Gruesa, gruesa la lengua de ceniza.
Y pesado y pegajoso el canto
que ella masculla susurra deletrea.

Importuna la lengua de ceniza.
Como castigo le prenderemos fuego.

13

Los hay que mueren de silencio
de tragarse demasiadas palabras y del cólico fenomenal que sigue
y los hay que mueren por hablar demasiado
pues las paredes —al contrario que las tapias, que están sordas—
    oyen.

Los hay que mueren de cansancio
de todo lo que hay que cambiar para que nada cambie

y hay quien muere de aburrimiento
en esta feria universal donde continuamente ocurren cosas
y nunca pasa nada.

Hay quienes mueren de miedo
ante la mera sospecha de que podrían darse de bruces
con la verdad de sus actos
y hay a quienes les da tanto coraje
que alguien pudiera sospechar que hay una verdad tras sus actos
que sencillamente se mueren.

Los hay que no mueren nunca
porque ya están muertos.

14

Los dedos de los muertos me dibujan
ruina en el pecho, en los muslos, en la frente.
Con una fresa entre los labios recorro
la playa destruida.

¿No es capaz nadie de limitar los aletazos
el carnicero tatuaje de una codicia anal?
¿No hay amistad militante río arriba?

Imágenes sin memoria vampirizan
mi canija vigilia. No me ausento
en dignidad distinta del rechazo.

15

He perdido la partida.

Me confié, subestimé las fuerzas
de mi adversario. ¿Cómo no hacerlo?

Grande era cual fronda de destrucción, profundas
sus raíces invisibles; pero tamaño goce en la muerte
desafiaba la imaginación.

Los primeros intercambios de golpes
fueron casi un juego, un modo apenas hostil del conocimiento.
¿Queríamos estrangularnos o abrazarnos?
La situación parecía abierta y los momentos decisivos
aún por venir. No me daba cuenta
de que habían pasado ya y cada minuto perdido
redundaba en beneficio suyo
sumaba hierro y cieno a mi derrota.
Mi implacable adversario
economista del tiempo
feroz equilibrista de lo irreversible.

Estoy perdido.
La falta de imaginación me condenó.
Ya todo el tiempo restante se lo descuento a la muerte.

16

Los esclavos
según el muy sabio estagirita
herramientas que hablan

pero la historia no transcribe
ni una sola palabra
de su fuego mellado.

¿De qué color el grito de Espartaco
el de Euno de Sicilia?
¿Y cómo se llamaban aquéllas
de las que ni siquiera se conserva el nombre?

Gladiador el combate está amañado
lo están todos los combates
salvo la vida o muerte
contra el poder de Roma.

17

La esperanza ya ausente de un rostro libre:
el cielo ensangrentado se agacha y lo besa.

La larga caravana de los carros
atestados con enseres inmemoriales, urgentes
apunta hacia una estepa donde se ignoran los nombres.
La derrota tiene latidos quebradizos.

El pasado es ya una casa donde la nieve
va cubriendo las colchas y la mesa.

Un rostro libre, ya bruñido de éxodo.
Yo no lamento
haberle sostenido la mirada
diecisiete años antes de mi nacimiento.

18

La posguerra por ejemplo en Grecia
es una guerra que se prolonga
por ejemplo dentro de un campo de concentración.

Yannis Ritsos
garrapatea papeles desgarrados
en los retretes o bajo la manta.
Después esconde los poemas
en botellas vacías que entierra
por si la guerra finalizase algún día.

Los dibujos sobre las piedras
mantienen a raya a la locura.

La posguerra, esa guerra inacabable.

19

A París, una ciudad que no existe,
me llega la noticia:
                Berlín
ha desaparecido.

¿Quién da un paso hacia el centro del invierno?

La angustia dúctil se me enrosca en el vientre.
Hoy tengo ancianos los ojos cuando todo

todo está aún por hacer.

10 de noviembre de 1989

20

Mientras los escolares de Berlín Oeste
andan a la rebatiña por un pedrusco del tan frágil Muro
la guerrilla salvadoreña lanza una ofensiva para derribar al go-
    bierno

Los telediarios franceses alternan
cinco minutos de momentos históricos
con cinco minutos de publicidad.
¿El siglo de las guerras civiles
desemboca realmente en Wagner?

Bienaventuradas las multinacionales
porque ellas heredarán la Tierra.

Noviembre de 1989

21

El tumor le deformaba el vientre
como una teta monstruosa.
Hoy ha reventado.
El hedor inunda toda la casa.

La perrita *Asphodèle* agoniza
con los ojos abiertos
al vacío de todas las preguntas.

Pronto la intravenosa de sombra
apagará el dolor sorprendente de ser.

El mundo está enfermo de soledad.

22

Por una diagonal sin esperanzas
escapo al cielo.
César Vallejo en París, César Vallejo quebrado
crucificado en la lluvia.

¿Quién imantó el privilegio?
¿Quién injertó la dulzura? ¿Quién retiró la mesa?
¿De quién son estas manos que sorben los colores
y este cieno inservible para crear un hombre?

¿Y en qué momento vas
a sublevarte…?

Un rostro desarbolado por la angustia.
El agua densa en este río
de márgenes violentas. El río reconoce a su madre la cloaca.
De compasión le estallan al indio los pulmones.
La lluvia borra los ojos. No reconozco nada.

23

El dios egipcio Bes
tiene la barba hirsuta y las patas cortas
cola de león
greñas espeluznantes
y rápidas muecas torvas le alborotan la jeta.
Nadie lo tomaría por un dios
sino por un demonio muy poco frecuentable.

Y sin embargo Bes
es el más amable de los dioses:
ayuda en los partos
promueve la belleza de las mujeres
protege a los durmientes
y siembra alegría por todas partes bailando y tocando música.

En la fealdad suma de este benefactor sin tacha
veo la prueba suprema de su delicadeza de espíritu:
como verdadero artista que es
no ha querido ponernos las cosas demasiado fáciles.
A su lado el apolíneo violador Apolo —por poner un ejemplo—
se revela ridículamente insensible para el matiz
y su grosera suficiencia asesina
—sea en asuntos de canto o de mujeres—
no corresponde a una persona discreta
sino a algún hampón de altos vuelos en un bar de alterne.

No adoraré nunca a Bes
pero le daré la mano

y apenas se presente ocasión me iré de vinos con él
por alguna ciudad de calles fértiles.

24

Unos pocos hacen historia:
los más la sufren.

De tanto en tanto quienes sufren la historia
tras sufrir demasiado
se exasperan, y eruptivamente
se echan a la calle a hacer historia:
son días de grandes borracheras
grandes carnicerías
grandes revoluciones.
Días que son horas y luego son minutos.

Después, quienes hacen historia
recuperan las posiciones
desde las que pueden hacer historia.

¿A ti qué te parece:
podemos desuncirnos de esta noria?

25

De repente el olor de las mimosas
como una antorcha que respira o como
una ola inmemorial que besa
la desnudez expectante de la playa.

No es más que la puerta
que se abre, pero pone en movimiento
un aire donde cuaja
toda la dulzura de este precario otoño.

26

Lo pueden hacer muchos,
pero nadie lo hace: entonces hazlo.

Si no lo puedes hacer más que tú,
artesano, tus manos me dan frío.
Enseña a hacerlo a otros.
Que no enmudezca tu casa.
Que la memoria zumbe sobre rosas y asfódelos.

Si se rompe ese hilo
está perdido todo.

27

DUM SPIRO SPERO:
me defiende defiendo
mi cabrona esperanza
mientras me quede aliento.

> La historia parece llevarnos en su vientre
> Sin duda se ha olvidado de parirnos.
>
> Mircea Dinescu

La sublevación popular en Rumanía marca el desenlace trágico de un siglo trágico: en ese horroroso baño de sangre culmina el siglo de las guerras civiles y la tragedia proletaria del estalinismo. Casi es ya un lugar común señalar que el siglo XX acaba —a efectos históricos y no meramente cronológicos— en diciembre de 1989. Se abre una nueva época con los augurios más siniestros imaginables para los oprimidos y los desposeídos, con las exactas premoniciones de muerte del planeta a la distancia de nuestra respiración.

En este mundo vivo. De estos sufrientes querría —en algún mañana casi inconcebible— ser hermano. En esta tierra martirizada afirmo los pies. Hay una memorable máxima de Brecht —recordada por Walter Benjamin en sus anotaciones de Svedenborg— en la que hoy conviene hacer hincapié: no conectar con el buen tiempo pasado, sino con el mal tiempo presente.

Escribir —también escribir poemas— puede ser una forma de obrar. Quizá a la manera del judío rumano Paul Antschel: «Estábamos muertos y podíamos respirar».

29 de diciembre de 1989

BAILA CON UN EXTRANJERO

(1990-1991)

A qué falsas modestias: yo no me tengo en menos que un gato. Cualquier persona goza por lo menos de siete vidas, más otra docena de ellas soñadas, imaginadas, negadas o en espera de liberación. Desde tal punto de vista, no parece completamente ocioso ir trazando, con línea muy fina y discontinua, estas carreras de la vida. Sin la más mínima pretensión ejemplar: creo que no se trata de imponer ejemplos sino de proponer experimentos. En estos experimentos de subjetividad humana, las palabras llevan lejos. (A veces tan lejos, dentro de las pistas y los bosques de la vida, que ya no se sabe volver.) El lector o la lectora, por su propia cuenta y riesgo, decidirán hasta dónde quieren acompañarlas. A veces la mejor ayuda que puede prestarse a un corredor es echarle la zancadilla.

Zaragoza, 27 de enero de 1990

¿La vida no es al contrario la suma infinita de cosas pequeñas, que existen fugazmente, que nos rodean, que nos acompañan y que nosotros olvidamos, ignoramos, pisamos, destruimos por falta de amor?
    GIULIA ADINOLFI

… la superficialidad de quien sólo ama los fines…
    MIGUEL ESPINOSA

Y el amor es como una oración callada
cantada para los vivos
por los muertos.
    BARRY CALLAGHAN

… a pesar de que tengo alguna experiencia en viajar por la nieve y hasta de acostarme en ella por la noche para descansar.
    ANTONIO GRAMSCI

I

CURRICULUM VITAE 1

De niño me tentaba escapar de casa. Pero me decía a mí mismo que antes de aprender a manejar un abrelatas, leer un mapa y dar cuerda al reloj no podía aventurarme en solitario a correr mundo.

No me escapé nunca de casa. No uso reloj. Ya sé manejar aceptablemente un abrelatas y no me oriento mal con ayuda de un mapa, pero no me escapé nunca de casa.

No leí a los sacrosantos Pound y Eliot. Leí al niño de Charleville y olvidé su obra completa en un beso. Por eso me atreveré algún día a decirte: no busques cómplices. Mejor creer en un Dios barbudo que divinizar manuales de retórica. Pero ni en tal caso esperes salvación. No mendigues nunca.

Entonces, huye.

CURRICULUM VITAE 2

Elegía, intentando tener constantemente presente la arbitrariedad del principio de elección. ¿Qué hay detrás de un *sí* o de un *esto*? El espesor de una voz, la lumbre de un cuchillo, en el mejor de los casos la tibieza de un abrazo infantil.

El sueño comenzaba río arriba y su tormento se dilataba en la inacabable ficción del retorno a las fuentes. No hay crines más mortíferas, no hay lugar más inane. Su desesperación se trocaba en instantánea herejía, la herejía en alquitrán tibio, el alquitrán en grito perforador de un tiempo enfermo.

A menudo, al despertar, era incapaz de reconocer nada. Conseguía sosegarse en aguas profundas. Sólo le enamoraba la belleza de la virtualidad.

VIDA EN LOS SUBTERRÁNEOS

Donde la luz no abrasa ni el aire
oxida. Donde florecen sentimientos anaerobios
con todo el esplendor insolente
de una interioridad nueva y bactericida.

Las arañas blancas y los caimanes ciegos.
Vida en
los subterráneos, rosas de gas,
dolorosos coitos encastrados en la veta
del mineral más puro,
canciones y mitos como pozos artesianos.
150 canales de televisión por cable.
Tan dulce acariciar
tu vientre de antracita, tan extraño gozarte
en esta repetible belleza de lo estéril.

Vivo en los subterráneos.

A SONG OF EXPERIENCE

Una sórdida
forja. Un severo jardín de los metales

donde las espadas son arados
y los arados espadas
indisociablemente. La tosquedad asesina

del bronce, la ácida avidez del hierro
contra la lengua, la malsana belleza
del mercurio pulido
progenitor de monstruos.

Metal hirviente
que sólo puede ser moldeado con las manos.

ALIANZA

Caminas en el interior de la piedra.
A ciegas, mas con extraña precisión, ajustas
el fulgor y el silencio.
Está creciendo en ti
un amor aterido de locura. Tropiezas
una vez y otra
en el interior de la piedra.

La servidumbre existe, igual que la alianza
del fulgor y el silencio.

JUVENTUD, DIVINO TESORO
(CURRICULUM VITAE III)

Cuando adolescente, quería tener un sombrero hongo negro. Supongo que ya entonces estaba bastante maleado por el maestro Magritte. En cierto momento lo compré en un comercio de la Plaza Mayor. Oculté una cuchilla de afeitar desnuda en la banda interior del sombrero. Juguetear con la idea del suicidio, entonces, no producía otra cosa que un leve escalofrío estético.

Había olvidado el hongo negro, y hoy me volvió a la memoria. Meditando en sordina sobre el mundo actual y su posible configuración en el cercano final de siglo, en este obsceno siglo de los genocidios industrializados y de las guerras civiles planetarias, me pareció obligado llevar en todo momento sobre mí los medios para un suicidio rápido y no excesivamente doloroso.

Sentí un acerado escalofrío: pero no precisamente de naturaleza estética.

PARA NO ASUSTAR AL PUEBLO DECLARAMOS LA GUERRA

Para no asustar al niño le conté una mentira.
Para no asustar a su madre la violé en la escalera.
Para que su marido no se asustase tuve que asesinarlo.
Para no asustarme he escrito estas líneas
con mi propia navaja
ya clavada en el vientre.

VENDRAN LOS DIAS CON SU POLEN NEGRO

No antes de la última batalla
comenzarán a sangrar los monumentos.
Vendrán los días grávidos de su pesado polen.

Sospechar lo humano y encontrar la araña.
Sospechar lo humano y encontrar el cieno.
Sospechoso, lo humano.

El otoño va a ser atroz
de todas formas.

VIGILANCIA INTENSIVA

1

No era capaz de vivir sin prolongar las líneas hasta encontrar el lugar de colisión con el horizonte, el punto de fuga. La aberrante desproporción entre presente y futuro le quitaba el sueño, la irreconciliabilidad entre futuro y pasado le aterraba, el incesto entre presente y pasado engendraba en su fantasía espectros aguanosos de turbia madrugada. Ni la gimnasia matinal ni los precarios ejercicios de dialéctica en el autobús le ayudaban ya a encontrarse consigo mismo. Los rostros cada vez más entretejidos de metal y hueso, sin apenas memoria de la carne. Era, como digo, incapaz de vivir sin prolongar las líneas hasta encontrar el punto de fuga; pero cuando se disponía a emprenderla le atenazaba siempre una extraña parálisis.

2

Verosímilmente, en su torpeza para la automutilación radicaba la causa última de sus sufrimientos. Furiosos proboscídeos le obstruían las venas, pájaros infanticidas le abrían de repente alas enormes dentro del corazón. Así cotorreaban las estaciones inertes mientras su casa iba hundiéndose en una ciénaga de tiempo estancado.

CURRICULUM VITAE 4

Amé
a una heroína de la discontinuidad
y así me van las cosas.
No quisiera aburrirles con detalles prolijos.

¿Cómo me van las cosas?
Me van y me vienen
y cadentes candentes atraviesan
el cansancio del corazón que no se inmuta.
No quisiera aburrirles.

Forman la copa del dolor dos labios
indolentes; la apuran otros dos.
Créanme si les digo que en aquel caso al menos
yo no tuve la culpa.

LA VIOLACIÓN

¿Estás lista
para la ceremonia?
Vamos a ensartarte con la palabra *amor*.

CURRICULUM VITAE 5

>   ... digo que pasarán porque escribí
>   y hacerlo significa trabajar con la muerte
>   codo a codo, robarle unos cuantos secretos.
>   Enrique Lihn

I

Te das tan buenos consejos a ti mismo.
Lástima que tu arrobo
por quien tan bien discurre
haga imposible que puedas escucharlos.

2

Después de haber escrito treinta libros
caes en la cuenta Gran Masturbador
de que el mundo se pierde por los fondos
y con urgencia has de aprender a leer.

3

Lees libros para recolectar citas
mujeres amas para pergeñar versos.
Cadáver papanatas:
habrás de morir mucho para nacer un poco.

4

¿Qué hago tan tibiamente acurrucado
en la ciudad de la culpa?
Alguna vez me creí bueno.

Y qué hago con los pies de pana así empapados
con la memoria azul colonizada
extramuros siempre de la buena ciudad.

Triste, triste la exorbitante luna roja
y vergonzosas las calles cuando la moral
es cosa de héroes.

5

Mañana de noviembre
clara de crueldad. El sol me está soñando

pero incompleto: sólo en ese
inacabamiento de raíz
reconozco algo que podría ser un yo. Y determino
solidaridad con la vida de ese yo
a partir de este instante.

MONÓLOGO DEL TRAIDOR

Los silencios amueblados son albergues para el cobarde. Los animales mueren: no para instituir signos. El dorso de tus manos, un latigazo. Con largas agujas de acero voy prendiendo cadáveres del amanecer. Huelga de los trabajadores de la prosa (pero la carcajada de un sólo esquirol nos ensordece). Los animales mueren, voy prendiendo cadáveres.

SUEÑO QUE SOY UN GITANO MADRILEÑO REPASANDO LAS CICATRICES DE CASTILLA EN UN AUTOMÓVIL DE IMPORTACIÓN ROBADO

Amor mío, aterida, traicionada por mí, engurruñándote en erosionados lechos de hospital. Los silencios amueblados son la lujuria del impotente.

SUEÑO QUE LA ENORME TUBERÍA VOMITA CEMENTO SIN PARAR, EL NIVEL CRECE, ME CERCA, ME CUBRE

Escribo POESÍA: ABSOLUTO OPERATIVO. Y después de escribirlo tengo que olerme las manos hediondas.

EL CONCILIÁBULO DE LOS MUÑONES

Camino describiendo círculos. El sol revienta como un huevo podrido, el eje del mundo es un árbol calcinado. Sin querer piso y quiebro mis propios dedos

alguien tensa los hilos de mi desamparo. Brutal añoranza del movimiento: tengo los tobillos empotrados en una costra de presente seco

la alacena rebosa vida. Descanso en la perfección de las criaturas que nos sobrevivirán: en mis ratos de ocio he venido adiestrando un competitivo orfeón de cucarachas

las nobles escolopendras aman en cambio la inocencia y el frescor de las arterias. Insuperable, dulce aptitud de los insectos

han caído ya, definitivamente, las sombrías capuchas de la infalibilidad. Un sólo beso de nieve y se derrumban los hombros

pájaros carroñeros ávidos de cebarse en sus propios cuerpos podridos. Sólo la amenaza del anciano guardián, que blande su disciplinario chuzo como una cascada de garfios, los retiene

el mismo centinela ciego es amado por los niños

cómo abriga, en la irrevocabilidad del invierno, la sólita costra de papel de libros mascado y sentimientos de alquiler

darle la vuelta al pánico. Reprimir la compasión por su pataleante impotencia. Desescamarlo cuidadosamente

si los pulmones de la criatura no aguantan nuestra atmósfera de plomo y carbón, mejor dejarla morir. Así que desconecto la incubadora

con adobes de paja y sangre reconstruimos las cloacas, reparamos las prisiones. Sencillas son las ciudades del futuro, legibles y sencillas

el sueño nos oxida los ojos, pero no podemos dormir. Hoy no podemos dormirnos

atroces, indecibles, todos estos preparativos de lo humano.

A TRAVÉS DEL TÚNEL

En el túnel se sosiega la vertiginosa barahúnda de las imágenes. Camina más despacio. Apégate a la compañía de tus propios pasos.

(Presente en cada paso: como si éste te fuese a precipitar al vacío.)

Extinguidas las luces, se enciende la memoria.

A medida que penetras en el vientre de la montaña, tu violencia se transforma. Te aterciopela el contacto con las rosas tibias de oscuridad. Aquí la compasión no se castiga.

Caminas bajo tierra: cercano a los muertos. Puedes ser solidario con el dolor germinado, irresuelto, de aquellos cuyas vidas fueron cercenadas en flor.

Suspenso entre la vida y la muerte. Arropado en el silencio mineral, exacto. Por fin sin cuerpo, y por ende capaz de experimentar todo lo que ser corporal significa.

Ventaja de quien avanza en la más cerrada oscuridad: incluso el resplandor más nimio es perceptible.

La esperanza, entonces, es ese punto en el horizonte que nos perfora los ojos.

(Extinguidas las luces, se enciende la memoria.)

A una mano que tantea en la oscuridad, ¿puede algo provocarle más pánico que tocar inopinadamente otra mano?

Camina más despacio. La oscuridad contiene todas las direcciones. La prisa del caminante borra la meta.

MAÑANA DE PRIMAVERA EN BARCELONA

Los ciento cincuenta campesinos hindúes analfabetos envenenados por pesticidas en Rajtapura (alguien no supo leer las instrucciones de uso)
y el olor de la hierba recién cortada.

Los niños de Sierra Leona vendidos como esclavos para Gran Bretaña o Líbano (estamos, madre, en 1990)
y el olor de la hierba recién cortada.

Los alquileres pagados por emigrantes marroquíes a gitanos madrileños de La Veguilla para poder ocupar su chabola en el asentamiento (parece que se trata de diez mil pesetas, tampoco es tanto para los tiempos que corren)
y el olor de la hierba recién cortada.

El rostro de la vieja prostituta apostada frente a los escombros (las excavadoras van escribiendo el texto de la posmoderna ciudad alegre y confiada, MILLOREM CIUTAT VELLA) a setecientas pesetas el polvo
y el olor de la hierba recién cortada.

Y el olor de la hierba recién cortada.

CURRICULUM VITAE 6

Primero, un largo esfuerzo
por calibrar la verdadera estatura de los seres
árboles, vísceras, puentes y tristezas:
una lezna de objetividad
escribiendo en mi piel
las dimensiones del mundo.

(Es muy pequeño.)

Después, un largo esfuerzo
por ampliar el nido
la alcoba el estuario la ciudad el continente
con operaciones sentimentalmente complejas:
redimensionamiento de la subjetividad.
Es perfectamente arbitrario
pero perfectamente justo.

Lento el latido, mas en el pecho sueña un sol.

CONTRA LOS CURRICULOS

El artificio de la primera persona
El artificio de la segunda persona
El artificio de la tercera persona

Contra todo artificio
tu asombrosa presencia recíproca hoy, aquí.

II

ELOGIO DE LOS ARGENTINOS
Y LAS ARGENTINAS

Aborrecen el vicio de la puntualidad.
Son imprevisibles, como los amores
y las grandes catástrofes.

Se diría que entienden a Lacan.
Cocinan platos rusos de impronunciable nombre.
Cantan el castellano más dulce que conozco.

Sobrellevan con entereza admirable
la desgracia
de ser argentinos
(digo Perón
        Massera
                guerra de las Malvinas, vos sabés.)

Manirrotos, han regalado al mundo
a Julio Cortázar y a Ernesto Guevara
por ejemplo.

Nos entusiasman
a altas horas de la madrugada
con ruinosos negocios, dulce de leche, poetas canadienses
y caballos blancos que entran en el mar.

Y bueno, vos sabés.

ELOGIO DE LOS PEATONES

Ahora que los automóviles madrileños
alcanzan la exorbitante velocidad
de once kilómetros por hora
y todo hace prever
que se avecinan nuevas proezas de embotellamiento
y los récords de lentitud
seguirán siendo batidos
una y otra vez

qué delicia
caminar
mirar a las chicas
viajar en metro
sorprenderse de los nombres de las calles
comprar sellos y buscar buzones
sudar
caminar.

23 de febrero de 1990

ELOGIO DE LA ALBAHACA

Ahuyenta a los mosquitos.

Solidaria con los piñones, abnegada,
se sacrifica para que disfrutemos
de unos incomparables *spaghetti al pesto*.

En el súbito templo de su aroma
no está obligado a arrodillarse nadie.

ELOGIO DE LAS PALOMAS DE CIUDAD

Son las damnificadas del progreso.
Si les miras las patas, verás que casi siempre
les faltan varios dedos
o son meros muñones que caminan.

Aguantan con aplomo
su tópica condición de bestias líricas
(estereotipo que corrobora este poema).

Caminan meneando la cabeza
en un tictac nervioso
que traiciona honda inseguridad.

Para soportar la miserable plétora
la explosión implosiva de Madrid o Sevilla
hace falta ser rata, postciudadano moderno
o resignada y mútila paloma de ciudad.

ALABANZA DE LAS BABOSAS

Son caracoles sin concha,
vulnerables.

Avanzan
por entre bosques atónitos
a pecho descubierto.
Las hiere lo más nimio.

Las muy hermosas
tienen el dorso pardo,
naranja el expuesto vientre delicado.

Su reputación de frigidez
es por completo injusta:

de la lluvia disfrutan
como muy pocos seres de este mundo.

ALABANZA DE LOS POETAS

Ellos no son ciudadanos especiales.

Viven entre el sí y el no.
Mueren en el no.

Les aterra
la incapacidad de sentir miedo
o de sentir compasión
en ellos y en los otros.
Pero no son ciudadanos especiales.

Intentan hacer arte con lo más vulgar:
los encuentros
el hálito
las caricias
las palabras.

Se juegan la vida
intentando ayudar a que una coma atine
con el lugar que le estaba destinado
desde el comienzo del tiempo.

Son todos judíos, según supo
el judío rumano Paul Celan.
Viven entre el sí y el no.
Los matan en el no.

ALABANZA DEL BARRIO DE GRACIA

Hay en este barrio prodigios
que hielan la sangre y que la encienden:

carpinteros que reparan antiguos muebles
la luna llena maestra de sortilegios
y consejera de los relojes detenidos

calles de la libertad
y de la fraternidad
plazas de la revolución
y del sol

una *Plaça del Diamant*
que no está donde está
y está donde no está

laboratorios del arcoiris
y salas de teatro
donde construyen solidaridades laboriosas
alquimistas tan diestros como Pepe Sanchis

adolescentes gitanas que convierten
una calle en un templo
con un sólo movimiento de caderas
y sus hermanillos más veloces que la tabla de *skate*

Y están tus manos:
las que trenzan la leche y el pan y la ternura
el centro secreto del barrio
tus manos tibias donde aprendo a veces
el milagro de la entrega y la sabiduría
de aceptar.

ELOGIO DE UNA NARANJA CUBANA EN 1988

No es naranja sino verde. Se diría
reacia a entregarse. La corteza, dura
y cuando se la pela con las manos
quedan los dedos húmedos de un líquido oleoso.

Casi defrauda no encontrar entonces
la acidez esperada: son gajos firmes y dulces.
El fruto, *alles in allem,* algo tosco
y poco sabroso. Prima pobre de la naranja española:

son las naranjas de diario, en este país
que ignora el milagro de los mercados de frutas. Sólo por
    navidades
se importa bastante naranja española
que en Berlín *Hauptstadt der* DDR se compra también
para parientes y amigos de provincias
peor abastecidas.

Desde niño
me he desayunado casi diariamente
con zumo recién exprimido de naranja española.
Un privilegio más que daba por sentado:

hiriente suficiencia que me avergüenza
después sin ir más lejos
del buen postre elocuente de la comida de hoy.

ALABANZA DE LA MAÑANA

La lengua azul de la mañana
se me posa en la piel:
              escalofrío,
                            tersa violencia.
Me detengo, me dejo interrogar.
                            Cuánto tiempo
desde la última vez que viví
una mañana entera dentro de la verdad.

ELOGIO DE LA RECIENNACIDA

Pájaro que se deja caer como una piedra
Piedra que se echa a volar como un pájaro

El aire es tan tenue como la esperanza:
te sostiene

Vas a volar muy adentro
Vas a ser la más amada.

ALABANZA TUYA

Es malo que haya
gente imprescindible.
No es muy buena
la gente que a sabiendas
se vuelve imprescindible.
La fruta
ha de continuar atesorando sol,

no ha de menguar la fuerza del torrente
si por acaso un día
se pierden unos labios.

Pero
—y este *pero* me abrasa—
no puedo
decir que sea malo
que tú seas imprescindible.

ELOGIO DE UN ROSTRO

Como esas altas nubes que recogen a veces
la luz más delicada del sol ya descendido
detrás del horizonte, como tersa victoria
para nadie encendida en el centro de un cielo
que durante instantes es el centro del mundo:

así tu hermoso rostro presente ahora, ahora.

ALABANZA DE LOS FUTUROS AMANTES

Tan hermosos. Verlos lejos,
sentados frente a frente, ella y él,
absortos en la almendra del mundo,
verlos sin escuchar ni una palabra
—dioses cautivos en un acuario ígneo—
y saber lo que ellos aún no saben:

como la lengua del sol que alisa el pelo a sus crías
los va salvando el deseo.

ALABANZA DE LA OBJETIVIDAD

El cielo profundo, musical
los árboles copudos y catedralicios
los colores —verde, azul, rojo, ocre— intensos
el sol pícaro y bondadoso
las masías íntimas y protectoras:
pienso en ti

Me esfuerzo
en pensar en ti
con algo más de objetividad:
el cielo puede ser profundo, pero ¿musical?
¿Cuánto durarán las catedrales que forman esos árboles?
¿Verdaderamente son los colores
más intensos que otras mañanas?
¿En qué se nota la bondad del sol?
¿A quién protegen las masías, y de quién?

Así que me esfuerzo
en pensar en ti
con algo más de objetividad:
el musical cielo profundo
los árboles copudos y catedralicios
los colores más intensos que vi nunca
el sol pícaro y bondadoso
las íntimas masías protectoras.

ALABANZA DE LOS TRENES VERDADEROS

Hay muchos trenes falsos.
Es fácil confundirlos con los trenes auténticos.
Casi todos

los llaman también trenes:
los revisores
los ferroviarios
los carteristas
los viajeros casi sin excepción
y hasta yo mismo
cuando no quiero dar muchas explicaciones.

Trenes sólo son los que parten de noche.
Trenes sólo son los que llevan a ti.

ELOGIO DE LA DURMIENTE

Yacer despierto a tu lado
en el profundo cobijo de tu sueño.

Boca abajo, respiras
una canción de la tierra
que no recordarás al despertar.

Acompaso mi ser a esa canción.

ELOGIO DEL ESTAR

Dulce es morir a veces dentro de tu cuerpo,
dulce resucitar en tu mirada.

Dulce el crujir de la luz que abre las horas,
dulce la espera, dulces los estambres
que reparte tu mano tibiamente. Apenas
hace falta decirlo. Quizá sólo
depositar las palabras en el quicio
de una ventana, donde las encuentres.

En definitiva: muy rico soy de ti,
hay música en el aire y en la cama,
todo valió la pena.

ELOGIO DE LA SUPERVIVIENTE

En tu cuerpo, escrito:
la infancia como una enorme sala húmeda
hospitales donde trasplantan cicatrices
una temible aguja que se abreva en tu piel
terror a cruzar puentes sobre las autopistas
diez años de indagación sobre el suicidio
desamor golpes y la más extrema
clandestinidad del llanto.

El cuerpo del deseo es el del sufrimiento.
Ahora yo también escribo en él
con esperma y con besos, arrastrando las sílabas.

Francamente: eres tan hermosa
que todas las mujeres son hermosas.
Nace mi lengua en tu boca de tabaco tibio.
Pero esto te lo diré de otra manera:

no hay más derrota que el morir, la muerte
de un solo trago o a sorbos. Y hasta entonces
sigue tu música y la lucha sigue.

ALABANZA SUCINTA DE LA ENAMORADA

Cada vez que me miras
nazco en tus ojos.

ELOGIO DEL PLACER EN SEVILLA

En qué pliegue de tu carne desdoblada
anidaba el placer

y por qué ahora
tras un vuelo instantáneo
dilata el magnolio
desborda el río
excede el vino la torre el patio de naranjos

por qué respira tanto
en el pecho del mundo.

BREVÍSIMA ALABANZA
DEL TORRENTE PIRENAICO

Es lo más cercano a un milagro
que conozco.

ACCIÓN DE GRACIAS 1

El valor del amor no está en el amor
sino en tu alegría.
El valor de la lucha política no está en ella
sino en las cerezas, las muchachas y la buena atención sanitaria.
El valor de la libertad no está en la libertad
sino en la igualdad.
El valor de la igualdad no está en la igualdad
sino en la fraternidad.
Seguro que ya sospechas dónde reside

el valor de la fraternidad y no te engañas:
en la libertad.
El valor de tu alegría tampoco está en sí mismo
sino en el gozoso desorden
con que construimos horas de libertad
de cerezas de igualdad de lucha política de amor.

Pero estas cosas las sé
porque tú existes.

ACCIÓN DE GRACIAS 2

Si existiese un Dios le daría gracias
por el lenguaje.
Por todas las lenguas
por todos los dialectos
por todas y cada una de las hablas humanas
por el lenguaje.

Por cada una de las fuentes donde sacio
mi sed de ser:
alemán
francés
inglés
castellano, lengua mía madre, manantial del mundo:
gracias.

Por el don de mentir.
Por la sintaxis de la memoria y del deseo.
Por las palabras que encendieron la hoguera
y las que ayudaron a coordinar el trabajo.
Por la promesa candente de la ciudad humana
en donde todos conversarán con todos.

Gracias
al lenguaje barrunto
que un Dios tiene alguna posibilidad de existir.

III

SEGURIDAD VIAL

La democracia camina
El capitalismo cabalga

La democracia camina
El capitalismo viaja en palanquín

La democracia camina
El capitalismo acelera un automóvil

La democracia camina
El capitalismo se acomoda en un Tren de Alta Velocidad

La democracia camina
El capitalismo vuela en *Concorde*
y da volteretas en una lanzadera espacial

Uno de los dos resulta atropellado
¿Adivinas quién?

PODERES, CONTROLES, CONFUSIONES

Democracia:
poder del pueblo.
Control sobre los de arriba
poder para los de abajo
y la progresiva feliz irreparable oceánica
confusión entre arriba y abajo
(Eros obra en cada votación genuina).

Eso
exactamente eso
y no la posibilidad de que los esclavos
elijan a sus amos
cada cuatro o seis años
si coroneles y banqueros dan la venia.

Eso
exactamente eso
y no el poder para los de arriba
y el control sobre los de abajo
que llaman «democracia»
inteligentes juristas refinados presidentes de gobierno
cultos publicitarios coroneles banqueros.

Poder del pueblo
sin dar por sentado
que algo llamado «pueblo»
exista de manera natural:
exactamente eso.

BERLÍN, 1990

I

NIE WIEDER SOZIALISMUS
en los carteles electorales
prendidos aún de las paredes

Los árboles
de puro verdes
no parecen reales
Los *gastarbeiter* vietnamitas
de puro apaleados
ya sólo se atreven a pasear en grupo

y todos los cristianos consecuentes
son ya peligrosos rebeldes
de extrema izquierda

La nueva inquisición
declara a Christa Wolf bruja suprema
y dignísimos críticos literarios la cazan a escobazos
por las dignísimas páginas de la *Frankfurter allGEMEINE Zeitung*
y los impolutos sótanos del *Deutsche Bank*
DE LAS IDEAS NACEN LOS MERCADOS

Plomizo saliva el cielo
una lluvia desaseada, extenuante
DESPUÉS DEL TIEMPO DE LOS LOBOS
LLEGA EL TIEMPO DE LOS CHACALES

llega el kiwi a las fruterías
la pornografía a los quioscos
y el presente eterno sumerge, voltea, descuartiza
el sueño mal soñado del primer
                              ESTADO OBRERO Y CAMPESINO
sobre suelo alemán

ICH BIN KEIN BERLINER

En los márgenes crece a dentelladas
hierba
        lumbre silvestre
                    la crespa cabellera del futuro.

2

Enseñanzas
del último invierno alemán
para intelectuales de izquierda y escribidores sublevados
no sólo en Alemania:

se desaconseja definitivamente
el recurso estilístico
a la primera persona del plural.

3

He amado
fragmentos
de un reflejo
de una falsa esperanza

¿Me traicionó la fragmentación
o el reflejo
o bien la falsedad
de estas y otras cosas en mi vida?

Desde luego no el amor
y me atrevería a decir que
tampoco
la esperanza.

FILOSOFÍA DE LA CIENCIA
Y FILOSOFÍA DE LA MÚSICA

Ya sabes:
no hay forma de demostrar científicamente
que los seres humanos no deban ser
exterminados

por ejemplo en campos de concentración
o en guerras mundiales
o en genocidios de baja intensidad
o mediante la perpetuación del llamado

subdesarrollo

o incluso abriéndoles el vientre con un cuchillo
y tirándoles al mar desde un helicóptero
como en el Chile de Pinochet

Mientras la red del hambre asfixia
a continentes enteros
la compañía del emprendedor Nick Munyas
va a poner a la venta próximamente
en el mercado británico
preservativos musicales programados
para activarse en el momento
en que el vaivén de la pareja alcance el ritmo óptimo

¿Tendrá algo que ver el SIDA
con estos desarrollos fulgurantes
de la tecnología del condón?
Hypothesis non fingo.

Están provistos de un pequeño *chip*
que hará sonar durante treinta segundos
una popular y adecuada canción:
Love me do de los Beatles
Satisfaction de los Rolling Stones
Like a virgin de Madonna
You wear it well de Rod Stewart...

Mi diario no informa
si los miles de mujeres que en más de cuarenta países
son violadas y torturadas por militares y policías
tendrán derecho a tan musicales placeres. Pero no entremos
tanto en detalles. Lo esencial es que
a partir de ahora
difícilmente puede proponerse la música
alcanzar cotas más triunfales. Aunque ya sabes:
no hay forma de demostrar

científicamente
que los seres humanos
no deban ser exterminados.

Estando así las cosas, yo declaro
solemnemente que no negocio nada
y menos que nada los pormenores de mi ruina.

¿QUIÉN AMA A LOS SUBNORMALES?

Más allá de la punzada epidérmica
—duele menos que un pellizco
y duele menos que una cita frustrada,
duele poquísimo—
que sientes cuando la ves caminar de la mano de otra persona
con sus patitas tuertas y sus ojos prensados
¿quién ama a los subnormales?

¿quién ama a las madres de diecinueve hijos?
¿quién ama a los ancianos incontinentes?
¿quién ama a los niños autistas?
¿quién ama a las chicas gordas?
¿quién ama a los ciegos extraviados en su sangre?
¿quién ama a los castrados en la tortura?
¿quién ama a los perros que huelen mal?

Y si nadie ama a estos, ¿quién
ama?

DIEZ AÑOS ANTES DEL TERCER MILENIO

Cuando pienso en quienes murieron ayer siento
vergüenza de estar vivo.

Cuando pienso en quienes están muriendo hoy
muriendo y masmuriendo siento
vergüenza de estar vivo.

Cuando pienso
en quienes vivirán y morirán mañana
siento vergüenza de estar vivo.

YO TAMBIÉN VIVO PROVISIONALMENTE

Si no estalla la guerra
tendré todavía tiempo
de mirarte a los ojos.

Pasearemos, beberemos vino
si no estalla la guerra.

Compraremos
algunos objetos necesarios
y nos permitiremos uno o dos lujos
mientras no estalle la guerra.

Porque habremos bebido, paseado,
comprado hermosos objetos y sin más
mirado a los ojos simplemente
estallará la guerra.

Octubre de 1990

1990 Y SUS TRES GUERRAS

El parlamento democrático polaco
desposeyó de sus pensiones a los sospechosos ancianos
que habían luchado por la República española
en las Brigadas Internacionales. Una guerra.

El presidente argentino
indultó a los torturadores generales terroristas
responsables de treinta mil muertos y desaparecidos
entre 1975 y 1983.
Videla, por ejemplo, volvió a casa
luego de saludar y agradecer a las piadosas vecinas
que le aplaudieron cuando acabó la misa. Dos guerras.

Se acumularon armas para la hecatombe
junto a los pozos de petróleo
con suma eficiencia y grandes beneficios. Y van tres guerras.

Este fue el año en que cumplí veintiocho:
casi me da vergüenza mencionarlo.

31 de diciembre de 1990

CONTRA EL CRIMEN DE LA GUERRA

President Bush
(el mismo que a principios de los ochenta decía
a nuclear war is winnable, ¿se acuerdan?)
declara que sus chicos no pelearán
con una mano atada a la espalda
como en Vietnam.

Eso significa
que los chicos tendrán las dos manos libres
para destrozar las manos
y los cuerpos
de sus enemigos
and occasionally (but not too often:
la aviación imperial se encarga de sancionar
el diferente valor de las vidas humanas)
ser destrozados por ellos
y repatriados en patrióticas bolsas negras de plástico.

Y significa que a los periodistas
les vendarán los ojos
y les atarán las manos a un *juke-box*
con música de bombardeos electrónicos
para que puedan informar adecuadamente

sobre esta guerra
desencadenada
por la mano invisible
el déficit comercial de los EE UU
el hambre de petróleo de nuestros automóviles
la necesidad de realizar pruebas parciales de *Star Wars*
y la defensa de la libertad

de cortar las manos
practicada por los piadosos reyes árabes, aliados nuestros,
contra los ladrones de sus turísticos reinos.

En definitiva, eso significa
que si por un momento han pensado ustedes
en emplear las manos y la cabeza
para luchar contra esta infame degollina
y quizá los pies para escabullirse

serán declarados altos traidores
rastreros pseudopacifistas imperialistas éticos

y los mullidos ministros del interior
de sublimes caninos, aficionados a Mozart
incitarán a la caza y captura
no sé si con misiles antimisiles
o si con simples porras.

Pero ténganlo claro: en ningún caso
estos chicos volverán a pelear
con una mano atada a la espalda.
Si fuera necesario, lo anterior se rubrica
con una bomba atómica.

28 de enero de 1991

TEORIA DE LA PERCEPCIÓN PARA TIEMPOS TENEBROSOS

«La rabia
distorsiona tu percepción», dice un amigo
y naturalmente está en lo cierto

Pero los rostros de los amos
están tan distorsionados
por el poder
el dinero
la hipocresía
el sobreconsumo energético
las arengas bélicas
y la propaganda

que quizá sólo gracias a la distorsión
producida por la rabia consigo ver
recompuesto su bestial rostro verdadero.

24 de febrero de 1991
(mientras en los desiertos de Oriente Medio culmina la masacre)

DÍAS CASTRADOS Y ÁVIDOS Y FEROCES

>   No puedo vivir en este país
>   ¡pero este país vive como un veneno dentro de mí!
>   GUNNAR EKELÖF

Son días sucios, cansados. Predispuestos
al crimen.
          Esconden
su propio cadáver dentro de la piel.
                              Llevamos
todas las contabilidades salvo la del genocidio,
disfrutamos de todos los hallazgos estéticos
mientras la piel más joven se pudre de infección
o se cuartea de hambre. Son meses instantáneos
de infamia.
          Son días sucios
y son los míos, pero no son míos.

Es verdad: se me han quedado las manos
muy pequeñas. Por obvio no quería
decirlo a estas alturas
pero es obvio: cuanto más grandes
los bolsillos, las manos más pequeñas.
Y estos días neutros que apenas consiguen
mantener la cabeza fuera del agua.

Son días castrados y ávidos y feroces.
Y son los míos, pero no son míos.

Entro andando de espaldas en la era espacial,
el aire es viejo y cárdeno como una vieja amenaza,
el horizonte se cierra.

CON LOS OJOS ABIERTOS

La baba de la bestia/ no perdona.
Claribel Alegría

Quiero ver todo lo que va a venir.

Las guerras que seguirán
a la última de todas las guerras
Los crímenes que ennoblecerán
al próximo Benefactor de la Humanidad
y los crímenes que harán olvidar esos crímenes
Las palizas a los perros mudos
Las palizas a los negros mudos
Las palizas a las mujeres mudas:
yo he de ver todo eso

Los pilotos de la US *Air Force*
ven películas porno antes de bombardear Bagdad
y yo he de verlas
Las pantallas de televisión muestran
a los muertos de cólera en Lima
a los muertos de carnaval en Ciudad de Méjico
a los muertos de mosca carnívora en Trípoli
a los muertos de miseria en Calcuta
a los muertos de resignación en Madrid París Londres:
tengo que ver todo eso
Quiero ver todo lo que va a venir

No quiero mi merecido puesto en el desfile
ni en el banquete
ni en el jardín
(perdón, ya no hay jardines
LOS JARDINES SON ONTOLÓGICAMENTE IMPOSIBLES)
Quiero estar en la calle

dentro del laberinto
amaestrando al hambre y a la angustia
sin ovillo de hilo y con los ojos abiertos

Ya no hay tiempo
Por primera vez en la historia
SE HA TERMINADO EL TIEMPO
(de educar a los hijos
mejorar las ciudades
regalar un dedalico de amor a quienes sufren)

pero yo necesito ver lo que vendrá
después del tiempo.

SE BUSCAN DESERTORES

Me atravesó la línea de fuego.

Se buscan desertores cotidianos
de las viejas normas, de las costumbres viejas.
SE BUSCAN DESERTORES
de la violencia, del patriarcado, del cinismo.
De la resignación. Del juicio empedernido. Del aparejo de
 humillar
y del tibio hábito de ser tan humillado.
Del pesebre multivitamínico para animales mansos.
SE BUSCAN PROFESIONALES DE LA FUGA.

Así canto en voz baja
la perseverancia admirable del desertor
al criar a un niño, preparar la comida,
desplazarse en ciudad o buscar trabajo.
Canto contra mí MISMO, TAN COBARDE
que no deserto prácticamente nunca.
SE BUSCAN SUBMARINISTAS MENOS DUCHOS

en nadar guardando la ropa.
Se buscan profesionales de la fuga.

Me atravesó la línea de fuego.
Alumbradme, desertores de la muerte.

IRRESTAÑABLE

El tren hiende un paisaje
en el que no sé los nombres de los pájaros.

(Ni de los ríos.
Ni tampoco los nombres de los árboles.)

En algún lugar del mundo, en este instante,
están abrasando la piel de una mujer
degollando a un campesino:
son conocimientos estadísticos sencillos.
Querría nombrarlos, pero
no sé sus nombres.

En todo nombre hay algo irrestañable.

COSMO-LÓGICAS

I

Ha de llegar un día en que se rasgue el cielo.

Con toda seriedad les digo: no es posible
que este cielo de plomo siga bajando y bajando
hasta aplastar las montañas
las espadañas

las entrañas
y las cañas
y hasta aplastarnos. Ha de llegar un día
en que se rasgue el cielo.

Y yo he de verlo.

2

Un día de estos va a salir el sol.

En serio: ya está bien
de esta noche que dura tantos años, la oscuridad
vela misterios y rodillas que están bien pero ya está bien,
la gente se queja de trabajar siempre a oscuras,
de rodar sin fulgor, de no ver
las altas arboledas ni las caricias fértiles.

No se explica por qué
sigue jugando el sol, anuncia un día
y lo anula luego siempre en el último minuto.
Hay flores que ni se atreven
ya a mencionarle el bulbo
y no seré yo quien se lo reproche.

Pero les digo que acabará saliendo.

FIGURILLA ANTROPOMORFA
DE SIGNIFICADO DESCONOCIDO.
CULTURA TEOTIHUACANA. ALTIPLANO
CENTRAL. CLÁSICO (0-750 D.C.)

Las manos del artesano
toman arcilla de la tierra

para moldear al dios
que crea al artesano.

Según su calendario solar
a dieciocho meses de veinte días
seguía un breve mes de cinco días nefastos:
existía además otro calendario ritual.
Palabras que son objetos.
Tiempos. Tiempos que no se superponen.

Tlaloc, dios de la lluvia, por cortesía de Olivetti.
SATÉLITE DEL AMOR
y del espanto. Detesto los satélites.
La boca de la sacerdotisa
iluminada desde el interior
con excelente criterio museístico.

Tiempos que no se superponen.

La diosa de la fertilidad
tiene los ojos perforados.
Xipe-Topec, el dios de los orfebres,
es el dios de la regeneración.

¿Siempre
del lado de los vencidos?
Detesto los satélites.

Una de las esculturas totonacas
es especialmente impresionante:
la mitad derecha de una cabeza emerge
de un bloque de piedra esférico.
ESCULTURA ANTROPOMORFA,
REPRESENTACIÓN DE LA DUALIDAD.

La alegría de la diosa
es absolutamente secreta.
Los tiempos no se superponen.

Mi alegría secreta: dentro de treinta siglos
no recordará nadie —si es que hay nadie—
a uno solo de nuestros premios Nobel.

DILEMAS ESTRATÉGICOS

Dos manos enlazadas
no cambian el mundo.

¿No cambian el mundo
dos manos enlazadas?

Dos manos enlazadas
cambian, no el mundo.

No. Dos manos enlazadas
cambian el mundo.

AGNOSTICISMO AXIOLÓGICO

¿Y si no existen
los valores absolutos
las verdades eternas
los siete sabios de Grecia
los cuatro jinetes del Apocalipsis
ni el portero de noche sobornable
para un palco de lujo en el Juicio Final?

Sólo lamento
            amor mío
no haberte masturbado esta mañana
—te he deseado tanto—
en los limpísimos lavabos del museo.

CORREO EN UNA BOTELLA

Un enorme tubo vomita cemento
tal la boca o el ano de un emperador.
Una mujer con el rostro ensangrentado
pregunta algo irreconocible.
El turno de noche ha entrado a trabajar hace poco:
la iluminación al mismo tiempo
exigua y dispendiosa.

Amor mío
entre las catástrofes de la esperanza
la arquitectura del tedio
los desayunos del horror
las venas cuajadas en árbol de metal
y la desolación
reconvertible siempre y vendible con provecho
sospecho que sigo
siendo capaz de amar y de aterrarme.

MÍNIMA EXPRESIÓN

Quedarse en la frontera
No dejar caer el fardo
Acompasarse al ritmo
No pasarse al otro lado.

¿Y ENTONCES?

Entonces, baila con un extranjero.

Escógelo al azar, bobo aliado
a quien le salen bien siempre las cosas.
Dolor habrá bastante,
siempre hay dolor latente
                        y aéreo
                                  y expuesto:
no le tengas fe ahora,
                eso vendrá después.

Y cuanto más oscura su certeza
más lento el baile.

ANEJO

Herir al enemigo, en lugar de matarlo, es el objetivo primordial de la nueva generación de armas norteamericanas. Pero no hay que herirle de cualquier forma. Volarle un brazo o una pierna no es suficiente —revelaba *Los Angeles Times* en víspera de alto el fuego [en la guerra del Golfo]—, sino que hay que alcanzarle con saña en ese 20% de su cuerpo donde se alojan los órganos vitales. Lo ideal son pequeñas heridas en estos órganos (cerebro, hígado u otras glándulas), en lugar de grandes heridas en las restantes partes del organismo.

Un herido en el campo de batalla crea un problema logístico al exigir transporte y atenciones médicas costosas, mientras que un cadáver sólo pide la pala del sepulturero.

El 60% de todas las muertes en una guerra las ocasiona la artillería; por tanto, había que elevar su calidad y precisión tecnológica.

Entonces, han aparecido Adam, Betty y Beehive, las tres nuevas joyas de la colección. Adam es un proyectil electrónicamente avanzado que busca el hígado del soldado enemigo. Betty explota a la altura de la ingle y afecta a los órganos vecinos. Beehive lanza a enorme velocidad 8.800 diminutos dardos como hojas de afeitar que ocasionan heridas muy profundas de imposible curación.

Naturalmente, estos soldados acaban muriendo, pero no en el acto, sino después de una lenta y dolorosa agonía que desmoraliza a las tropas y dispara los gastos bélicos.

Nada se ha improvisado. Para la experimentación de estas armas se utilizaron en California machos cabríos, ya que su estructura interna es similar a la humana y además sólo cuestan 10 dólares por cabeza.

IGNACIO CARRIÓN. *El País,* 2 de marzo de 1991.

El otro es mi país, el hombre, yo mismo inclusive, lo que he visto y oído, lo que uno rechaza, lo que se ama por encima de todas las cosas, lo incomprensible.

JOSÉ VIÑALS

La primera tarea del ser humano occidental que sea heredero de los principios de solidaridad internacional y de ayuda entre los pueblos es conservar el sentido del horror. Su discurso tendrá un solo fin ante todo: *mostrar que lo que se muestra es falso*. Preservar en lo más profundo de su ser el sentido del horror, hacerlo fundamento de su percepción cotidiana, me parece una condición indispensable para combatir la razón de Estado.

JEAN ZIEGLER

Todo emigrante sabe en el fondo de su corazón de corazones que es imposible volver. Aun cuando físicamente pueda regresar, no regresa verdaderamente porque es él mismo quien ha cambiado radicalmente al emigrar. Es asimismo imposible volver a aquel momento histórico en el que cada pueblo era el centro del mundo. La única esperanza que nos queda ahora es hacer de toda la Tierra el centro. Sólo la solidaridad mundial puede trascender el desarraigo moderno. La fraternidad es un término demasiado fácil; olvidándose de Caín y Abel, de algún modo promete soluciones para todos los problemas, cuando, en la realidad, muchos no la tienen: de ahí, la necesidad sin fin de solidaridad.

JOHN BERGER

EL CORTE BAJO LA PIEL

(1992-1993)

El horizonte es un caballo rojo que relincha en los labios de la multitud enterrada.
JUAN CARLOS MESTRE

... la pérdida de las ilusiones, las ilusiones de quien, a los veinte años, cree poder rehacer el mundo: ahora he aprendido que es preciso seguir luchando por aquello en lo que uno cree, sin esperanza de vencer.
PIER PAOLO PASOLINI

Tengo las manos vacías/ de tanto dar sin tener:/ pero las manos son mías.
(COPLA PRESUMIBLEMENTE POPULAR)

I
FEBRERO INTERMINABLE

FEBRERO INTERMINABLE

I

Febrero nunca acaba.

Largas jornadas sin dueño y sin resuello,
ya consumidas antes de mediodía,
que me acaparan sin tenerme en cuenta.

Por encima
de la superficie:
le sobran entre tres y cinco millones de personas
a nuestro sistema productivo
y nuestro sistema productivo le sobra al mercado mundial.

Un buen adiestramiento, incluso uno mediano
puede hacer de cualquiera un asesino
profesionalmente eficiente
y ya no queda nadie que lo ignore.

Leviatán es idealista y hedónico, se muscula
en gimnasio, invierte en Bolsa, babea
su liturgia grasienta, su hierro de exterminio:
mientras que de momento el confort no disminuye
más que uno o dos grados sobre el nivel del mar
en las ensangrentadas capitales del Imperio.

Por debajo
de la superficie:
estás herida de muerte

y herida de la vida impredecible

mientras febrero
no acaba nunca.

2

La piel persiste intacta; mas bajo ella
el tajo es muy profundo.
¿Qué ojos, dedos, labios
escrutarán ese abismo de qué cuerpo?

ALIANZA

1

Un bosque entero ha regresado desde tu nuca
esta noche, lo he visto conciliador,
amigo, decididamente a favor
de lo posible, tú dormías
tras la severidad de las últimas jornadas.
No quise despertarte, me refresqué en tu pulso.
Las señales parecen indudables:
podemos auxiliar a tiempo, juntos,
al número dos de dios, al tres, a otros acaso.
Ahora es sazón de no olvidar los sueños.

2

Hueles
tan bien. Hay miel como hay sudor,
hay trigo y tierra. Yo lo veo y lo oigo resonante,
tan bien. Sabes tan bien gozar.

Preservas tanto instinto de la flor a la fruta.
Yo lo veo y lo oigo y te respiro y otra vez
te tomo abierta en nuestra mesa de viento.

3

He soñado
la salvación de tu sudor

defiendo
nuestra intimidad común
ante los estragos de este cielo sangriento

recibo
en la libertad de tu cuerpo marcado
la ligera prosodia del placer

he soñado
la salvación de tu sudor.

4

Luego en el filo de la sombra
bailas
iluminada por blanca lentitud, bellísima,
tajantemente viva, sabiendo en todos los poros
y en todas las arrugas del placer
que es bien cierta la muerte, mas sólo empieza mañana.

VERWISCH DIE SPUREN

Me han hablado del poeta
que se arroja ácido a la cara durante los recitales

y escribe en el cielo preprogramado de California
con humo de aeroplanos

y me impresiona la calidad de esta ética laboral
tan a la altura
de nuestros tiempos de paleocapitalismo posmoderno:

todo por la patria
por el patrón
por el poder
por la poesía...

pero me temo
que ni siquiera con tanto sacrificio
consigue durar más de diez segundos en los telediarios.

Prefiero
otra estrategia lateral, contraria:
escribir en la arena
y hablar en voz muy baja
para que tú me oigas.

Borrar las huellas.

EL LENGUAJE SECRETO

Nunca le puse precio a una palabra.
Es mi condena y es mi dignidad.
Quiero que quede claro ahora que empiezo.

Acaso amé, a las veces, aquella ilusión hambrienta:
la arquitectura del mundo.
Ya no la amo.
Escucho las hojas secas preferidas por el viento,

la fragante nobleza nocturna de los grillos,
el trabajo del agua.

           Y me demoro aquí:
entre el ojo y la herida,
entre el labio y el labio.
Atento al único lenguaje
que cura más de lo que puede herir.

Carece de toda importancia,
le faltan los sufijos del rencor, del desprecio,
muta declinaciones cada día y cada hora,
no sirve para arengas, no tiene diccionario,
se habla inadvertidamente, es sólo
el lenguaje secreto.

Y LO SABE AUNQUE NO QUIERA SABERLO

Si por cada palabra
el poeta tuviera que pagar,
por cada palabra
precisa o extraviada, húmeda
de connotaciones o reseca en raciocinio,
pegada a la piel del ser o estratosférica,
lúcida o legañosa, trepadora o veraz:
si tuviera que pagar el precio
de cada palabra sin olvidar ni una

¿se escribirían entonces tantos libros de poemas?

Pero precisamente
por cada palabra sin olvidar ni una
ha de pagar el poeta
su precio.

KEINE EXPERIMENTE

Poesía es
un corazón experimental
inaugurando un tiempo experimental
donde enraízan experimentos de lenguaje.

Yo reagrupo regimientos del invierno
pese a saber que nadie
ha de llegar pronto.

Nada más que decir
lo que ha de ser dicho y nadie
dice.

RECONCILIARSE

con uno mismo
mientras se pueda.

Con nuestros semejantes
salvo causa mayor.

Nunca con este mundo
mientras sea posible.

LA ESTÉTICA COMO IDEOLOGÍA

Cuando los especialistas en *marketing* aprenden poética
los poetas se ponen a aprender economía política.

RAZONES PARA LA ACCIÓN

Los lazos sociales, opacos e intrincados;
tenaz el mal;
falible por esencia la acción de los humanos,
siempre sujeta a errores y extravíos,
corto el tiempo, escasos los recursos,
difícil el diálogo que lucha por llegar a lo común;
pobre el conocimiento y por contera
fácilmente perdido tantas veces;
fuerte la destrucción en retórica y artes;
incierto el resultado del esfuerzo
y muchas veces contrario a los propósitos;
concentrado el dominio en unos pocos,
privados los muchísimos del timón de sus vidas;
fértil la mezquindad y el autoengaño
en el incalculable humus del corazón:
todo ello es verdad. Lo sabéis y lo sé.

Pero no soy vegetal indiferente, sino un ser humano
con raíces bien firmes en el suelo
y hojas que tiemblan si el sol las acaricia.

Pero no soy un hombre sino un bosque
y cada uno de mis nervios recuerda
la dulzura de un amor ya milenario, siempre presente
y todavía no obstante por venir.

EXAGERADO OCTUBRE

Conservar cierto mínimo
sentido de orientación va siendo tan difícil
como lo fuera antaño conquistar un imperio

y mantenerse erguido tan penoso
como antaño soportar el peso del templo en los hombros
cuando se había quebrado el gran pilar.

Instrucción de lectura para los seis versos últimos: evítese
toda autocompasión o el tono de reproche.
Importa comprender más que apiadarse,
y es a menudo dulce para la inteligencia
el desafío de las situaciones límite.

Pero fijáos: este octubre
—creo que en algo así no nos engañarían—
ha sido el mes más lluvioso de este siglo.

> Pero cómo vivir
> antes de este estallido
> dentro de un estallido
> después del estallido.

II
LA TERQUEDAD DEL MAL

BLUES DEL RACIONALISTA FINISECULAR

Predicando la razón
como una puta pobre
a quien acaban de violar y tirar de un coche en marcha
y se ha quedado muerta
hablando sola

Predicando la razón
como un enfermo terminal de sida
a quien van a retirar los fármacos
por razones más bien presupuestarias

Predicando la razón
como un borracho viejo que masculla
suplica impreca regaña gorgotea
antes de caer abatido por disparos accidentales
de la policía

Predicando la razón
como res que en el matadero
segundos antes de que el mazazo le reviente la testuz
suda y orina su pánico

Predicando
predicando
predicando la razón
a los felices inquilinos
del mejor de los mundos posibles.

TRATAMIENTO DE RESIDUOS

El principal problema estriba actualmente
en la eliminación de los residuos. Los
poderosos procesos productivos han progresado tanto
que casi todo lo que antaño fueron
elementos naturales seres independientes movimientos autónomos
ha de ser concebido actualmente
como residuo de un proceso productivo.

El agua es un residuo
de la producción de imprescindible energía
animada e inanimada. El aire, residuo
de combustiones en benéficos motores.
Fauna y flora son ya propiamente residuos
de las industrias cárnica y farmacéutica. El trabajo
humano, residual residuo
de la actividad incansable de las máquinas.
La historia es residuo
de la conquista del espacio y el arte residuo
altamente tóxico
de la televisión por cable.

La vida es el residuo más intratable y terco, pero
nuestros laboratorios trabajan noche y día.
La humanidad sólo se plantea problemas
susceptibles de solución, dicen los clásicos.
La solución del problema
está más que madura.

BIENVENIDO AL CLUB

Eres uno de los pocos que podían aspirar a esto, en realidad
te estábamos esperando sólo a ti.
Hemos sabido siempre que eras diferente,
ahora ya has llegado: relájate y disfruta.

Nota cómo te crecen los músculos viriles
y pliegues cerebrales bajo las yemas de los dedos.
Nosotros vamos a volverlos rabiosos.
Tu piel adquiere un bronceado envidiable,
se te esponja la próstata, tus esfínteres conversan en inglés.
Ahora te tensaremos hasta la excelencia.
Nota cómo te crece una memoria mejor.
Eres otro, ya no eres quien eras,
nunca fuiste quien eras
pero tenías que llegar tan alto con nosotros
para saberlo.

Ahora ya has llegado.
Te lo mereces todo y nos lo debes todo:
te lo cobraremos hasta la última gota.
Bienvenido al club.

FIN DE FIESTA

Esta canalla obstinada, vagos,
sindicalistas granujas, vegetarianos simiescos,
curas rojos, lesbianas enceladas, chusma,
chusma y recontrachusma, en pocas palabras, lumpen:
hez de todas las clases
en esta sociedad donde no existen clases: ¿cómo enseñar
a semejantes asnos lo más elemental?

El abecé de la vida no les entra en la mollera,
the facts of life: que por ejemplo son menester salarios bajos
para atraer suculentas inversiones
de capital extranjero. Que un tirón del crecimiento económico
por el bien del pueblo, ávido como se sabe
de automóviles de importación, agua mineral adelgazante
bien envasada en plástico, dibujos animados y vacaciones en
 Marbella
exige un incremento de la explotación del pueblo
aunque tampoco así consiga veranear en Marbella.
Que la buena marcha de la economía exige no reparar
en minucias como la supervivencia de la especie, por no hablar
de lo que pueda pasar con otras especies. Allá se las compongan.
¿Para qué están los seguros de vida?
Que no hay mal que cien años dure, el capitalismo es fiesta
y a medida que se acerca el final de la fiesta
como es lógico van quedando menos invitados,
lo cual no debiera preocupar a nadie
pues dentro de cien años todos calvos.

LOS MODERNIZADORES

Que pongan los manteles en la mesa del mundo.

Hay quienes desde siempre tienen sitio en la mesa
puedo verles las caras, son odiosos

están quienes han llegado después
también les veo las jetas que dan asco

y así quienes se incorporan al banquete
cuando ya se acabaron los entrantes
o tras el primer plato
o después del segundo

y están por último
quienes se esfuerzan por llegar a la mesa
antes de que repartan los postreros postres
y de que retiren las vajillas y limpien las migajas

y les cortan las manos y les revientan los ojos
a los muchísimos
que siguen llegando y llegando todo el tiempo.

Creo que aquellos penúltimos
son y con mucho los que yo más odio.

DAY AFTER DAY

I

La ferocidad del despertar

La violencia en el desayuno

La impotencia sobre las páginas del diario

La rabia y el horror durante el trabajo

La violencia en la comida

La violencia en el trabajo

La violencia con mando a distancia vía satélite

La violencia inoculada en el sueño

La violencia en el sueño

en el sueño.

2

Dormimos
extenuados
hacia las raíces

nuestro sueño tiene
gruesas paredes de bronce
contra las que se astilla la memoria
impenetrables al deseo
a veces oímos
relámpagos de sangre negra
aún batiendo contra las paredes

aullidos lejanísimos
como de un sol emasculado

el desamparo inútil, ya sin ecos
de una lechuza de las nieves
de un zorro de las nieves
de un leopardo aciago de las nieves

oímos en sueños
la respiración de otros durmientes
que improvisan tronchadas alucinaciones

oímos sobre todo
la risa fecal telecomunicada
incontenible del dinero

y continuamos durmiendo
tenazmente resueltos
a no despertar nunca
extenuados
cada vez más hondo

cada vez más espeso
hacia las raíces.

3

Acaba mi jornada de asesino manso
y no puedo desvestirme de mí mismo
ni poner la conciencia en un baño de sales.

Acaba la trivialidad del horror
y empieza la calculabilidad del horror.
Acaba la violencia de las estructuras
y empieza la violencia de los silogismos.

Vivo en la ciudad siempre alegre y confiada
Como bien mi vida sexual
es muy satisfactoria
Cultivo por igual mi cuerpo y mi intelecto

Soy por tanto
lo que se puede decir
                    feliz

feliz feroz
ferozmente feliz
deductivamente feliz.

BUENAS OBRAS

> tanta sangre le disteis de beber a la muerte/ que la muerte visita vuestro hogar cada noche/ para exigiros una nueva ofrenda
> JUAN REJANO

Cuando dos carriles no bastan

cuatro

si cuatro no bastan
ocho

cuando no basten ocho...

El trabajo arruina el mundo escriben
algunos extremistas

Pero una vez que ya se ha destruido tanto
¿cómo dejar de destruirlo todo?

EL CARRO DEL HENO

según Francesc Torres

Hay
no hay.
Ay
hubo

PROHIBIDO ORINAR
una multa de 3000 pts.

hubo
3.333.333.333
precadáveres, pero

QUÍTENSE LOS REVÓLVERES
al entrar en el *peep-show*

Rien ne va plus
entre el humo y el cosmos
No me arrepiento más que de

mi vida

la vida que
sería tan hermosa

pero la caries.

CONTRATIEMPO

Mala piedra la que esta mañana
al masticar pan
me quebró una muela
(he de decir que tengo mala dentadura).

Leo en Roque Dalton que a compañeros suyos
se les caían los dientes tras la picana.
Leo en el periódico que en la asediada Sarajevo
bastó un cabezazo muy leve de una niña hambrienta
para arrancarle los dientes al desnutrido padre.
Soy afortunado
al haber perdido una muela masticando comida
en un país donde en general se puede pagar al dentista.

Mas sigue intacta
la cuestión odontológica esencial:

¿en qué país no hay hoy guerra civil?
                                    preguntan
tantos dientes caídos
a los trozos de muela.

La lengua se va hiriendo con aristas extrañas.

PROPUESTA NOMOTÉTICA

Seguramente es
una ley del desarrollo histórico
el que a partir de cierto nivel
de división social del trabajo
todos los zorros están empleados
como guardianes
de gallineros.

ENTREVISTA CON EL SECRETARIO GENERAL

El secretario general del partido de la clase obrera
después de una serie de descalabros históricos
no directamente imputables a su gestión
sino más bien a las veleidades de la historia
que se empecina en avanzar por su lado peor
o más bien en estancarse y chapotear en él

como decía, el secretario general del partido
es convocado por el diario más influyente de la prensa burguesa
para realizar una entrevista
y por supuesto acude
gracias a lo cual yo puedo leer sus declaraciones a la mañana
    siguiente.

Coincido con casi todos sus puntos de vista:
sobre la necesidad de la planificación democrática
sobre la voluntad de acabar con el capitalismo
en lugar de ponerle algunas cataplasmas socialdemócratas
en las que no creen ni los sedicentes socialdemócratas
sobre la bondad del pluripartidismo
y la perversidad de un partido único confundido con el estado

sobre la inseparabilidad de socialismo y libertad

Discrepo sólo de alguno de sus puntos de estilo:
un adjetivo chirría espantosamente
a lo largo de toda la entrevista.
El secretario general habla
de aspectos *gloriosos*
en la historia del movimiento comunista

y *glorioso* pertenece al vocabulario de los amos.
Hablan de *gloria* los tenientes coroneles
los obispos tonsurados
los presidentes de gobierno
los atletas líricos vencedores de todos los juegos florales.
Glorioso es una palabra
que no puede emplear un comunista.
¿No te parece?

Esta cuestión de estilo tiene tanta sustancia
que consigue amargarme la entrevista con el secretario general.

UN ERROR TAXONÓMICO

Hay dos especies humanas:
una de ellas goza de agua caliente para enjuagues íntimos
comida varias veces al día
alcoba personal que voluntariamente puede compartirse
discretos discos compactos libros televisores
vacaciones pagadas viajes en avión y taxi
derechos políticos preservativos anovulatorios
y un número nada desdeñable de garantías jurídicas

La otra especie goza
de deficiencia mental determinada estructuralmente
(escasez de proteínas en la primera infancia)

dignidad campesina desvaída por el hambre
imparable diarrea de agonías premodernas
analfabetismo genético
y una opción muchas veces sencilla:
la muerte en la frontera o la muerte en la tortura.

Son dos especies zoológicas distintas
Seguir llamando a ambas *Homo sapiens*
es un error taxonómico.

AUTOCRÍTICA

Yo he escrito
en más de una ocasión
del lado de los vencidos
y no sin cierto énfasis

pero en realidad me hallo
del lado de los vencedores
desde hace mucho

en una posición subordinada
qué duda cabe
con algunas renuncias voluntarias
qué duda cabe
con reconcomios y escozores morales
qué duda cabe
pero del lado de los vencedores
qué duda cabe

desde hace
muchas generaciones

pero sin duda exagero: es cosa más reciente

con todas las proteínas necesarias
con toda esa ristra de derechos humanos
con sobreabundantes toneladas de equivalente de petróleo

yo
beneficiario del sol de la explotación
beneficiario de los yacimientos de la tortura
beneficiario de los tipos de interés de la muerte

me muero
de vergüenza.

EL CORTE BAJO LA PIEL

Bajo la piel el abismo
el corte inaplacable
no podemos verlo y sabemos que está ahí
va siendo la única cosa que sabemos

El invisible corte omnipresente
supura día y noche
todo lo que no queremos ver oír recordar
y la piel se deforma

Cuando en el mundo existe un campo de concentración
el mundo es campo de concentración

Cuando una niña es asada viva a fuego lento
crepita en las llamas todo lo que tiene valor

Cuando las decisiones del gobierno implican crímenes
los gobernantes son asesinos

pero qué tonterías digo

qué necio soy

Yo era un tonto y lo que he visto también me ha hecho dos
    tontos
siete tontos
cincuenta tontos
cuarenta millones de tontos
seis mil millones de tontos antes del año dos mil.

NO HAY PROTECCIÓN

Recuerdo
la terquedad del mal.

Recuerdo a un dios hemofílico
desolado, desangrándose
por un corte minúsculo en un dedo.

Recuerdo un sol fértil y apenas iniciado,
las huellas de las gaviotas,
la veracidad de la arena húmeda,
la hermosura de la imprecisión.

Recuerdo al poeta que decía
«son comunistas hasta las células del cuerpo»
y también: «los poetas somos
los que protegemos al pueblo con palabras».

Recuerdo
que ya no hay pueblo
pero seguimos necesitando proteger.

Recuerdo
que ya no hay protección.

Recuerdo
que hasta la fecha
recordar sigue estando prohibido.

Recuerdo sobre todo
la terquedad del mal.

        Sagrados son los gusanos
        sagradas las bacterias

        pues en ellas acaban resumiéndose todas las formas de vida
        pues en ellas confluyen siempre las formas de vida más alta.

III
CASA DE MUCHOS PISOS
SIN ESCALERA

HAND-MADE IN INDIA

Una alfombra para mi chica.
Pequeña, de colores vivos,
para que me recuerden sus pies cada mañana.
Me costó menos de tres mil pesetas
en cierto comercio del barrio viejo:
                    hand-made in India.

Luego leo en el diario
que tengo una posibilidad sobre tres de que fuera tejida
por los dedos ágiles de un niño esclavo
capaz de estar sentado horas y horas
en la misma postura
lo que supone incrementos de productividad importantes.

Hand-made in India,
                su cuerpo tuerto,
sus manos desflecadas.
El mundo se ha venido
haciendo tan pequeño que es difícil
guardar la mínima distancia de higiene necesaria
frente a la explotación
y nuestras digestiones se resienten.

En algún momento he sido condenado al infierno
pero otros cumplen la condena por mí.

Casa de muchos pisos
sin escalera, y un sótano sellado
donde a veces me hundo para no respirar.

TODO EL MUNDO LO DICE

La máquina dice:
«De seguir por este camino
me convertiré en una mera máquina»

El torturador dice: «Hay límites
que uno no puede traspasar
sin convertirse en un torturador»

El mutilado dice: «Verdaderamente
vivo mucho mejor
que toda esa gente con brazos,
piernas, sexos excedentes»

El extraviado dice: «Diría
desde luego que ya he estado por aquí
en más de una ocasión»

La muerte dice: «Soy la única
que puede abrigar la razonable certidumbre
de no estar muerta».

PLÁTICAS CON MI VERDUGO

I

*El ser humano
es falible,* me confió el verdugo contristado.
Había necesitado trece hachazos
para decapitarme.

2

*Hacer política consiste
en elegir entre lo malo y lo peor,*
me ilustra mi verdugo. Luego me da tormento
hasta hacerme escupir la última gota
de pesimismo histórico.

3

*Modernizarse implica
traicionar nuestra entera identidad
y nadie puede ahorrarse las manos sucias,*
susurra mefistofélicamente mi verdugo.
Para bordar la faena añade a la traición
el entusiasmo por la traición
y se regodea chupándose las manos sucias.
Cómo gozan los niños hurgando en cieno.

4

La política es siempre un negocio sucio
masculla mi verdugo.
Los negocios sucios nunca dejan de ser política
replicaría yo si no me custodiase
esta ambigua mordaza.

5

Entre la *realpolitik* y el *kindergarten* no media
ni un cabello, me instruye con camaradería mi verdugo.
Para eso es catedrático de Utopismo Científico

con publicaciones en las revistas más importantes del ramo
y muchos congresos mundiales sobre sus anchas espaldas.

6

En ocasiones, para poder trabajar
y más si se trata de la gran empresa
tenemos que tragarnos los principios, remacha mi verdugo
sinceramente cariacontecido y sumergiéndome
la cabeza otra vez
en la bañera llena de excrementos.

7

Los puntos sobre las íes, afirma mi verdugo.
Los signos de interrogación, replico a duras penas
y me enjugo la sangre y el sudor y la mierda.

8

Todas las fuerzas productivas
son también fuerzas destructivas
indisociablemente. *¿Son también todas las fuerzas destructivas*
fuerzas productivas indisociablemente?

9

La productividad del sadismo:
no sé si son sus palabras
o las mías. Pero *hay que cortar por lo sano* lo murmura
él inequívocamente.

10

El abofeteador aconseja:
Trabaja sobre tu ego

*Si aprehendes a fondo
que el yo es una ilusión
el deseo se aplaca y el sufrimiento cesa*

Arrecian pullas y golpes

11

Sólo un dios puede salvarnos todavía, retumba
desde los bosques la piedad de mi verdugo. Claro que su concepto
de salvación incluye cambiar de automóvil
por lo menos una vez cada dos años.

12

*Pero cómo has podido pensar
que podrías morir
que te dejaría morir*
Todo torturado es inmortal
y su verdugo sabe que lo sabe
y ambos saben que sobre ese principio último
reposa su vinculación indisoluble.

13

La sangre es muda, por eso
desborda el silencio y rompe los oídos.

Lo peor no son las circunstancias sino
acostumbrarse a ellas.

COROS Y DANZAS

El capitalismo ha festejado
sus bodas de bronce
de plata
de oro
de plutonio
y con júbilo carnicero festeja ahora
la proclamación de su *Reich*
de los mil años.

Amor mío, ¿sientes vértigo
alguna vez?

La humanidad rememora
la seca explosión de su edad de oro
de plata
de bronce
de plutonio
la memoria es una llaga
que la mentira venda amorosamente.

Tras las pantallas borbolla
como leyenda química
el lentísimo sueño de la sangre
mientras me aturde
el estupor exangüe de mis venas abiertas.
Arrecia un sucio huracán de paraíso.

EL INQUILINO PREGUNTA

En la casa donde vivo los restaurantes modernos
ofrecen aguas minerales de diez países diferentes
y vinos ecológicos, y en las tiendas *new age*
los ventiladores giran con suma lentitud
y puede fotocopiarse en papel reciclado.
Todas las ventanas dan al mismo horror.

Pero de dónde entonces
esta insensata aspiración inextinguible, necia,
de salvarnos, salvarnos.

CONVIVO CON ASESINOS

No son intelectuales: son sólo profesionales eficaces.
Dado un fin, lo alcanzan muchas veces
con la máxima economía de medios.
Hasta cuando el fin consiste como tantas veces
en la máxima dilapidación de medios
logran desempeñarse con elegancia.

Convivo con asesinos.
Huelen muy bien. Resulta grato
su buen humor profesional.
Practican el besamanos con ferocidad alegre.
En los labios siempre una sonrisa
que podría pasar por auténtica,
y seguro que lo es.

Convivo con asesinos.
Les entusiasma Brückner o Morandi.
Su sentido estético está tan desarrollado

como su profesión exige, pues ellos
son buenos profesionales. Capaces
de romper a llorar delante de una orquídea.
Luego vuelven a la sede del consejo de administración
a planear la próxima operación comercial.

EL ESPÍRITU DE LA VANGUARDIA

Dijo el padre Breton
que en paz descanse:
               el acto
surrealista puro
consiste en bajar a la calle pertrechado de revólver
y disparar al azar sobre los transeúntes.

Candidez de literato,
conmovedor angelismo de arcángel letraherido,
ceguera de vidente

que nunca llegó a ver televisión
ni leyó poemas líricos como *Terminator*
Tetsuo II
Rambo III...

La bestia mama de su propia herida.

Señor de las metáforas ora pro nobis,
ora por las pueriles,
ingenuas vanguardias.

HAMBRE

Cuando el estómago está saciado
el cerebro —parece— comienza a sentir hambre:
de magnetoscopios
automóviles de importación
y viajes de turismo sexual a Tailandia.

Víscera vil
el cerebro.

UNA CANCION QUE SE CANTA SOLA

Es una hermosa canción
entre los árboles.
Lento desperezarse rítmico
hacia una vigilia quizá conforme a lo humano.
Un acuerdo tácito entre música y musgo.
Un rastro boreal de alas en el oído.

Un hombre agoniza en el bosque
mientras esta canción
es tan hermosa.

EL INQUILINO RESPONDE

Y en esta casa vivo
a veces en un piso, a veces en el otro.
No hay tránsito posible entre un piso y los otros.
Muchos detalles pueden ser deliciosamente
bellos, y el conjunto execrable.

Muchas personas pueden ser amables y justas
toda su vida excepto un solo momento,
y puede ser tal momento el único que importa.
En esta casa vivo
sin encontrar casi nunca
en ningún piso a nadie
y sin osar forzar las puertas condenadas.

(Pero cómo vivir
antes de este estallido
dentro de un estallido
después del estallido...)

IV
SEREIS UNA PARTE
DEL SABOR DEL FRUTO

ANTES DE LA INTEMPERIE

Días redondos, abiertos, sin genuflexiones,
amasados casi exclusivamente con futuro;
mañanas casi abstractas a fuer de verdaderas,
tan espaciosas de inacabamiento.

Convengamos en llamarlo adolescencia.

En las frondosas ciudades
era posible perderse como en un bosque íntimo.
Comunicábanse lo visible y lo invisible
en una forme torpe pero eficaz. Tantas noches
acababan privadas de aquel beso muy ácido.
Los errores parecían por esencia reparables,
quedaba siempre tiempo para hacer
aún lo necesario. Lo mejor estaba por venir,
no se sabía lo que era,
pero sí —con total certidumbre— que había de llegar
y sin mucha demora. Demora era un concepto sin sentido.
Todas las nubes tenían el rostro de tu amor.
Los libros prometían incondicionalmente vida.
Los senderos eran infinitos
y milagrosamente
ninguno inexplorable. De algún modo
no haber recorrido aún ninguno
equivalía a haberlos practicado todos.

Lo solemos llamar adolescencia.
Hablo de lo que fui

cuando aún las ciudades eran bosques frondosos
y podía ignorar que ciudades y fábricas
están quebrando el clima del planeta.

CUMPLEAÑOS FELIZ

I

Ya he cumplido treinta años

Se me ha puesto la cara algo redonda
he engordado cuatro o cinco kilos
hay días que me duele la espalda sin razón
me dicen que he ganado aplomo
ya no me gustan tanto los tejanos

Hago constar que explico todo esto
por propia iniciativa
y con plena aprobación de mi yo lírico

He cumplido treinta años
sigo teniendo ideas espinosas
                             (por lo menos algunas)
afiladas poco manejables

las chicas siguen teniendo las piernas
tan bonitas como antes

sigo negándome a tener un automóvil
ni regalado

sigo prefiriendo
cualquier gato a cualquier telediario

he ganado algún discernimiento extra

sobre lo sustancial y lo insustancial
pero básicamente
lo insustancial me sigue pareciendo insustancial

Quizá dudo
con más frecuencia que antes
Quizá entiendo de otro modo
los conceptos de *piedad* y *compasión*
que cuando me exaltaba Nietzsche con dieciséis años

quizá te necesito

He cumplido treinta años
vivo en un mundo
un poco más carnicero cada día
más bestialmente inane
más desprovisto de luz y de sintaxis
más encandilado con su propia vileza
He aprendido a vivir
apostando mi esperanza provisional
a un reflejo de sol sobre las aguas

Como decía, además
se me ha puesto la cara algo redonda.

2

Pero he querido ser un compañero del mundo, o sea:
acompañarlo. Sin pisar en sus pasos,
caminar a su lado. Sé que sin redención.

Ahí todo el horror y la escasa piedad.
Tomo su mano yerta y seguimos andando
vencidos no, arqueados
en resistencia al peso de la muerte.

3

Sólo sueño ya a través de las cosas,
los más duros abrazos de materia y deseo.
Las aristas del crimen imponen laconismo.

Tu noche, libertad. Tu noche y tu morada.

4

Hoy cumplo treinta y uno. Y hoy me he dicho:
es el momento
de empezar a reconstruirme.

Me acaricia el levísimo chasquido
de tus labios antes de la palabra.

FALSCHE UNMITTELBARKEIT

Por «inmediatez errónea»
fueron expulsados Fritz Teufel y sus compañeros
que poco después fundarían la Comuna Uno
de la vanguardia de los estudiantes revolucionarios berlineses
—año nuevo, vida nueva—
el primero de enero del sesentaysiete.

Si se me permite un momento de estetización de la política
—sin que ello sirva de precedente
y sin que signifique adhesión o entusiasmo
por la sinuosa línea política de los esforzados comuneros—:

¿alguien oyó alguna vez razón más hermosa
para que lo echen a uno de algún sitio?

No todo son defectos en las vanguardias revolucionarias.

PRIMERA PROPUESTA
PARA UN NUEVO ORDEN MUNDIAL

Tres
dos
uno
cero:

ya todos los habitantes de Norteamérica
comienzan a hablar árabe
y beréber.
En el Magreb sólo inglés y noruego.
Cada ciudadano de la India vive un momento de estupefacción
cuando se oye a sí mismo en griego antiguo.
En Chile vascuence y en el País Vasco iroqués.
Etcétera y etcétera, acumulativamente. Los detalles
los ultimará mi secretario.

Pasemos al asunto siguiente: *paz perpetua.*

SEGUNDA PROPUESTA
PARA UN NUEVO ORDEN MUNDIAL

Esta no es mía sino de mi amigo Michel
pero vaya por dios y por la buena causa:

es primavera
y empieza una huelga general indefinida de árboles y plantas.

Paro absoluto de toda producción vegetal.
Ni una hoja, ni una flor, ni un fruto
—salvo media docena de ortigas esquiroles
y un puñado de líquenes que siempre están en Babia—
mientras no se solucionen los problemas
derivados de ciertas relaciones básicas
de cada cual consigo mismo
con sus sueños
con sus infiernos
con sus seres queridos
con sus enemigos de clase
con el futuro
con la lluvia ácida y el efecto invernadero.

Huelga general vegetal
con la siguiente consigna:
«convierte la mala leche en buena savia».

LA CUESTIÓN NACIONAL

Los catalanes quieren ser californianos
los mejicanos quieren ser californianos
los japoneses van queriendo ser californianos
los piamonteses quieren desde luego ser californianos

Los somalíes quieren que los californianos
les dejen ser
Los palestinos querrían querer
ser californianos
Los californianos querrían ser
muchísimo más californianos
californianísimos requetepluscuamcalifornianos

Yo quiero ser
un grillo

una azalea
una vocal abierta
una interferencia en la pantalla.

INVOCACIÓN

Si vinieras
acaso me quedase unos instantes perplejo.
Pero pronto llegaría a la conclusión
de que, bien mirado, se trata de una sorpresa agradable
y te haría pasar dentro de casa
si vinieras.

Te ofrecería asiento
y una copa de vino, o un café, o un licor.
Seguramente nos quedaríamos unos instantes
sin saber qué decir, falsamente absortos en el vaso,
y luego empezaría poco a poco
el difícil trabajo del encuentro.

Todo lo no dicho
se interpondría cual cristal espesísimo,
todo lo vivido en expulsión centrípeta,
tan lejos ambos del terreno común.
Sabríamos
que era necesario reinventarlo todo
y sentiríamos miedo o quizá algo de hastío,
pero quizá otra copa
nos hiciese entrever una brasa, o más bien:
su posibilidad.
Quizá explorásemos
los irrecuperables puntos de conexión
para orientarnos.

Yo tendría que decirte en qué me he convertido,

quién me vivió por dentro
en todos estos años;
cuánta falsa inocencia se perdió en los márgenes,
que imágenes terribles
me invalidaron a menudo los ojos;
qué expiaciones me alumbraron a veces
con su lumbre mortal;
cómo me explico a mí mismo
en qué me he convertido,
qué espacios preservo para quien es mi mujer
ante mis ojos y los suyos
aunque ello no conste en ningún documento,
cómo me ha transformado su agonía
y otras insistentes alucinaciones.
Tendría que trazar algunos caminos
para empezar a explicarte
todo esto.

Se haría tarde sin complicidades, pero seguramente
no en vano.

¿Sabes? He empezado este poema descreyendo
en la posibilidad de que vinieras
y sin saber que su fin
era precisamente construir esa posibilidad
como ahora sé.

EN LA ESTACIÓN DE FRANCIA

Ella me dice que un tal Descartes dijo
«pienso luego soy»
y luego Lacan le enmendó la plana diciendo
«pienso luego no soy»
yuxtapuestamente, servilletamente,
ferroviariamente.

Y yo pienso que dije, digo,
que diré
precisamente en el próximo verso
que la vida me fue muy generosa
porque la tengo a ella

¡e incluso tengo algunos enemigos!

PRIORIDADES NORMATIVAS

Prohibido prohibir, me espetaste
sinceramente indignada por el paternalismo
que creías adivinar bajo mis protestas acongojadas.

De acuerdo. Pero ése será
sólo el segundo mandamiento de nuestras tablillas de la ley
y el primero dice: *prohibido imponer.*

LOS MÍOS

Hay gente que abandona
sus ideales cuando les salen arrugas
y abandonan a sus mujeres
cuando la correlación de fuerzas se vuelve muy desfavorable.

Pero esos
no son de los míos
y mucho menos ahora que el cielo se ensombrece.

POR SABER QUE TÚ EXISTES

Si te queda la mitad del desconsuelo
la décima parte
la milésima parte del desconsuelo

eres inviolable.
(Vulnerable, inviolable).

Si la algarroba te confía
un ángulo de dulzura en la boca
y conservas todavía en las palmas de las manos
el seco calor tan leve de tus muertos

seguramente eres tan vulnerable
como inviolable

y yo casi lo mismo por saber que tú existes.

NECESIDADES BÁSICAS

Como es muy de mañana, necesito
fraternidad.
De repente preciso
el flequillo de un sol sabio mas no pedante.
Necesito que ese grillo absorto
que canta en el garaje
siga conteniéndome en su laborioso placer.
Necesito que las larvas
no se resignen a su estado
como necesito que los almendros, al menos unos pocos
les planten cara a las inmobiliarias.

Es que va a rayar el día, siento que todos duermen y preciso
tanta fraternidad desconocida.

He visto las tormentas más sucias de la Tierra.
Pero de esto que he escrito no retiro
una sola palabra.

Un Occidente turbio violentamente anima/ la impotencia
que oculta tras sus dientes agudos
   Emilio Prados

¡Qué abismo entre el olivo/ y el hombre se descubre!
   Miguel Hernández

Cuando nos encontremos será al huir.
   Carlos Aurtenetxe

TANTO ABRIL EN OCTUBRE

(1994)

> Cuando a la casa del lenguaje se le vuela el tejado y las palabras no guarecen, yo hablo.
> ALEJANDRA PIZARNIK

1

Tanto dolor escrito en este cuerpo.
Tanta luz anegada en estos ojos claros.
La rosa es sin porqué
—ya lo sabías—.
El dolor nunca tiene para qué.

2

En el hospital el tiempo es otro tiempo.
Sigue pautas distintas:
leche caliente a las cuatro y a las once,
desayuno a las nueve,
tantos medicamentos en vasitos de plástico,
tomar la tensión por la mañana y por la noche,
visita de los médicos a las diez más o menos,
la comida a la una, tan temprano…
Lo que desaparece es la impaciencia.
La habitación es un vagón de ferrocarril
y el tren no va a llegar a su destino
antes de tres semanas.
Una visita ha observado
que el Madrid que se ve desde este piso décimo
es un óleo de Antonio López.

3

Después de la mitoxantrona
orinas azul.
Cerca agoniza un muchacho
a quien han serrado la pierna en la cadera:
cercenada pesaba treinta y cinco kilos,
más peso que el resto de su cuerpo ahora.
Un mesmerizador lo hipnotiza
para que no quiera morir
aunque se muere.
Tú orinas un azul
contiguo a esa agonía.

4

Estas enfermedades se llevan muchas cosas.
Lo que queda
me atrevo a llamarlo esencial.
Por ejemplo: estás viva. Te amo.

5

El café con leche cuesta ochenta pesetas.
El zumo de naranja natural, doscientas.
Un litro y medio de agua
mineral cuesta ciento veinticinco.
El tratamiento —que paga
la Seguridad Social— de seis a ocho millones.

6

A veces he pensado que ya estabas muerta
y yo vivía alguna vida sin ti,
quizá con otra mujer.

La libertad de un duelo.
Me imagino releyendo los cuadernos de tu mano
escritos con esa letra que tú juzgabas tan fea.

Entonces me doy cuenta de que esa vida
es un pozo seco que en realidad no imagino
y no tendría que ver conmigo nada,
nada.

7

De pie detrás de ti
te rodeo la cintura con los brazos
mientras te inclinas para lavarte la cara
(esta mañana te desvaneciste
y volviste luego con un minuto de terror
sobre la lengua).
Te sostengo para que no caigas,
mi carne junto a tu carne.

Mientras estamos así
pienso en todas las veces que estuvimos así
pero mi carne dentro de tu carne
pero tu carne envolviendo mi carne.

Y de repente eres tú quien me estás sosteniendo
para que yo no caiga.

8

Sueñas
que queman por dentro a un caballo

y al día siguiente empieza la fiebre.

9

El tónico facial y la crema hidratante
hasta con treinta y nueve grados.
Hasta cuando eso representa más trabajo
que el de la jornada en que más hayas trabajado en tu vida.
Todo ese trabajo
para salvar la tersura de la piel

salvar la vida y el mundo
que hoy dependen de la tersura de la piel.

10

Un archipiélago de pequeñas estrellas de sangre
sobre los muslos.
Tienes sólo doce mil plaquetas hoy.
Han bautizado a tus estrellitas *petequias*.

11

Eres sagrada
Tu orina huele mal
eres sagrada
Se te cae el hermoso pelo negro

eres sagrada
Las piernas no te sostienen
eres sagrada
Las heridas no cicatrizan
eres sagrada
Sin morfina no aguantas las llagas de la boca
eres sagrada
eres sagrada
y por eso mañana baja la fiebre
baja la fiebre azul
empieza el día de tu restitución.

12

Ya pasó, ya pasó, y sólo quedan
los chiquillos jineteando sus *mountain-bikes* en el baldío
—más allá del aparcamiento, diminutos
desde la planta décima—
y esa gota de sangre sobre los cubiertos de plástico.

NB: el autotrasplante de médula ósea salió bien y la paciente (con quien me había casado en diciembre de 1993 después de tres años de convivencia) goza de buena salud. Lo indico porque algún lector de estos poemas supuso —para mi sorpresa— un desenlace fatal: yo creía que el término restitución era suficientemente explícito. Para que la cosa quede clara, añado el poema siguiente.

OTRO COMIENZO MÁS

Hoy
un día de febrero
aterido de lumbre hasta los codos

has escapado
           otra vez
al manto de ceniza
al restregón del cáncer

dispones
       disponemos
de un día más
una semana más un año
                 un día

pero no te equivoques: no se trata
de un último día

nunca te dejes tutear por un tumor

este día ganado es el primero.

                         (1995)

EL DÍA QUE DEJÉ DE LEER
EL PAÍS

(1993-1996)

AL AVISADO LECTOR,
A LA DISCRETA LECTORA

Es un lugar común decir que vivimos en la era de la información; en realidad vivimos en la era del ruido. (Empleo *ruido* tanto en su sentido acústico como —sobre todo— en el sentido que la palabra tiene en teoría de la comunicación.) La poesía habla siempre en voz baja, y con este nivel de ruido es casi imposible que se la oiga. Se halla condenada a la marginalidad: no porque tenga ninguna vocación especial para ella —le encantaría ocupar una posición central—, sino porque con este volumen de ruido no hay forma de entenderse.

El hiperrealismo es el realismo en la era de los hipermercados. Excuso largarles ahora un par de párrafos de teoría sobre el hiperrealismo crítico, que se nos hace tarde. Cada uno en su casa y la tele en la de todos.

Escribí estos poemas entre 1993 y los primeros meses de 1996. De entonces para acá, la observación de Jesús Ibáñez con que se abre este libro ha dejado de ser cierta: EL PAÍS ya no es Dios, o por lo menos es un dios amenazado, vacilante bajo los golpes que recibe en la mediática gigantomaquia.

A mí esos duelos de *másters del universo* no me van ni me vienen (me interesa más el destino de las numerosas criaturillas que los gigantes aplastan mientras luchan), pero he de hacer constar el cambio, que afecta al andamiaje simbólico de este librito: pues, cuando Dios era Dios, se pretendía herético. No se trataba tanto de invitar a nadie a abandonar la lectura como de sugerir la necesidad de leer críticamente, tanto EL PAÍS como el mundo (sin mayúsculas).

Por lo demás, se sabe que el yo lírico no coincide con el yo biográfico: son como primos lejanos a quienes no les gusta encontrarse, porque les incomoda su vago y sin embargo inocultable parecido. No ha dejado de leer EL PAÍS: cada día mi primo se entrega a ese vicio con la ferocidad de un rito de autodestrucción.

J.R.
Otoño de 1997

PREÁMBULO POÉTICO

Una de las enseñanzas preciosas de Lenin ha sido la de que debemos estudiar atentamente los juicios de nuestros enemigos de clase.
   ANTONIO GRAMSCI

El País está atrapado por su eterna y congelada soledad. Es difícil ser Dios.
   JESÚS IBÁÑEZ

PREÁMBULO POLÍTICO

En alguna parte hay una carencia que es una fuerza,/ un salto que apenas puede darse una vez,/ en alguna parte hay una catarata que no se deja explotar,/ un animal que huye hasta caer agotado/ y jamás alcanza la seguridad de la jaula./ (En alguna parte, qué fácil es decir en alguna parte.)
   ARTUR LUNDKVIST

Los alcahuetes no hablan más que de eso que llaman orden. Sin percatarse de que orden es el que hay y que si se echaran al azar tipos de imprenta, resultaría no una Ilíada pero sí algo de que se haría una una Ilíada al fin y al cabo. Y que más terrible que el salto en las tinieblas es el vagabundeo en el vacío.
   JOSÉ BERGAMÍN
   (en carta a Miguel de Unamuno)

Tengo la impresión de que la Naturaleza ha fracasado en su intento de producir en esta Tierra un ser inteligente.
   MAX BORN

Terreno perdido, terreno
perdido, la voz
preexiste a la pérdida,
se aviva alrededor de un poste negro,
se desgarra en un zarzal, dice:
terreno perdido.

EL BELLO SUEÑO DEL TRABAJO ESTABLE

LA EMPRESA ES ESENCIALMENTE
UNA INSTITUCIÓN INESTABLE
SI PENSAMOS EN UNA ECONOMÍA LIBRE. LA EMPRESA
TIENE QUE ABRIRSE
PASO Y PERMANECER
ENTRE CONTINUAS ACECHANZAS

LAS QUE PERMANECEN LO HACEN NORMALMENTE
SOMETIÉNDOSE A UN PROCESO INCESANTE DE CAMBIO

TODO CAMBIA
NUEVOS SERVICIOS
NUEVAS VACACIONES
NUEVOS MEDIOS DE TRANSPORTE
NUEVAS OFERTAS PARA OCUPAR NUESTRO OCIO:
TODO CAMBIA

EN UNA ECONOMÍA QUE
ADEMÁS DE LIBRE
SE ABRA A ÁMBITOS TERRITORIALES LEJANOS
LA INESTABILIDAD EMPRESARIAL ES MUCHO MAYOR

¿CUÁNTAS EMPRESAS
ANTE NUESTROS OJOS
NACEN Y MUEREN TODOS LOS DÍAS?

EL SUEÑO DE LA ESTABILIDAD NO ES MÁS QUE ESO:
UN SUEÑO
NADA PERMANECE ESTABLE

EL MUNDO DE LAS EMPRESAS ES UN MUNDO DE RIESGO

LOS TRABAJADORES
HAN DE COMPETIR
A TRAVÉS DE LAS EMPRESAS
CON TRABAJADORES NO YA DE ESPAÑA O DE LA UNIÓN
    EUROPEA
SINO DEL MUNDO ENTERO

EN ESTAS CIRCUNSTANCIAS EL IDEAL DE UN EMPLEO
A LO LARGO DE UNA VIDA
CON TODO LO QUE LA VINCULACIÓN A UN SITIO APORTA
COMO CALIDAD DE VIDA Y RELACIONES PERSONALES
ES UNA UTOPÍA

TODO CAMBIA
UNA ECONOMÍA LIBRE ES UNA ECONOMÍA DE CAMBIO

LA LIBERTAD
TRAE MUCHAS INCOMODIDADES
PERO DEBERÍAMOS SABER QUE AL ENTRAR EN LA C.E.
Y PROSEGUIR POR LA VÍA DE LAS LIBERALIZACIONES
HEMOS ELEGIDO EL RIESGO

¿O ES QUE ACASO
NO SABÍAMOS
LO QUE ESTÁBAMOS ELIGIENDO?

> Como es bien sabido, en muchos casos el poeta es mero amanuense de potencias inspiradoras que le sobrepasan. Este poema estaba contenido en el artículo de don Jaime García Añoveros —catedrático de Hacienda en la Universidad de Sevilla— titulado «El bello sueño del trabajo estable»: no tuve más que tachar el texto sobrante. Por tanto, todos los fragmentos son citas textuales y su orden se ha respetado escrupulosamente.

OBRERO JOVEN, 1993

Casado. Tienen ya piso
y en realidad casi todo. El padre,
conductor de autobuses
y albañil, les ayudó a renovarlo.
El dormitorio mide más de 16
m². Sólo les falta la nevera.
Tienen una iguana
en un terrario con fondo de moqueta
—su antecesora
murió por ingestión accidental
de piedrecillas— y una calefacción
a la medida del pequeño reptil.
Costó seis mil pesetas.

RECOLECTORA DE BASURA, FINALES DE LOS AÑOS OCHENTA

Una ciudad de Turquía. La basura
avanza sobre la cinta deslizante.
A ambos lados, los seleccionadores
se afanan con movimientos rapidísimos.
Pañuelos en la cara atenúan una parte del hedor.
Han alquilado o comprado los puestos que ahora ocupan:
el más caro al comienzo de la cinta,
donde pueden lograrse las chatarras metálicas
más valiosas. En medio de la cinta es menos oneroso,
pero también más magra la cosecha:
pueden seleccionarse las latas de conserva
o los trozos de plástico. Al final de la cinta
en el lugar peor y más barato
una mujer recobra los papeles

y trozos de madera. Tras la primera hora
se sabe que la cinta no se detendrá nunca.

ON LIBERTY, 1996

No lleva un libro, pero lleva un teléfono inalámbrico.
No lleva pan, pero lleva un teléfono inalámbrico.
No lleva un hijo, pero lleva un teléfono inalámbrico.
No lleva culpa, pero lleva un teléfono inalámbrico.
No lleva un amor, que lleva un teléfono inalámbrico.
No lleva nada y lleva un teléfono inalámbrico.

¡ATENCIÓN! BELLEZA
A PRECIOS EXCEPCIONALES, 1996

Era publicidad de una peluquería;
pero a fin de cuentas
¿qué ofrece el artista
en los mercados del final del mundo?

SANTA CLAUS, 1993

Cada día desde hace dos semanas
lo encuentro en la misma acera
cuando voy al trabajo. El traje de payaso rojo hiriente,
la barba postiza, los ojos humillados.
Cuando hace mucho frío
se refugia unos momentos en la peluquería
que le paga. Su trabajo es dejar acercarse
la Navidad en esa esquina
sin oponer resistencia,

recordar a las gentes la alegría coactiva,
la obligación de comprar.
Centinela del consumo: me despiertas la rabia.
Pero enseguida pienso
que entre los tres o cuatro millones de parados
tú al menos has logrado faena para un mes.
Me gustaría saber cuánto te pagan.
Soñar con rudimentos de organización sindical
para estos santaclaus de alquiler
es ya disparatar, y me arrepiento.

PROSTITUTA, 1993

La nube de perfume de garrafa
delimita su espacio en el vagón. Diciembre,
pero viste escasamente un *body* negro
y vaqueros. La chaqueta barata
reposa en el regazo. Con parsimonia abre el bolso,
extrae un *chupachup,* lo tira al suelo
y lo pisa. Me pide a mí que lo pise:
yo ya no tengo piños, ¿ves? y exhibe
la encía desdentada sin caninos ni muelas,
con el zapato de tacón no puedo partirlo.
Pisoteo el *chupachup* relleno de chicle.
Para mí tampoco es fácil (mis zapatos
tienen suela de goma). El metro va llegando
a mi estación. Ella se limpia
los sobacos perfectamente rasurados
con un *klínex* manchado de carmín, y me regala
un calendario ajado para el año entrante.
Desciendo en mi estación. ¿Esa encía sin muelas
mastica el *chupachup*? Ella tiene
quizá cincuenta años.
No es seguro que sea prostituta.

La puerta nunca cierra exactamente.
Por la rendija entra
la lengua de la noche en ráfagas sedientas.
La seda de un disparo me mantiene en vela
en vilo
sobre el abismo contiguo a mi deseo.
Extiendo la mano, rozo
tu pesadumbre. Estás ahí, dormida.

La puerta nunca cierra exactamente.

INTELIGENCIA ARTIFICIAL

Edificios inteligentes
bombas inteligentes
automóviles inteligentes
electrodomésticos inteligentes

sólo las personas
los animales y las plantas son tontos

Homo sapiens sapiens se desvive
por abdicar en sus bestias

pero el proyecto aún ofrece
dificultades técnicas.

LA MODERNIZACIÓN
DE LA MODERNIZACIÓN

Lentitud
Calidad
Individualidad
Placer
Libertad

Estoy
irremediablemente desfasado.

ENÉSIMA FE DE ERRATAS

El titular de periódico quería decir
«Bienvenidos a la nueva y rutilante época
en que las compañías transnacionales y los policías
de casi todo el mundo
y cierta proporción de ciudadanos privilegiados
dentro de cierta proporción de países ricos
tendrán acceso a las nuevas y rutilantes
postnuevas y postrutilantes
postnovísimas y postrutilantísimas
redes mundiales de comunicación
merced a lo cual
dios mediante y salvo fallo técnico
transnacionales
policías mayoritariamente
y ciudadanos si privilegiados
serán en verdad como dioses milenarios
por ubicuos polícromos y unos en lo múltiple»

pero en realidad el titular decía solamente
WELCOME TO THE WHOLE EARTH MILLENNIUM.

MACBA, 1996

El día en que el museo de arte contemporáneo
no reprima a la ropa tendida
aquel día
podremos empezar a hablar de democracia.

EL PAÍS DE LAS TENTACIONES

Cuando leo las palabras
joven
radical
estilo
fascinación
vanguardia
extremo
rebeldía
siento tanta vergüenza
tal incendio de humillación que me escondería
detrás del último botón de la última chaqueta
del último analfabeto del último corral del último pueblecito
blanco y derruido
donde recobrar algo de sustento
y tal vez dignidad.

ENTREVISTA PARA LA PRENSA, 1995

Si ponemos
a quien no sabe sociología ni entiende de política
a escribir sobre movimientos sociales

si ponemos a quien no ha leído a Freud
a reflexionar sobre psicoanálisis

si encomendamos a quien nada sabe de ecología
la información sobre el cambio climático

y si asignamos a quien no sabe nada de nada
pero en particular desprecia las cosas del lenguaje
los comentarios sobre poesía

(ya sé que no soy quién para quejarme
yo que más de una vez he declarado con énfasis
que no hay nada en lo que sea experto
y sin embargo no logro mantener la boca cerrada)

el caso es que si ponemos en práctica
la división técnica del trabajo que acabo de sugerir
el resultado no es un manicomio
(o quizá sí según se mire la cosa pero con mirada exotérica
la cosa no es un manicomio)

sino un poderoso miedo de comunicación de masas
        perdón medio de comunicación de masas
en la era de la comunicación de masas
en la era de la mierda en la nevera
en la era del cuento de la lechera.

No soy mago, dijo
mientras una menuda interminable escolopendra
le salía de la boca, se le enroscaba
en los hombros, jugueteaba en su muñeca
y se me clavaba directamente en el corazón.

MANIFESTANTES, 1996

Las manifestaciones tienen algo ridículo

(Hablo de las ocasiones en que lo peor que puede pasar
es que policías bien pagados te obliguen a echar una carrera
o tiren de la porra —con ambulancias próximas—
No hablo de las veces en que te juegas la vida
porque policías y soldados mal pagados
tienen órdenes de disparar y están dispuestos a hacerlo
Hablo de una desproporción de fuerzas tan grande que el poder
se permite el lujo de la tolerancia
mientras digitaliza los datos por si acaso)

Decía que las manifestaciones tienen algo risible
que incomoda a la gente elegante
En ellas la gente está sin saber bien cómo estar
casi siempre algo desplazada
No reposan en el centro de su ser
sino que su ser les cae encima como un traje mal hecho
lleno de flecos sueltos y descosidos
Siempre se tiene la impresión
de que podrían estar empleando mejor su tiempo
en alguna otra cosa
O como decía Milan Kundera:
    «Lo que hace del hombre de izquierdas un hombre de izquierdas
    no es tal o cual teoría, sino su capacidad de convertir cualquier
    teoría en parte del *kitsch* llamado Gran Marcha hacia adelante»

Les decía que ir a manifestaciones
a partir de cierto nivel de renta o de sensibilidad estética
siempre avergüenza un poco

Tienes que decidir qué pesa más:
si la pequeña vergüenza de contribuir
al *kitsch* de la manifestación
(aunque las pancartas de la Gran Marcha Adelante
ya hayan sido trocadas por las de la Gran Resistencia Heroica
que vienen tiempos malos)

o la pequeña vergüenza de contribuir
a las estructuras del crimen las transacciones financieras del crimen
las armas de repetición del crimen las melodías ligeras del crimen
las piscinas climatizadas y los hipermercados del crimen.
A partir de cierto nivel de sensibilidad estética
la última opción
también debería resultar gravosa.

PRIMEROS BROTES DE PRIMAVERA, 1996

¡El mérito que tiene ser árbol
en una ciudad como Madrid!

Pero pensándolo bien:
¡el mérito que tiene ser cartero
oficinista limpiadora dependiente médico homeópata
o simplemente ser humano
en una ciudad como Madrid

y no les digo en otras!

ADAPTACIÓN AL MEDIO

Readaptar al inadaptado
postadaptar al preadaptado
melioadaptar al minusadaptado

multiadaptar al monoadaptado
neoadaptar al paleoadaptado
(y paleoadaptar al preadaptado)
anteadaptar al tardoadaptado
justiadaptar al mal adaptado
ortoadaptar al heteroadaptado
heteroadaptar al homoadaptado
oligoadaptar al demoadaptado
dulciadaptar al amargoadaptado
exoadaptar al endoadaptado

nuestro programa subvencionado
con cargo a los fondos SUPERADAPT de la Unión
Europea le ofrece
otras 99 soluciones adicionales
perfectamente adaptadas a su problema personal.

PERSECUCIÓN DE IDEALES

Platón
inventó la teoría de las Formas

y la Dow Corning
inventó los implantes de silicona.

LECTURAS Y DIETAS, 1994

Cuando mastico
el asado
pienso en el cerdo

Cuando miro

las estanterías con libros
pienso en los árboles

Una simpleza diréis:
el cerdo está ya muerto
los árboles talados ya

Es un error
He negociado con ellos
y no les da lo mismo en absoluto

La diferencia es crucial
No a efectos de justicia:
a efectos de futuro

Yo no pienso seguir comiendo asado
toda mi vida
No seguirán desapareciendo bosques siempre

El mundo
os dije que está enfermo
de soledad.

PASATIEMPO

Un poeta desconocido ha escrito las siguientes líneas de un poema en prosa. Complételo siguiendo las pautas que crea advertir en el propio texto.

SOY UN HOMBRE. PENETRO EN EL ESPACIO PORQUE ME VACÍA. PERSIGO A LA GENTE QUE RONDA LA CASA. DUERMO BOCA ARRIBA PARA TENER VISTAS DEL SEXO QUE HACE SANGRAR. PROTEJO AQUELLO QUE SE MULTIPLICA PERO NO ESTOY SEGURO DE AMAR A MI HIJO.

MENINA DA RUA, 1994

*¿No sería posible
que yo
volviera a nacer?*

pregunta
una *niña de la calle* en Brasil

y lo transmite el periodista Dimenstein
que ha investigado esa masacre
—«un proceso sistemático de aniquilamiento:
a los niños se los tortura
se los aterroriza
se los prostituye»—
con riesgo de su vida.

Consideradas las cosas fríamente
y tras un somero cálculo de probabilidades
se impone la conclusión de que habría
que devolver a la realidad
a esa chiquilla:

¿cuántas veces
desgraciada
cuántas veces
tendrías que volver a nacer?

CADA CUAL TIENE SUS DEBILIDADES

> ... como si en los acontecimientos sociales todavía hubiera posibilidades de hablar en términos de buenos y malos y de expresar rotundidades...
> JOAQUÍN ESTEFANÍA en *El País*, 19 de febrero de 1994

Yo ya sabía
que el estado mejicano de Chiapas
está situado en el ciberespacio

y que ciudades como Gorazde o Sarajevo
no constan en el atlas
que el poeta *de la experiencia* estándar
manejó en su añorada espléndida niñez

Yo ya sabía que mortal pecado es hoy
hablar en términos de buenos o malos
o expresar rotundidades

incluso si lo violan analmente a uno
con el palo de una escoba
como al pobre ciudadano italiano
que osó desafiar el rotundo poder del ciudadano Berlusconi
organizando un boicot a sus mercaderías.

Yo ya sabía que han pasado los tiempos
en que podía distinguirse la explotación de la filantropía
la sangre del petróleo
la justicia de la tortura
la usura de la estética
el hambre del destino.

Yo ya sabía que hoy es necesario
jurar fidelidad a la bandera

a la democracia liberal-democrática
al pensamiento débil
a los valores débiles
y a la propiedad privada fuerte, ahí no valen bromas
enclenque amigo mío.

Yo ya sabía todo esto.
Pero no acabo de acostumbrarme totalmente, y a veces
por las mañanas se me avergüenzan las uñas
o la espalda.

VENTA POR CATÁLOGO
A 9.400 METROS DE ALTURA, 1996

Maquinilla para afeitar pelos del interior de la nariz, enteramente libre de ruidos y vibraciones, $ 19'95

Alfombrilla electrificada para condicionamiento de animales de compañía, 3 intensidades de descarga diferentes, $ 89'95

Aspiradora de vacío con velocidad de 14.000 rotaciones por minuto para la eliminación de insectos y arácnidos que mueren rápidamente dentro de un cartucho recargable lleno de gel no tóxico, $ 49'95

Máquina limpiadora de joyas mediante ondas ultrasónicas, $ 79'95

Dispensador de ambiente sonoro personalizado con 10 ambientes digitalizados de forma realista (Lluvia, Arroyo, Océano, Noche de Verano, Ruido Blanco, Bosques Boreales, Costa de California, Selva Pluvial, Crucero Tropical y Latidos del Corazón para Bebés), $ 139'95

Almacenador de gorras para armario, en acero inoxidable recubierto de vinilo, $ 10

Única cama plegable de acero que está a la altura de los estándares de la Cruz Roja Americana, $ 89'95; con su colchón ajustable, $ 14'95 adicionales

Juego de dos luces halógenas para macetero que realzará la belleza de sus plantas de interior, $ 29'95

Remplace en los armarios su desparejada colección de perchas, cada una de su padre y de su madre, por esta colección de perchas de madera fabricadas a mano con diseño italiano por sólo $ 29'95

Cajas de porcelana de Limoges que representan a personajes de *El jorobado de Notre Dame,* trigésimo cuarto largometraje de dibujos animados de Walt Disney Productions. Con un exclusivo certificado de autenticidad, $ 250

Programa de autoayuda «La Neuropsicología de la Autodisciplina». Hemos descubierto las características fundamentales de los individuos altamente motivados —esos «ganadores» a quienes admiramos todos— y mediante una investigación exhaustiva hemos hallado las claves críticas del éxito. Usted llegará a lo más hondo de sí mismo y aprenderá una serie de mensajes mentales clave que crearán acción cotidiana decisiva y derrotarán al desánimo. 8 audiocasetes, guía de estudio y vídeo motivador «El Fuego Que Arde Dentro de Ti» por sólo $ 49'95.

INDIGENTES MEJICANOS, 1993

En el norte de Méjico
el estado de Chihuahua se ha visto afectado

por una ola de frío inusual: diez bajo cero
y fortísimas nevadas. Más de sesentaycinco personas
han muerto por «complicaciones respiratorias
derivadas de las bajas temperaturas»
según eufemizan los gacetilleros. Sucedió que las víctimas
encendieron fogatas con lo que hallaron a mano
para luchar contra el frío y al hacerlo inhalaron
cantidades letales de gases tóxicos
(monóxido de carbono principalmente). Nunca
brillaron los desheredados
por sus conocimientos sobre química de combustiones
pese a que la materia —como se ve a las claras—
es cosa de vida o muerte.

VIEJO

Tengo 42 años y soy obrero del metal

He perdido mi empleo

Sé que nunca más encontraré trabajo

JOVEN

Tengo 42 años y soy concejal de la oposición

Acaba de empezar para mí
una brillante carrera profesional

A medida que nos acercamos
rápidamente al final descubrimos
que se halla desplazado levemente
con respecto al lugar que le asignábamos antes
aunque mucho más cerca.

Meneamos
los hielos y el licor,
nos recreamos en el tintineo.

El optimismo, un conjuro impotente,
una alacena vacía, un rictus
en la boca post-mortem del difunto.

Es dulce el tintineo,
se halla también levemente desplazado.

COMPETITIVIDAD

Si trabajas en Navarra
te caparemos el salario
para que seas competitivo frente al obrero de Sajonia.

Si trabajas en Sajonia
rebajaremos tu salario
para que seas competitivo frente al trabajador coreano.

Si trabajas en Corea del Sur
mellaremos tu salario
para que seas competitivo frente al obrero de Bolivia.

Si trabajas en Bolivia
mutilaremos tu salario
para que seas competitivo con el obrero portugués.

Si trabajas en Portugal
te humillaremos el salario
para que seas competitivo frente al trabajador navarro.

Y aquí vuelve a empezar otro espléndido ciclo
de innovación empresarial.

BIENES Y SEVICIAS

LA POLICÍA HA DETENIDO A UN TENDERO MADRILEÑO
AGUSTÍN L.C. DE 47 AÑOS
ACUSADO DE VIOLAR A LA HIJA DE UNA DE SUS EMPLEADAS
BAJO LA AMENAZA DE DESPEDIR A LA MADRE
SI SE OPONÍA O COMENTABA ALGO.

LA MUCHACHA
           —DE 18 AÑOS—
LLEVABA 3 AÑOS YENDO TRANQUILAMENTE POR LA TIENDA.
EL PASADO 2 DE ENERO EL JEFE
DE SU MADRE LE PIDIÓ QUE LE ACOMPAÑASE
PARA HACER UNOS RECADOS. AL LLEGAR
A UN DESCAMPADO SE ABALANZÓ SOBRE ELLA
Y LA VIOLÓ.
           LA JOVEN
TARDÓ TRES SEMANAS EN DENUNCIAR EL HECHO
POR TEMOR A QUE SU MADRE
—A PUNTO DE ENTRAR
             FIJA
                EN LA EMPRESA—
FUESE DESPEDIDA.

> Este poema estaba contenido en una noticia de prensa (*El País*, 23 de enero de 1994); mi tarea se limitó a tachar el texto sobrante y disponer las líneas.

COMPETITIVIDAD (II)

Quienes van muy deprisa hacia ninguna parte
cierran el paso sin un sólo resquicio
a quienes queríamos llegar lentamente a un destino.

ISLA DE BEDLOE, 1996

La libertad se halla
dentro de una estatua francesa
confinada en una pequeña isla
en la desembocadura del río Hudson.
El resto del país
se las arregla como puede.

VANGUARDIAS CHINAS, 1995

Aquí
un artista se cayó
y se rompió un tobillo

En este otro verso
un artista pisó una mierda y gritó
que los perros deberían estar prohibidos en las ciudades

Yo soy un artista
tú eres un artista
en China viven más de mil doscientos millones de artistas
y *Catalunya es un païs amb futur*

El *pop-art*
se inventó en la Unión Soviética hacia 1930
pero sólo hemos caído en la cuenta
sesenta años después

Yo no soy racista pero
sí un artista y
las ciudades deberían estar prohibidas en torno a los perros

*Do you know
what smoke is the best?*

Dadá
se inventó en el sur de China hacia 1985
y también lo hemos sabido con retraso

Dos cerdos tatuados
con toda la inteligencia del mundo
copulan sin reposo mientras
las ciudades giran en torno suyo

y los perros se manifiestan al grito de
libertad amnistía estatuto de autonomía

Tropiezo en este verso pero sin romperme nada
la Tierra es
un planeta sin futuro
poblado por más de 5.600 millones de artistas
yo me he comprado una brocha y un casco de combate
y voy a inventar el arte primitivo
sin un sólo minuto de demora.

PASATIEMPO

Adivine el lexema de tres letras que falta en los siguientes versos que en su día el asesinable poeta Mario Benedetti le dedicó al asesinado poeta Roque Dalton:

«le tenías ojeriza a la ——-eza/ porque sabías cómo somos de im——-os/ cómo mezclamos sueños y vigilia/ cómo nos pesan la razón y el riesgo/ por suerte eras im——-o»

LAPIDACIÓN DE MATRIMONIO JOVEN, 1993

Los entierran hasta la cintura y los apedrean
los apedrean. Ella muere poco después.

Se había casado con él en segundas nupcias
tras ser abandonada por su primer marido.
Sabiendo de qué iba el paño, tuvo la precaución
de consultar a clérigos locales
pues como bien se sabe la ley coránica
no se anda con chiquitas con las adúlteras.

Ellos la autorizaron.

Pero la interpretación de la ley, ay, ceba
como bien se sabe miles de volúmenes
en cualquier seminario de filosofía del derecho.
Poco después un *salish*
declara ilegal este segundo matrimonio

los entierran hasta la cintura los apedrean
los apedrean.

Ella muere poco después
Noorjaham Begum
21 años
en Bangladesh.
No voy a llamarla mártir de ninguna fe:
sería lanzarle
una última piedra más.

CASCOAZUL Y MUCHACHO SOMALÍ, 1994

Esta es una fotografía
indescriptible. Así que dudo largo rato,
miro, aparto la mirada, decido no escribir,
vuelvo a mirar y a no poder mirar, vuelvo.

Sé que en Somalia las niñas son mujeres,
los niños hombres a los doce, trece años.
Miro y aparto la mirada y vuelvo
con esa tantas veces descrita, bien descrita
fascinación por el horror.

¿Qué es describir?
¿Qué es un hombre, un niño?

Realidad, digo, y cuando digo: ¿qué?
¿Qué significa objetivo, subjetivo,
qué la imaginación, qué es el deseo?

Decido
por lo menos copiar el pie de foto:

> «El *casco azul* canadiense Clayton Matchee, destacado en Somalia, instigó a sus compañeros para torturar hasta la muerte a un somalí de 16 años al que sorprendieron robando, en marzo de 1993, en un almacén de víveres. Las fotos tomadas durante la sesión de tortura sirvieron para procesar a Matchee en Canadá. Este, sin embargo, pudo evitar el juicio debido a una supuesta incapacidad psíquica, según estimó un jurado militar. Las fotos han sido hechas públicas ahora por varios diarios canadienses.»

Sólo puedo describirlo a él
agachado junto al niño-hombre negro:
un varón blanco de mi edad más o menos
(cumplí 31 en marzo de 1993)
de complexión atlética
viste pantalón largo y camiseta sin mangas
ambas prendas de color claro
tatuajes en el hombro y el antebrazo izquierdo
pelo corto pajizo bigote breve
los ojos oscuros de expresión inteligente
miran directamente a la cámara
los labios fruncen una leve sonrisa
la mano derecha —quizá una tirita en el índice—
se halla posada en la cabeza
de eso a quien están dando tormento
la mano izquierda —en ella un reloj de acero—
con el índice extendido
señala la cabeza
de eso a quien están dando tormento
toda la actitud del verdugo es

didáctica
la de quien está enseñando algo importante
que la cámara va a precisar
la de quien nos llama la atención
para confiarnos una enseñanza importante.

Aquí no puedo escribir lo que pienso, y os dejo
solos.

MERCADO LABORAL, 1994

En Barcelona, al menos
la mitad de los repartidores de butano
son ya magrebíes.

Pero en Salamanca
durante tres días de observación atenta
no se mostró ninguno.

OFRÉCESE SUPERLÓPEZ, 1996

IGNACIO LÓPEZ DE ARRIORTÚA
MÁS CONOCIDO COMO «SUPERLÓPEZ»
INGENIERO MAGO DEL AHORRO
PRIMERO DE LA GENERAL MOTORS Y AHORA DE LA VOLKSWAGEN
SE ENTREVISTÓ CON EL MINISTRO RECIENTEMENTE
PARA OFRECERLE SU COLABORACIÓN

SU OBJETIVO
ES TRATAR DE SUPRIMIR SISTEMÁTICAMENTE
DEL PROCESO DE FABRICACIÓN
TODO ELEMENTO QUE NO SUPONGA UN VALOR
AÑADIDO

SUPERLÓPEZ CAPITANEA A SUS GUERREROS
A QUIENES HACE LLEVAR EL RELOJ EN LA MUÑECA DERECHA
Y ADOPTAR UNA DIETA SIN GRASAS PORQUE
«ADORMECEN EL ESPÍRITU DEL GUERRERO»

SUPERLÓPEZ SUELE TERMINAR SUS EXPOSICIONES PÚBLICAS
CON UNA DIAPOSITIVA DE ÁFRICA
EL LEÓN SE PREGUNTA
—DICE EL MAGO DE LA VOLKSWAGEN—
SI PODRÁ CORRER LO SUFICIENTE
PARA COMER ESE DÍA
Y LA GACELA SE PREGUNTA A SU VEZ
SI CORRERÁ LO SIFICIENTE PARA SALVAR LA VIDA.
«LO IMPORTANTE»
—SACA EN CONCLUSIÓN SUPERLÓPEZ—
«ES CORRER CADA DÍA».

De nuevo me he limitado a tachar texto de un texto ¿adivinan ustedes de qué diario? Mi colaboradora involuntaria se llamaba en esta ocasión Lucía Argos, y su versión inicial de este poema —titulada «Sanidad baraja subir del 40% al 45% el pago por receta y que los jubilados abonen 100 pesetas»— se publicó el 26 de julio de 1996.

Los actos que se acaban en sí mismos
no pueden pervertirse.

Hablar a un gato en sintaxis de caricia,
contar los más de veinte murciélagos que salen
por el diminuto orificio de la columna hueca,
follarte a fondo
después de una semana de camas separadas.

Algunos actos que guían más allá de sí mismos
no son engaño ni traición.

DESÁNIMO DEL MILITANTE

Cuando los comunistas creíamos que por fin nos habíamos
    librado
del marxismo ortodoxo
el *Diamat* y el *Histmat*
                (no, amiga, no son marcas
de artilugios anticonceptivos)
las desviaciones sexuales objetivamente contrarrevolucionarias
y el Corte Epistemológico
entre la poesía de la juventud y la Zienzia de la edad madura

llega desde la capital del Imperio del Norte
la impotente norma de lo *politically correct*.

Joder, joder, ¡joder!

Espero que no tropecemos
otras doscientas veces en la misma mierda.

CULOS COMUNISTAS
DURANTE LA GUERRA FRÍA

> Los planes de [el director de los servicios secretos británicos, sir Richard] White para atacar la subversión comunista eran, por lo menos, pintorescos: sus agentes impregnaban los rollos de papel higiénico de los salones alquilados por organizaciones izquierdistas con una sustancia que daba picores.
>
> *(El País,* 20 de mayo de 1995)

Desde que lo leí
soy incapaz de rascarme
ese lugar

sin pensar en la lucha de clases.
Lo he bautizado
concientización anal.
¡Compañeros
el enemigo nos aguarda
en los retretes del sistema!

TRAS LAS PRIMERAS DECLARACIONES
DEL ÚLTIMO EX

Era un cero a la izquierda

Ahora
y tras el consabido breve purgatorio
se ha pasado
a la derecha con todo el equipaje

Ahora es un cero
a la derecha

donde su innegable talento para la nulidad
prestará buen servicio a los gerentes de la aniquilación.
No les envidio la nueva compañía.

PASATIEMPO

El poeta y comentarista deportivo uruguayo Eduardo Galeano ha manifestado en más de una ocasión su convicción de que necesitamos un marxismo mágico. Para ir echando una mano en esta tarea de muchos magos, explicite usted todas las concomitancias que crea advertir entre el animismo y la economía política marxista.

TEORÍA Y PRAXIS

Pero tu conocimiento se reduce
a afirmar que un hombre a quien han seccionado los tendones
no puede moverse

te doy la razón, claro

momento que aprovechas
para cortarme los tendones
y salir corriendo

LUCHA DE CLASES, 1995

La gran noticia
de 1995: la prensa burguesa —redundancia
en 1995— descubre
las historias de cama de Bertolt Brecht
con un retraso de sesenta años.

MILITANTES, 1996

Son la sal de la tierra

pero la tierra
necesita también
un poco de pimienta
y quizá otras especias.

MITIN DE LAS IZQUIERDAS, 1996

Los oradores se sucedían
sobre la tribuna

yo me preguntaba
bajo la tribuna:

yo
¿soy de los nuestros?

e incluso: yo
¿soy de los míos?

muchas horas después
de acabada la reunión me
revolvía en la cama
maldormía entresoñaba
caía regresaba: y estaba razonablemente
seguro:

yo
no
es
mío

DUDAS DEL AÑO NUEVO, 1996

Vivir
en tercera persona decías Bert Brecht

Mientras arrojo la pelota a la perra
el perro que siempre está solo encerrado en el otro jardín

sigue los lanzamientos las carreras el juego
sin perder un detalle mueve la cabeza
sin proferir un sonido

vive en tercera persona

Las flores crecen
entre las costillas de los asesinos
igual que entre los huesos de las víctimas
Cambiamos el mundo, claro
continuamente
inevitablemente
sólo que no en la forma que habíamos previsto

¿Para quién
en tercera persona?

Menos mal que luego a toro pasado
vendrán los filósofos morales
a explicárnoslo todo.

La ventana está abierta, golpea
contra la piedra, una vez, dos veces.
En la noche desfondada
entierra un arma alguien. Otro golpe seco
como un chiste. Walt Disney sentencia:
Quiero más a Mickey
que a ninguna mujer que haya conocido.

SI YO FUERA POETA...

Sé que es una niñería pensar
en quién le gustaría ser a uno
si no fuera quien es

por ejemplo: poetas

Si yo no fuera quien soy
me gustaría ser René Char o Roque Dalton

¡Mira por dónde!
Los dos
guerrilleros

mientras que yo
gandhiano menestral
noviolento de principio
y exento del servicio en el ejército
no he tocado jamás arma de fuego

Contradicciones
con las que uno tiene que vivir

Sólo que Gandhi también dijo:
prefiero
mil veces la violencia
a la cobardía

y por ahí
puedo juntarlos a todos otra vez.

EX-DIVISIONARIO EN RUSIA, 1994

«Pero lo hicimos guiados
por los más nobles ideales
nunca por interés» espétame el soldado
de la División Azul mientras recorre
el cementerio de sus probables camaradas
recobrado en la tierra de sus víctimas

Ya sé que no estás tratando de venderme
tus nobles ideales
que necesitas capitalizarlos todos
hasta el último gramo ahora que el momento
de la nieve sin rostro se acerca de verdad

Pero de todas formas
mira:
supuesto —es un suponer— que hubiese
por un acaso oferta de negocio
y un kilo o dos de nobles ideales
aún palpitantes sonriesen en la mesa

esto te juro con mi calor de agnóstico:

no daría por esa mercancía
ni siquiera una concha de las más pequeñas
entre las que heredé y recogí en la playa
de mi abuelo, mariscador y amante
hace quinientas quizá generaciones.

Pero ni siquiera por razones políticas.
Los ideales más nobles
son los que dejan las manchas más difíciles

y hace ya años que yo lavo en frío.

ESTADÍSTICAS, AÑOS NOVENTA

Entre 1975 y 1990
murieron más personas asesinadas
en las calles de Nueva York
que norteamericanos en la guerra de Vietnam.
Cuando acabe el siglo
más españoles habrán muerto en accidente de automóvil
que en la guerra de España.

Las luchas por la libertad
no se detienen.

PASATIEMPO

(a) «Muchos de los que son capaces de ser objetivos con los erizos de mar, por ejemplo, o con la raíz cuadrada de dos, se vuelven esquizofrénicos si tienen que pensar en las fuentes de sus ingresos.»

(b) «[La poesía] no es una necesidad/ sino la forma misma del deseo: palabras/ una y otra vez arrojadas desde esas honduras al viento/ capaces, las menos, de germinar en el aire/ porque no hay tierra para la poesía.»

(c) «De todas las ilusiones, la más peligrosa consiste en pensar que no existe sino una sola realidad.»

(d) «No comprendo el significado de la frase *derecho de huelga*. Este pertenece a todo aquel que quiera asumir los riesgos que provocan las huelgas.»

(e) «Hubo un momento de mi vida en que me di cuenta de que nadie sabe lo que hace. Cuanto más me decían «no, no puedes hacer lo que has pensado», más me animaban a hacer lo que quería y salirme con la mía. Lo que hago es lo contrario de lo que te suelen decir que hagas. Y funciona.»

Señale los autores de las reflexiones anteriores entre los siguientes personajes: Bertolt Brecht, Jacques Lacan, Robert Rodríguez, Juan Pablo II, Gandhi, Octavio Paz, Paul Watzlawick, James Dean, Friedrich Engels, George Orwell, Enrique Lihn, Juana de Ibarbourou.

DEMOCRACIA EN BOLIVIA, 1994

A su abuelo
el patrón ordenó le cortaran la mano derecha
por juzgar insultante que supiera escribir.

Su padre tuvo que cambiarse el apellido
por un apellido español.

Hoy Víctor Hugo Cárdenas
dirigente del Movimiento Revolucionario Tupak Katari
es el primer indígena aimará que llegó al cargo
de vicepresidente de Bolivia.

No hay que desesperar como se ve
de que la democracia liberal-representativa
exhiba de vez en cuando
algún rasgo democrático.

NUEVO GOBIERNO, 1996

Los mismos que empobrecen a los pobres
tachan la fertilidad de la tierra
privatizan lo que es de todos

desforestan el sentido de las palabras
cercenan los vínculos entre aquí y allá

se presentan como príncipes de la cultura.

Eso no me hace desconfiar de la cultura
pero sí me hace
aborrecer doblemente a tales príncipes.

HUMANISMO ARMAMENTISTA, 1995

El diario anuncia que
las minas antipersonales
causan 26.000 víctimas al año
en todo el mundo

(«existen 350 tipos de minas, con un costo que varía entre las 250 pts. y las 30.000 pts.; las más macabras son las fabricadas para los niños, en forma de mariposas o juguetes. (…) Se han encontrado minas de fabricación española en Marruecos, Mauritania, Islas Malvinas o Irak…»)

informa también que
las empresas que
fabrican las minas son las mismas que
venden también costosos programas de desminado
programando así sus beneficios
por partida doble
y titula el conjunto ARMAS INHUMANAS.

Lo leo hasta el final
curioso por averiguar cuáles son las armas
HUMANAS

pero no salgo de dudas.

LECTURAS EMANCIPATORIAS, 1995

La realidad ya no es lo que era, me dice un compañero
que regresa algo perplejo y con la bolsa lastimosamente vacía
del mercado de las ideas. Parece
que la transmodernidad acaba de aliarse
con la transconservación. Me quedo bizco.

Miguel Torga escribe
«siento el miedo del reverso»
en 1928
Enrique Lihn escribe
«soy el portador del corazón de los monos»
en 1988
Los dos se encuentran
en esta estancia blanca
en 1994
De mi mano se desprende una costra
que me sorprende tanto

SOBRE LA ESTUPEFACIENTE COMPLEJIDAD
DE LO COMPLEJO

La complejidad es dionisíacamente compleja
cuando podemos acusar de tosco reduccionismo
y blanquinegreante visión simplificada
a nuestros adversarios

por el contrario, la simplicidad es apolíneamente simple
el barquero puede decir sus buenas cuatro verdades
y el pan se apellida pan igual que el vino vino
cuando a nosotros nos toca explicar la situación

lo cual no deja de causar
cierta perplejidad

ponderada la cual sugiero la siguiente
propuesta de método: conseguirle al diablo el mejor abogado
y si otro no es posible al menos el de oficio

Aplicar el principio diabólico
al escrutinio de la estupefaciente complejidad de lo complejo
querría decir:
aceptar la complejidad de lo simple cuando nos toca a *nosotros*
sin desdeñar la simplicidad de lo complejo cuando les toca a *ellos*.

CRÓNICAS AFRICANAS, 1996

Me dices que quieres ser sólo un cronista

Describes cómo
en la guerra civil africana
los intestinos desenmarañados de las víctimas

sirven para delimitar zonas de aparcamiento
y los testículos exentos se posan sobre las tapias
con un aleteo de sangre

No describes
los movimientos de capital
las exportaciones de armas
el deterioro de los términos del intercambio comercial
o la geopolítica de París Moscú
Bruselas Washington
que explican por lo menos un buen trozo
de la guerra civil africana

Como cronista
no vales mucho

CARGA DOCENTE

Después de mil flaquezas
traiciones
necedades
canalladas
inconsecuencias
y mentiras

sucede
la bondad
y relumbra un instante o dos
entre el oxígeno el porvenir y la madreselva

Lo cual no desmiente
todo lo anterior
y acaso ni siquiera lo relativiza
pero sí que le añade
un matiz esencial.

¡Estad
atentos!

MAYO DIGITAL, 1996

Tanta información en los disquetes
tan poca conciencia en los cerebros
y la tristeza de tu tos de madrugada.

LA RELIGIÓN EN NUESTRAS ESCUELAS, 1994

El problema
es intentar enseñarles cómo orar
sin enseñarles antes a inventar al dios.

SIN RECHISTAR

Enladrillar el cuerpo
y enyesar el alma

uno podría pensar
que existe
algún problema con la vida
pero se trata
según el Secretario General
de Oficemen
(la patronal del cemento)

de *una cultura de inversión*

y quién se atreve a rechistar
ante eso.

ARS GASTRONOMICA, 1996

Al comer animales, recuerda:
los animales tenían su propia vida por vivir
hay seres humanos que no comen.

No lo digo para que te amargue la mala conciencia.
Lo digo para que disfrutes de la buena comida

y luego hagas algo más
que disfrutar de la buena comida.

Una luna caníbal
ha salido de caza por el cielo
con palabras de presa.
Y yo no tengo palabras de pastor
que me defiendan.

ELEGÍA, 1996

en memoria de Francisco Tomás y Valiente

Si pudiera
corregir la mañana del 14 de febrero
como quien corrige un poema

a las 10'48 no se hubiera encontrado
tu cuerpo
con las tres balas del asesino.

Todos hablan de lo que simbolizabas
de la importancia de tu obra

Los símbolos no inspiran piedad
La obra no da calor

odio a quien con tres balas
te convirtió en un cuerpo muerto.

Nunca más compartiré con los asesinos
ni con los amigos de los asesinos
el vino ni la leche que dan al cuerpo substancia.

Si pudiera
corregir mis sentimientos como quien corrige un poema
el desprecio de hoy lo dejaría intacto
sin cambiar ni un acento.

FINAL DE LA SEMANA
DE TREGUA DE E.T.A., 1996

> En la contienda, a medida que se imponen las pasiones y la simpatía universal es sustituida por desafecto general, se traza un límite preciso, pero no hay intermedios entre ambos, y se sataniza a la otra parte, que es mala por ser otra. Nosotros somos Jerusalén, se dice, lo demás Babilonia.
> JOSEBA SARRIONANDÍA

Cuando al final de la asamblea
se solicitó adhesión al comunicado de solidaridad
con los presos vascos (comunes y políticos)
yo no hablé.

Es cierto que venía de fuera,
era un invitado ajeno al grupo,
pero no hablé.

Hubiera podido recordar
que había otro preso en un zulo de E.T.A.
no mencionado en el comunicado:
no hablé.

La asamblea lo aprobó unánimemente
por omisión (nadie alzó la voz)
y yo no hablé.

(Por otra parte, antes, desde el coche,
había visto el palacio del gobernador civil
donde fueron torturados Lasa y Zabala
antes de darles el tiro de gracia
junto a su propia fosa.)

Al volver a la ciudad
la gente paseaba por el casco viejo
y por el puerto de Donostia como si fuera domingo
cuando era lunes.

Quién es uno sobre la tierra
no dice mucho sobre quién será uno
debajo de la tierra.
En el puerto las gaviotas
aún no comen basura.

Chacolí ambarino, sardinas asadas
y bocados de muerte fría como la muerte
torrente abajo.

DOS EPITAFIOS, 1995

I

En 1914 teníamos que cambiar
o dejar que asesinasen en nuestro nombre

En 1936 teníamos que cambiar
o dejar que asesinasen en nuestro nombre

En 1953 teníamos que cambiar
o dejar que asesinasen en nuestro nombre

En 1973 teníamos que cambiar
o dejar que asesinasen en nuestro nombre

En 1991 teníamos que cambiar
o dejar que asesinasen en nuestro nombre

En 1995 tenemos que cambiar

o dejar que sigan
asesinando
en mi nombre
en el tuyo
en nuestro nombre.

*Para Ken Saro-Wiwa, con una corona de
rosas negras*

2

Dime cuál es tu nombre
y dime cuál es el nombre de tu cuerpo.
El primero se lo enseñaremos a los jóvenes.
El segundo lo diré en voz baja cuando el olivo implore
y haya tenido que dejarte ir.

*En memoria de Isaac Rabin, a quien veo erguido
como un bosque quemado*

HOW TO SAVE THE WORLD

Poetas escribiendo
incontables poemas
para salvar el mundo

El mundo que se ríe
halagado
y les pasa la mano por el pelo
antes de ponerlos en su sitio
con un cáncer
una erupción volcánica
o una guerra mundial

«JE NE SUIS PAS MARXISTE» (Karl Marx)

Hasta 1939 era marxista.
Entonces me volví
marxista.

Fui marxista hasta 1956.
Pero los acontecimientos de aquel año
sacudieron muchas de mis certezas
y me volví marxista.

Así las cosas, fui marxista
hasta 1968. La historia universal
me abofeteó de nuevo a conciencia
y en aquel mismo año
me transformé en marxista.

Con todo ello fui marxista
hasta 1989. Para algunos ideólogos,
el final de la historia; para mí el año
en que definitivamente
llegué a ser marxista.

En lo menos que humano
la pregunta a lo humano se adensa
hasta cegar los pulmones. Como una
tos de lumbre, como una mancha
de deseo que se dilata hasta velarlo todo.
Ojos del animal, del deficiente
refractan la total biografía del mundo
hasta que se detiene el tráfico del corazón.
Ese instante agárralo
por si abrazo.

BOSQUE DE JUAN CARLOS MESTRE

Mestre come los pezones silvestres del manzano
y se convierte en tejón
y se envenena,

come los dulcísimos arándanos secretos
y se convierte en nutria
y se envenena,

come el veneno cerebrado de los hombres
y se convierte en pastor
y salva el bosque,

el bosque iluminado de su hija.

PASATIEMPO

1. ¿Qué diría la baraja de cartas españolas si hablara?

2. ¿Qué diría el juego de ajedrez si hablara?

OBEDIENCIA DEBIDA, 1996

Traspapelóseme
un deber imperioso. Cuando me puse a buscarlo
entre los párrafos del mundo —como dice
vertebral el maestro Gonzalo Rojas—
me encontré tres veces a mí mismo
buscando ese deber.
La primera vez lo encontraba

y cumplía el mandato, el mundo seguía igual.
La segunda lo encontraba y desoía
aquella voz despeñándose en estrépito, el mundo no variaba.
La tercera vez no daba con el deber esquivo:
en el mundo no se advertía el menor cambio.
He comenzado a organizar una selva
para el traspapelamiento de deberes.

ESTADO DE LA CUESTIÓN, 1996

Cuando modernos jóvenes de mi edad marchaban
a probar fortuna en New York
yo me fui a vivir a Berlín Este
(no idealicemos:
porque no tenía cojones para intentar Níger o La Paz)

Los áureos ochenta
dorados por la pátina de mierda que todavía
sigue goteando sobre nosotros
sin que alcancemos aún a ver el fin
de la dorada escurridura

Pocas actividades admiten sustitución

En particular hacer literatura no sustituye
las luchas sociales en las que no se estuvo

La realidad se escurre hacia el pasillo:
en trance tan airado yo me aferro
al sonajero de la referencia
Pero la realidad no admite
                    sustitución

Vivo sin automóvil
sin teléfono de bolsillo sin vídeo
sin microondas y sin internet
(no idealicemos:
tengo reloj de pulsera crédito hipotecario deneí).
Ayer alguien me dijo «tú no eres de este siglo»
contra lo que protesto enérgicamente

porque hacer literatura no sustituye
el amor que no se vivió
la dignidad que no se tuvo

mas si viniese a ser así reclamo enérgicamente
el beneficio de la duda: no se prejuzgue aún
si soy del siglo anterior
o de hace treinta siglos
o del siguiente.

AMANTES EMBROLLADOS, 1995

Amar puede ser
un aperitivo con sifón
en una mañana de colores ácidos

o puede ser zambullirse en un lago de montaña
nadar equidistante entre el cielo y el fondo
suspendido de un sol de extrema desnudez

Las buenas chicas no piden
la cabeza del Bautista sobre una bandeja

Ya sé que no eres una buena chica
pero piensa que la cabeza
de cualquier fantasma sobre bandeja de plata
desequilibraría a cualquier bailarina

Las cabezas parlantes
prometen la vida eterna con sifón
pero yo he elegido cocinar contigo
crear contigo follar contigo dormir
en el país que delimita
el aroma de tu cuerpo desnudo

Amor mío
olvídate de decapitamientos con sifón
Ven a nadar al lago donde ya estamos

Rechazar el sueño de la ingravidez
no implica renunciar a la caricia de la piel azul del cielo
ni del dulce légamo suavísimo del fondo.

RETRATO DE GRUPO CON PESTILLO, 1995

En la fotografía estamos
Gonzalo Rojas y su hijo Rodrigo;
Mestre y Aleja la del arcoiris, Fernando Beltrán,
Parreño aparreñando libro nuevo, Natividad
con el collar que todas desean,
yo indirecto en cuclillas.
Al fondo las tetas cósmicas de la estatua
y en manos de Gonzalo el pestillo
que Fernando rescató del contenedor de basura.
La hicimos porque sí, por estar juntos.
No hay ninguna puerta
que no pudiera abrir este pestillo.
Esta foto es el país
donde yo quiero estar.

LO QUE UN POETA PUEDE HACER CON LAS MANOS ATADAS A LA ESPALDA

Pegarle
una patada en los cojones
al enemigo de clase que lo ató

Hacerle
concienzudamente el amor
a su chica maliciosa que lo ató

AMANTES, 1995

Por la noche, las migas en la cama
parecían restos del desayuno
consumido horas antes. Eran en realidad
el rastro dispuesto para poder hallar la vuelta
desde el desfiladero de los sueños.

A veces nos ocurre que existir no es posible
más que en la dignidad de un rechazo sin odio.
Hay una expatriación de la que somos hijos;
un desmenuzamiento tenaz nos edifica.
No debemos odiar lo que nos constituye.
No podemos amar este tejido aciago,
prisionero siamés de ternura y masacre.
Lo dejo entre tus manos; no creas que me alejo.

PREGUNTA: ¡Cómo es posible que un racionalista, un ilustrado profesional, hable de esa manera contra la razón y los argumentos!
RESPUESTA: ¡Justamente por ello! Sólo los exaltados sobreestiman el poder de la razón. La primera tarea del racionalismo consiste en no hacerse ilusiones sobre el poder de la razón y su fuerza de convicción.
Autoentrevista de GÜNTHER ANDERS (1986)

(Hace ya años, pospuse a mi libro Material móvil *una cita de Jan Myrdal. Como entretanto los avatares de la vida laboral me han llevado de un centro de investigación y estudio —el Departamento de sociología y metodología de las ciencias sociales de la Universidad de Barcelona— a otro centro de investigación y estudio —la Fundación Primero de Mayo en Madrid—, no me parece fuera de lugar volver a evocar aquellas palabras de Myrdal:)*

Hemos analizado cuidadosamente todas las guerras antes de que estallen. Pero no las hemos detenido. Describimos cómo los ricos explotan a los pobres. Vivimos entre los ricos. Vivimos de la explotación y vendemos las ideas a los ricos. Hemos descrito la tortura y hemos puesto nuestros nombres al pie de peticiones contra la tortura, pero no la hemos detenido. Ahora una vez más podemos analizar la situación mundial, describir las guerras y explicar por qué la mayoría son pobres y pasan hambre. Pero no hacemos más. No somos los portadores de la consciencia. Somos las prostitutas de la razón.

SOLUCIONES A LOS PASATIEMPOS

Solución al pasatiempo de la pág. 556:

(...) ES PLACENTERO DETENER MI CARNE CUANDO SE EQUIVOCA. CONSEGUIR LO QUE QUIERO ME PONE ENFERMO. POR QUÉ LUCHO NO ES ASUNTO TUYO. ME GUSTA MORIR Y ESTOY SEGURO DE QUE PUEDO HACERLO MÁS DE UNA VEZ. NECESITO LA PERFECCIÓN PERO CUANDO LA PONGO EN PRÁCTICA MUERE LA MITAD DE TODO EL MUNDO. TENGO UN MONTÓN DE ACCIDENTES Y PIENSO QUE SON DIVERTIDOS. TENGO EMPLEADOS PARA QUE MIS HORAS SEAN COMO SUEÑOS. ME GUSTA UN CÍRCULO DE CUERPOS CUYAS MANOS HACEN LO QUE DEBERÍAN. TE MATARÉ POR LO QUE TÚ PODRÍAS HACER.

(Se trata de un anuncio del *Group Material* en el *New York Times,* exhibido en la exposición DOMINIO PÚBLICO del Centre d'Art Santa Mònica de Barcelona en la primavera de 1994. La traducción es mía (J.R.). Por supuesto, hay otras muchas soluciones posibles al pasatiempo.)

Solución al pasatiempo de la p. 566: —pur—

Solución al pasatiempo de la p. 573:

El vivo trabajo humano y la naturaleza viva incorporados a los objetos que fabricamos originan el alma de estos objetos, a los que debemos por eso mismo cuidar, respetar, reparar y proporcionar una digna sepultura cuando mueren definitivamente. En una economía ecológica (que recicla los materiales, preserva la energía y cierra los ciclos naturales) este alma es inmortal.

(Hay, claro está, otras respuestas posibles.)

Solución al pasatiempo de la página 580:

(a) George Orwell. (b) Enrique Lihn. (c) Paul Watzlawick. (d) Gandhi. (e) Robert Rodríguez.

Solución al pasatiempo de la p. 596:

Si una baraja de cartas españolas hablara,/ diría:// Ya hace tiempo que me gusta la zarzuela./ Todo depende del público. Si quiere/ zarzuela se le dará zarzuela. Desde luego/ encuentro que faltan obras y cantantes,/ pero que se da poca publicidad.//

Si un juego de ajedrez hablara, diría:/ Cuando Brunilda vuelve a la vida,/ al final del segundo acto, las palabras/ nos dan un resumen de los acontecimientos pasados;/ la música enlaza con la idea y el/ motivo conductor con que se expresa/ tiene la armonía característica.
 JOAN BROSSA, *Poemas civiles* (traducción de José Batlló)

LA ESTACIÓN VACÍA

(1998-2000)

Esto no es un refugio, es un libro de poemas abierto en la estación del norte.

Hay que esperar bien poco y trabajar como si esperásemos mucho.
Francisco Giner de los Ríos

Quien no descubre el mundo todos los días no lo ha visto nunca.
Ángel Crespo

Hacer soñar largamente a aquellos que por lo general no sueñan, y sumergir en la actualidad a aquellos en cuyo espíritu prevalecen los juegos perdidos del sueño.
René Char

Cuán admirable es/ aquél que no piensa/ *la vida es efímera*/ al ver un relámpago.
Basho

Tierra de luz,/ cielo de tierra.
Federico García Lorca

No nos basta esta forma. Hay que salir/ y ser en otro ser el otro ser.
Juan Ramón Jiménez *(La estación total)*

En la estación vacía
espacio vivificado por el frío
incluso en la cima del verano.
En la estación vacía los gritos de las aves
como arterias de vigilia por donde circula
mundo inmediato y esquivo.
Pero ahora sí que estoy aquí.

Me di cita a mí mismo
y he venido.

IN MEDIAS RES

Debería ser posible comenzar.
Debería
ser
posible
      comenzar.
De este tósigo nos amamantamos
siempre *in medias res:*
en la mitad de la nieve
en la mitad del asedio
en la mitad delicada de la piel
en la mitad apremiante de la larva
en la mitad (más o menos) del camino de la vida
en la mitad del espanto.
Con el permiso del Dante o el de Horacio
debería ser posible
comenzar
como deshacer el curso de los días
como resucitar a las extrañadas víctimas
como reparar el error irreparable.

Lo nuestro es otro.
Lo nuestro es lo otro:
abierto
en canal
destripado
desjarretado
abierto hacia sí mismo.
Lo nuestro es lo otro
ahí donde lo hallamos.

Tócame:
ni me siento

ni te golpeo
ni aparto la mirada del enigma del mal.
Lo nuestro es lo otro.

UN SUEÑO AJENO

En el sueño la mujer me pregunta:
si estás ciego
¿cómo puedes leer?

Pero es así:
estoy ciego y soy capaz de leer
puedo decir lo que no sabría nunca

y luego dejo de estar ciego

y alguien ha transformado el mundo
como una carta que contuviera una diástole
como una casa en la que se hubieran cambiado
todos los muebles en ausencia del dueño.

MIRADA BÍFIDA

Sólo quien habla como la serpiente
—lengua partida en dos, hendida
como el país del corazón
en tres, como la inmediata realidad
en varias—
podría
—si se atreviese a salir
a las afueras, a los ventrículos
ultravioletas
del desamparo y el hallazgo— decir

algo que fuera como la
verdad.

(Ver
dad.
La verdad.
Si pudiésemos olvidar
este pie cojo
esta rama quebrada
esta laceración...
Pero nos interpela
lo que está ahí
con su boca de monstruo recién nacido
pidiendo leche, carne, semillas
una sábana de afecto salvaje.)

GOTA DE ÁMBAR

Agujas clavadas en el corazón.

Agujas imantadas
hacia la piedra de ámbar,
la gota vacía
en destilación vertical.
Yema de un sol huérfano.

El libro del tiempo carece de espesor:
una sola hoja. Ten.

Este trabajo ha de emprenderse
con el reverso de las certidumbres.

¿PERO QUÉ DICE EL ANHELO?

Siguiendo el hilo tenue
del anhelo que enhebra
esto y aquello con sus variaciones,
el molusco y la justicia, el beso
con el borde del escarnio, la luz con la otra luz,
el anhelo que tira suavísimo
de lo que existe hacia lo otro, ese hilo
no se rompe, se pierde tantas veces
pero nunca se rompe: no sirve
para salir del laberinto,
sí para repartir la harina de las estrellas.

A REDROPELO

Si se descoyunta la espalda de la casa
si la cabellera de algas se desprende
tendré que hablar de otra manera.

En el reino abrupto de lo que no sirve
acaricio las alas de una canción.

UNA ESTANCIA HOLANDESA

 Jan Vermeer de Delft, *Dama a la espineta y caballero*

Contemplad el prodigio:
retumben los tambores:
cesen los volatines:
atenta la atención:

el corazón en vilo:
el ánimo en suspenso:
un hombre abre la boca
se desgarra los labios
y profiere palabras que no son mercancías.

MÁNTICA

Las figuras que dibuja
el rastro del animal herido sobre la arena
el trasluz duende de lo que fue con lo que pudo ser
la miel del deseo encendida en los pliegues de tu carne
las pesquisas del mendigo en la estación ferroviaria
en el sueño casi olvidado la identidad de las máscaras
los isótopos radiactivos en las células del tiroides
tras la lluvia las hojas sobre el capó blanco del coche
la orina narcótica del loco en el laberinto de los suburbios
los granos de polen transgénico por entre los pistilos
la soledad del desaparecido entre la sal y el aire

dónde está el dolor
me preguntas
dónde
el dolor.

TERRIBLE OLA DE FRÍO

Se aproxima terrible ola de frío
masas de viento gélido que soplan desde el Norte
deprimirán los termómetros de diez a doce grados
en zonas de alta montaña
se alcanzarán los veinte bajo cero
muchas ciudades pueden quedar aisladas

se hace acopio de sal y combustible
y comida y una mecha de afecto
permanezcan atentos a los partes
oficiales de los meteorólogos
se aproxima terrible ola de frío

llega el día previsto
pasa el día
pasa el día siguiente y el siguiente
el aire sigue tibio y resonante
la luz es dulce como una caricia

así
la poesía
en la vida terrible inverosímil

la palabra por dentro de la sangre
lo real por detrás de lo real

EL SABER DEL HERIDO

Puede la vida escapar a través de un pájaro,
la posesión de un círculo,
una sola palabra.

Contra la falsa piedad, la promesa engañosa, el deseo travestido de
    muerte
lanzo la piedra blanca y negra,
una sedición prematura,
lanzo la hendida celebración.

EPIFANÍA CORROÍDA

Mark Rothko, *1949* (1949)

¿La imagen sagrada
en la sala de espera
en la rezumante estación de autobuses
en la calleja huérfana?

Ahí está si la ves.
Si puedes acoger ese escalofrío blanco
que está y no está: una mano exenta
con todos los dedos rotos.

Y una vez se ha derrumbado
el salitre improbable de los templos
¿dónde si no la buscaríamos?

¿Dónde el vacío que pueda
acoger nuestro vacío?

HABLO DE UN HELADO,
NO DEL RETORNO ETERNO

La vida es su pasado, pero no tiene pasado:
la superficie blanca
por alianza de todos los colores
y sobre todo los en exceso impuros.
Es lo que siempre está por comenzar.

A ti te hablo,
caballo o nube, helado de avellana o guerrero griego,
sintagma en la estación vacía:

estás aquí para volver
siempre por vez primera.

ESTABAS CORRIENDO

Hoy huida y herencia se confunden
como la misma palabra.

Dolor en los músculos del cuello,
de las piernas, de las manos,
dolor en varios lugares
donde no sospechaba la existencia de músculos.
La tierra era tan dura
cual si la muerte congelase duelo.

He enterrado
con estas manos blandamente ajenas
un montoncito de huesos y pellejo:
despojos de una viva transparencia
que rastreó las venas de la nieve
que ignoró la moneda hedionda del éxito
que midió las playas de la fiesta.

Dolor en los músculos
y los tendones de la memoria.

Corrías
amante como una perra
inocente como una perra
hermosa como una perra

ese lugar que arde
nuestro lugar es ése.

SI SE QUIEBRAN LOS HUESOS
¿NO SE QUEBRARÁ LA PROSODIA?

Hazme sólo preguntas sin escombros:
de qué color tiene los ojos la amistad
dónde se guardan los deseos cumplidos
quién enseñó a bailar a la primera espigadora
hasta qué simas llega la memoria del océano
si hueles tan suave y tibio quién eres
para qué se inventó la palabra materia
adónde llegaremos esta noche.

Hazme sólo preguntas sin abrigo:
por qué esta soledad
por qué la verdad traiciona
por qué duele el dolor
por qué tengo que morir.

EL VIOLÍN VIOLENTO

> Esta es la medida del mundo, su violento violín
> donde el amor unió el sentido y el secreto.
> ANTÓNIO RAMOS ROSA

¿Tiene medida el mundo? Cuanto veo lo niega
mas no dejo un momento de buscarla.
¿Tiene medida el mundo? Reabro la pregunta
mas lo que veo es solamente esto:
un pez vivo ensartado en las cuerdas vocales
del poeta jubiloso, temblado, agonizante.

ODA A LA CERILLA

Libertad
oh
libertad

cuántas
piedrecillas de mechero
se cometen en tu nombre

NO HAY QUE TENER MIEDO
DE UNA COPA ROTA

Como un cangrejo de río
que sabe perfectamente que él es una especie protegida
y que eso no es comida sino cebo
y que aquello no es amigo sino furtivo
y sin embargo se mete en la nasa

así la defensa
de los llamados derechos
humanos.

EL QUE BUSCA UN SENTIDO
ENCUENTRA DOS SENTIDOS

Iba a caer.
Cuando intenté aferrarme al clavo ardiendo
me traspasó la mano.
Mientras con la mano quemada y desgarrada
caía

pensé: nos matamos trabajando
para construir cementerios,
nos matamos trabajando.

HACE CALOR EN ESTA HABITACIÓN DE LA CASA

Quienes denuncian con más énfasis
el fanatismo de los buenos sentimientos
muchas veces son cínicos
que fingen confundir la libertad
con el movimiento de capitales
y no conocen algún buen sentimiento
más que por haberlo visto
en literatura

pero a mí me ha salido
una verruga en la axila.

UNA SANDALIA ROJA EN LA CUNETA

Ése que se sacrifica para que los demás
puedan tener lo que él no tiene,
ése aspira en verdad a quedarse con todo
y aun recibir la bendición por ello
y vacaciones pagadas para el alma.
Ése que no conoce la palabra *dar*
sabe tasar cada renuncia en oro.

Yo me quedo mirando una sandalia roja.

NO PUEDE SER VERDAD
QUE ME ESTÉ SUCEDIENDO ESTO

En lugar del café un parque temático.
Bosque no tenemos, pero sí un parque temático.
Allí donde hubo un templo hay un parque temático.
La democracia no funciona y por contera puede
cambiarse con provecho por un parque temático.
Vete al infierno, amigo, que no es sino un parque temático.

En lugar de la muerte
en lugar de la vida
un parque tanático.

LA PARADA DEL PAVO REAL

Una pluma de semiótica
Una pluma de lírica expresionista
Una pluma de psicología gestalt
Una pluma de prácticas eróticas hindúes
Una pluma de últimas tendencias en arte conceptual
Una pluma de gastronomía mediterránea
Una pluma de atardecer en Brooklyn Bridge
Una pluma de Heidegger y media de Derrida

Todo para intentar echarse al catre
unos kilos de carne boquiabierta
no tener que dormir solo esta noche
no tener que seguir tan obstinadamente
evitando mirar hacia esa rápida sombra
en las esquinas del cuarto blanco y frío
que podría adueñarse del espejo

Cuánto trabajo para cerrar los ojos.

RITMOS BAILABLES

Las chicas practicando
la dieta del pomelo
porque llegan los meses del bikini

y en África cayendo
la esperanza de vida
diez años en un único decenio.

PLAZA DE LOS VIVOS/ PLAZA DE LOS MUERTOS

¡Que no salga en la foto
el hombre que recoge la basura
la mujer que pide limosna o en su defecto el azúcar estuchado
la niña que se prostituye para el *tour-operator*
el niño que cose zapatillas olímpicas
el viejo que no sabe dónde sentarse
la anciana cuyas manos son auténticas raíces!
No decimos que a su manera no sean fotogénicos
y es cierto que no carecen de color local, pero
¡no para esta foto que es mi foto!
¡Que se muevan
y no salgan en la foto!

SOCIALISMO Y RONRONEO

Hay algo elemental, irrechazable, justo
en el gato que busca una caricia.
Pienso en relaciones sociales decentes
y en derrotar al fascismo.
La gata se acurruca sobre mí.

Si pudiéramos siempre completar la caricia.

DAS PRINZIP HOFFNUNG

Esos bares donde se puede pedir apenas media
ración de cualquier cosa y un vaso de agua,
y ocupar una mesa sin límite de tiempo.

COSMOGONÍA EN MOGUER

Un asnillo
cargado con sarmientos o con restos de poda
en dos grandes serones,
y equilibrista en su lomo
un perrito orgulloso
de sostener el mundo.
Lo vi en Moguer, donde la luz con las nubes
narra en sánscrito leyendas campesinas.

EJERCICIOS PARA CAMBIAR LA VIDA

En medio del trayecto
cubierto en autobús o en tren de cercanías
ya no sabes cuál es tu destino.
Pruébalo.
Un paso ignora el rumbo del siguiente.
La mano desconoce
los límites del cuerpo que acaricia.
Atrévete. Un verso acaba
sin premonición de lo que sigue.
La moneda absorta olvida el intercambio.
La cerilla no sabe qué lumbre iba a encender.

Insumisión que anida en el pliegue del tiempo.
Prueba. Hay una lágrima que contiene el mundo.
El territorio que creías propio
revelará su condición real
de país extranjero, lo sólido y lo sólito
engañarán algo menos, y por qué la vida
que ha de ser cambiada
habría de ser fácil.

CUESTIÓN PARA ARQUITECTOS

Si una casa es una casa, el tejado
ha de poder echar a volar
a cualquier parte.

Eso sucede en mi casa
muchas veces.

MELANCOLÍA MARXISTA

Dieron el salto
de la prehistoria de la humanidad
a la taracea genética del hombre-máquina
sin tomar carrerilla.

MRXSMS

¿El marxismo
sería
el único modelo teórico
que plantea
una alternativa
(no sólo estética)
para superar
el (des)orden social
imperante?

Hmbr cmrd
n xgrs…

EL ANÁLISIS DEL POETA

Cuanto no sé de mí
se encarga de aleccionar
a lo poco que sé.

Al menos
eso espero.
¿Tú qué crees, José?
—Quítale hierro al asunto.

EN ESTE POEMA SE ENTRA
CAMINANDO DE ESPALDAS

—¿Qué opina usted
de la posmodernidad?
—Me gusta
el cazón en adobo.
Mi mujer es muy hermosa.
Soy comunista.

CON ARTE Y PARTE

I

> La poesía no tiene ideología.
> JOSÉ M.ª AZNAR (en el homenaje a Federico García Lorca en la Residencia de Estudiantes, 5 de junio de 1998).

Es incolora
inodora
e insípida.

Es inapetente
inconsecuente
e impotente.

No es diestra
ni zurda
sino todo lo contrario.

Es invisible
inaudible
e ilegible.

Lo que no es
es poesía.

2

Luis Alberto de Lorca
dice que Federico García Cuenca
hubiera votado al PP

y luego se revuelve entre las sábanas
y se pregunta por qué hay
grandes montones de harina en su cama
que es una escuela infantil
y qué hacen esas carretas arrastradas por caracoles enormes
obstruyendo los pasillos de la Biblioteca Nacional
y se revuelve entre las sábanas
y se pregunta por qué…

        (Campaña electoral en las elecciones de marzo del 2000.)

TUYO

1

Viejos guerreros extraviados
en batallas que se ganaron o perdieron

hace treinta años, alucinando estrategias,
golpes y contragolpes a la espera de enemigos fantasmales...

Los conocemos bien,
los hemos visto muchas veces
sentados en un rincón de su propio delirio

Ojalá que nosotros logremos pelear
batallas de mañana

2

Vencido no es vendido

para quienes
buscando el mejor precio
se dan por vencidos
para esos la lírica del naufragio
la turbación de las tarjetas de crédito
y la afrodisíaca melancolía

yonosotros
aún
luchando
todavía

ARREMETEN CONTRA
LAS VANGUARDIAS ARTÍSTICAS

No quieren reconocer
la gota de sangre sobre la rosa negra.
Pero sobre la rosa negra
hay una gota de sangre
que perfora el vacío.

ARTISTICIDAD

Se achaca al bueno de Marcel Duchamp
la picante idea
de que todo el mundo es artista

hay días en que uno se levanta *soixant-huitard*
y se acuesta inmerso en plena *postmodern predicament*

hay tortugas que consiguen
tras mucho entrenamiento
correr más despacio que las liebres

pero mi amiga Rrose Sélavy
sabía lo difícil que resulta
llegar a jugar bien al ajedrez.

ARS DEFINIENDI

La izquierda
La izquierda de la izquierda
La izquierda de la izquierda de la izquierda
La izquierda de la izquierda de la izquierda de la izquierda
…

Pregunta:
¿cuántas líneas
hacen falta para llegar
a una aceptable definición recursiva de la palabra
sectarismo?

QUÉ PREGUNTA TAN TONTA

¿Se puede ser comunista ateo y eficaz bibliotecario
y a la vez tener constancia de la transmigración de las almas?

Es como si me preguntaras si un lisiado misántropo
a quien escuece la sociedad puede dar la vida
por defender la dignidad humana o las libertades políticas;

o como si me preguntaras si el lobo tiene vastos territorios de caza
en la imaginación del pacifista.

Sí, naturalmente.

APRENDER A HABLAR

> No hay que dar por sentado que las sillas sirvan para sentarse.
> PEDRO CASARIEGO CÓRDOBA

En el abismo del bostezo se pierden
las palabras inertes de la izquierda
que no sabe orar
no sabe maldecir no sabe leer
no sabe callar
no sabe piropear ni cantar

una izquierda disléxica que confunde
el consumismo con el comunismo
la alineación con la alienación
las necesidades con las necedades
los servicios con las sevicias

una izquierda que parlotea demasiadas palabras huecas
pero le faltan
precisamente las que harían falta
y ni siquiera ve el hueco de la palabra con médula

una izquierda que debe
meterse piedras en la boca para hablar.

AÑOS OCHENTA, DEMOCRACIA MADURA

Es cierto que se puede
abandonar el marxismo sin necesidad de adoptar el BMW
al menos en teoría

pero la práctica muestra
que estos dos hechos políticos guardan correlación estrecha
al menos en España.

SCHRÖDER Y BLAIR PRESENTAN UN MANIFIESTO PARA LA MODERNIZACIÓN DE LA IZQUIERDA

Modernizar la izquierda quiere decir
transformarla en derecha

En cambio, *modernizar la derecha* quiere decir
convertirla en una derecha más despiadada
más eficaz más consecuente más fibrosa más dura

En esta asimetría melancólica consiste
la vida política del capitalismo
desde hace medio siglo.

NEWSLETTER
DE UN PROYECTO EUROPEO

teleactividades urbanas
telemática y desarrollo
teledemocracia, teleadministración
teleservicios para las microempresas
mercados de las telecomunicaciones
teleeducación
telemedicina
teletrabajo

esto ya lo decía mi abuela:
el telele.

TEORÍA DEL MAL MENOR

I

El mal menor expulsa
del campo de lo posible
al bien
con la misma eficacia
con que la mala moneda
pone fuera de la circulación
la de buena ley.

2

¿Un mal menor es mayor
que un bien pequeño?
¿Un mal menor

de edad
no se convierte nunca en mal monstruoso cuando crece?
¿No deberíamos distinguir
entre males menores con tendencia menguante
y los que, aunque pequeños, medran rápidamente?
¿Hay algún mal que sea
siempre menor que sí mismo?
Ante un mal chiquito pero matón
¿no nos achicamos por cobardía?

Puestos a elegir
entre males de diversas tallas
¿no sería casi un bien
salir del probador con nuestra ropa usada?

RADIKAHL

> Un sector de las juventudes del PCE revienta los discursos de los líderes sindicales en la fiesta del 1º de mayo, llegando a las manos; una cincuentena de manifestantes ácratas sabotea un concierto de las juventudes de UGT (porque sólo proponen regular severamente las Empresas de Trabajo Temporal, no eliminarlas); un grupo de okupas come y no paga en un restaurante naturista, para «denunciar a quienes utilizando el discurso de la ecología se llenan los bolsillos con precios abusivos y establecimientos de lujo». Juventud alegre y combativa. *Links von mir ist nur die Wand.* Lucha de clases dentro de la propia clase.

Yo soy yo
y todo lo que no es yo es Sistema.
Así que soy
antiSistema
me la suda el Sistema
y lo quiera o no el Sistema
haga lo que haga el Sistema
me opongo al Sistema.

Yo soy yo
y mis petulancias
por sistema antiSistema
por definición en contra del Sistema.

LA DEMOCRACIA LIBERAL
Y SU ÉPOCA

Se habla
del tiempo
de cine
de los planes para las vacaciones

mientras nuestros bombarderos destruyen las ciudades del enemigo

Se habla de música
de fútbol
del colegio de los niños

mientras nuestro consumo energético arrasa los cinco continentes

Se habla cada vez más
de alimentación sana
calidad de vida
cultura del ocio

mientras mueren los ríos los animales y un veneno oscuro y aceitoso
le quema los pulmones a la libertad.

BILL GATES LEE EL
MANIFIESTO COMUNISTA

Compartís con todas las clases dominantes que han existido y perecieron la idea interesada de que vuestro régimen de producción y propiedad, obra de condiciones históricas que desaparecen en el transcurso de la producción, descansa sobre leyes naturales eternas y sobre los dictados de la razón...

I

Todo lo sólido se desvanece en el aire
pero cuando se resiste a desvanecerse
lo pulverizamos.
Todo lo sólido en lo líquido
de quien posee elevada liquidez.
Flujos tiene la vida
pero estamos hablando de *cash-flow*.
Todo lo sólido si se resiste
lo masajeamos tundimos
bombardeamos laminamos gasificamos
flexibilizamos licuamos
liquidamos.

Muévanse, circulen gritó la policía
a la congregación de mercancías.

Si el corazón fuese un torpedo
yo podría escribir.

2

CONSÚMETE CONSUMIENDO
PRÉSTATE A QUE TE PRESTEMOS
DEJA QUE TE INFORME LA INFORMACIÓN

ADORA LO QUE TE EXPLORA
REPRODUCE LO PRODUCIDO
AUTORIZA MI AUTORIDAD
SÉ SINCERO GRITA DESDE LA GARITA
SÉ HONESTO RESUME LA SUMA Y LLÉVATE EL RESTO
SÉ LIMPIO Y PURO GOLPEA LA CABEZA DEL NIÑO CONTRA EL MURO
NEGOCIANDO SE ENTIENDE LA GENTE
EL PROGRESO NO TIENE FIN
TIBURONES LIBRES EN EL MERCADO LIBRE
LIBREMERCADO PARA LIBREMERCANCÍAS
ÉTICA EN LOS NEGOCIOS
QUIEN AL CIELO MEA EN SU CARA LE CAE
LA GUERRA PARA QUIEN LA TRABAJA
EL INTERÉS COMPUESTO NO TIENE SEXO
INJERENCIA HUMANITARIA EN DEFENSA DE LA RAZA ARIA
QUIEN ROBA A UN LADRÓN TENDRÁ CIEN AÑOS DE SANCIÓN
EN CASA DEL BANQUERO CUCHILLO PARA EL TRABAJO
SÉ TÚ MISMO TRANSGREDE LA TRANSGRESIÓN
SÉ TÚ MISMO DISFRUTA CUANDO TORTURES
SÉ TÚ MISMO RODEA EL CÍRCULO
SE ACABÓ LA UTOPÍA EMPIEZA EL TANTO POR CIENTO
IMITA TU PROPIO MITO
ENGRASA LA GRASA Y LLÉVATELA PARA CASA
EL GRAN HERMANO TE VIGILA PONTE A DIETA
CAGA LO QUE COMES
COME LO QUE CAGAS
DEVÓRAME OTRA VEZ
SÓLO LOS CANÍBALES SABEN LO QUE ES AMAR
GOZA GOZA GOZA GOZA

3

¿Y para qué movimientos sociales
habiendo movimientos peristálticos?
En el vientre de la Bestia la política
es una secreción de jugos gástricos.

LIQUIDACIÓN
POR CAMBIO DE NEGOCIO

> De la emigración a Alemania con una maleta de cartón al turismo planetario, mientras apaleamos a los inmigrantes en casa, en una sola generación. Qué hemos dejado que hagan de nosotros...

El Caribe
el Mar Rojo
las islas del Pacífico

visite los sobrantes de selva tropical
los restos de tundra
los arrecifes de coral antes de que el desorden carbónico
acabe con los últimos

vuelos baratísimos
sexo baratísimo con niños y muchachas
exotismo —nada más que lo justo— igualmente asequible
descuentos especiales para funcionarios

relájese consumiendo su buena tajada del mundo
mastique a dos carrillos

visite los últimos paraísos
antes de que cierren
por cambio de negocio

tanta belleza tan barata
visite sus posesiones coloniales.

OTRA AUTOCRÍTICA
DEL AUTOCRÍTICO DE GUARDIA

> Durante años se han inventado muchos métodos para ayudar a las empresas en su constante búsqueda de la perfección...
> (Folleto de los programas TDSP, *Training and Dissemination Scheme Project*)

Si tiene usted resposabilidades
que le obligan de algún modo —mundo ingrato—
a confrontarse con la realidad
—ese insufrible saco de problemas—
y tendría usted que hacer algo
solucionar algo
intentar por lo menos algo
pero no sabe qué hacer

haga un tríptico.

Si los problemas se obstinan en persistir amenazantes
y la realidad se muestra arisca e intratable
como un verdadero mezquino obeso saco de problemas
y usted tendría definitivamente que intentar algo
hacer algo
pero no sabe qué hacer

haga un CD-ROM.

Si pese a todo nada cambia
los problemas se enconan colman el horizonte
la realidad pesa como sudario de plomo
querría desviar la vista pero no puede
querría salir huyendo pero no puede
querría hacer algo pero no puede

no desespere
todavía no ha quemado su último cartucho:
haga una página web.

Si consigue además
que le financie el proyecto la Comisión Europea
es usted un hombre/ mujer de éxito
un verdadero emprendedor
un centro operativo con empleabilidad probada
y su nombre será alabado
en los mejores manuales de autoayuda
y brillará en las enciclopedias mundiales de la eficacia
por los siglos de los siglos, amén.

¿DÓNDE LA FUERZA DE NUESTRA RESISTENCIA?

El día en que la radio
anunció que la principal fuerza política de izquierdas en mi país
caparazón y heredera del partido comunista
ante las importantes inminentes elecciones
iba a sustituir la pegada de carteles en los barrios
por un CD-ROM gratuito
contenedor de los perfiles de las candidatas y candidatos

yo iba camino de una emisora local de TV
para una entrevista sobre alimentos transgénicos
en un polígono industrial del extrarradio
donde a toda prisa se construían chalés adosados
junto a los hipermercados de la carne
y las concesionarias de automóviles.

Al llegar a aquel barrio obrero vi en los muros
carteles de los candidatos de derechas
pintadas impotentes contra la sucia guerra

que libraban nuestros ejércitos en el otro confín de Europa
y en el vestíbulo de la emisora local de TV
con los letreros en inglés —BACKSTAGE ROOM—
un terrario con dos iguanas desflecadas.

Contra los acantilados del futuro
el siglo XX rompe en una sucia pleamar
llena de pecios y amarillenta espuma, pensé,
pero de inmediato volví en mí:
gilipuertas, no te pongas estupendo.

En el coto de caza en que se convierte el mundo
¿ya sólo tiene armas el enemigo?

¿CUÁNTAS PATAS PARA CONSTRUIR LA IZQUIERDA?

la pata chula
la pata de palo
la pata la llana
la pata metida hasta el fondo
la pata coja
la pata patológica
la pata sin tanta patarata
la pata antipatriarcal antipatrimonial y antipatriótica
la pata estirada
la pata de gallo
la pata peripatética
la pata sin patronos ni patíbulos
la pata liberada, autónoma respecto de su pato
la pata quebrada que a pesar de ello no se queda encerrada en casa
la pata sin pautas paternalistas
la pata taensalsaverde
la pata goniaautodeterminadaylibre
la pata letaperoconbuenhumor

la pata dacontraelsistema

en definitiva, la linda pata libre
con buena pata

¿SON ZANAHORIAS LAS ZANAHORIAS?

> El ingeniero genético tiene que decirme que ésa no es una pregunta científica, pero yo tengo que preguntarme: ¿son zanahorias las zanahorias?

Me alegro de no ser
eurodiputado
profesor de estética
periodista
poeta maldito
intelectual posmoderno
investigador de mercado
artista.

¿Qué soy?
Nada menos irritante
que todo eso:

pero me alegro de no ser
artista
investigador de mercado
intelectual posmoderno
poeta maldito
periodista
profesor de estética
eurodiputado.

FUNÁMBULO

PAUL KLEE, 1923

El equilibrista se sostiene —arborescente bailarín
de lo inacabado— sobre la cuerda floja.
¡Pero la cuerda se apoya en el vacío!

HEINRICH VON KLEIST (1777-1811)

No estar muerto es todo un lujo
que nunca dura demasiado
pero puede durar lo justo.
Todo o nada es una apuesta,
jugador, que se pierde siempre
pero puedes perder sin trucos.

SUEÑO DEL VEINTITRÉS DE AGOSTO

El amor antiguo es un cachorro en el suelo,
osezno o gatito cortado de su fuente;
hay que darle la leche redonda de la charla,
los lengüetazos del cuidado, eso no admite demora.
Aunque recién nacido, tiene los ojos abiertos.

LA LLUVIA ENSEÑA CÓMO MIRAR

No mastico dientes,
no aliño agonías.

Sé que nos falta la estación propicia.
¿Pero cuándo
la poseímos? (¿Por ventura es algo
que pueda poseerse?)

Desde el inmundo hablo
para construir el mundo.

OTRA REPÚBLICA
(hipótesis desde una estación vacía)

> Este poema está aquí para que usted pueda medir su distancia
> con respecto a él, como un mojón en el páramo (no demasiado
> derecho, por lo demás). Nada más que por eso. ¿Listos?
>
> ... un perro matemático de abismos.
> ENRIQUE FALCÓN

No habrá un día a la semana en que las calles amanezcan sucias
     de vómitos y cristales de botella rotos,
pero se beberá vino todos los días, y se cantará fruta, y se
     paladearán canciones.
No se reaprovechará la sangre derramada.

Y además:
el pie cuidará de no pisar el cortejo de hormigas que atraviesa el
     camino.

Habrá pan para todos, el pan crujiente y dorado y suculento del
     hambre, pero no habrá hambre.
El esmalte confraternizará con el barro, el cristal no le hará ascos
     a la loza.
La palabra *necrofilia* se refugiará en el diccionario histórico.

Y además:
los jueces se devanarán los sesos para resolver sin injusticia los
    conflictos sobre medianerías que surgen entre vecinos
pero no tendrán que decidir sobre asesinatos políticos.

Cuando las chicas descubran al sol de cada primavera
su piel inédita y eterna, el ombliguito espiral donde se abisman
    todos los linajes del universo
no habrá miradas de las que producen vergüenza, sino esas
    caricias leves con los ojos que a ellas les hacen resplandecer.
No se golpeará al pulpo contra las rocas para ablandar su carne.

Y además:
nadie le ofrecerá a Samuel Beckett una prótesis.

Las oficinas de patentes sólo admitirán recetas de bizcochos,
    estrofas de licor, graduaciones para la buena literatura.
La policía será tan amable como la clorofila.

Y además:
se preguntará pocas veces *para qué*.

Las conectivas lucirán esbeltas, los adverbios acompañarán en el
    paseo.
No se retranquearán los accesos de la savia.
Se perderá tiempo en deliberar
pero no será tiempo perdido.

Y además:
los obreros serán los dueños de las fábricas.

GLOSA A LO DICHO

El pan no es alimento,
el pan es un camino.

Tú dime si transcurre por detrás de la sangre.
Dime si nos alumbra la fecundidad del error.
Si hay surtidores y élitros suficientes
para el zumbido de esta nueva república.
Dime si sabes de qué te estoy hablando.

PESCADOR ATERIDO

> El ser humano, el híbrido, el minotauro, como naturaleza
> eternamente en el laberinto, caníbal de refinado cuño...
> GOTTFRIED BENN

Meto la mano en el estanque oscuro
seguro de que voy a extraer el precioso ámbar
y saco el ciego pez abominable.
Meto la mano en el cieno de este estanque
temblando ante el monstruo cuya fría piel asiré
y extraigo la joya de luz inmerecida.

(Pero la mano, ella, sabe siempre lo que va a encontrar.)

CAMPO ABIERTO

¿Amapolas
después de Auschwitz?
Amapolas
más rojas que la sangre.
Vigilia de amapolas
contra la Gran Adormidera.

UN OMINOSO LAGO

En este terrible y bello verano cero cero
cada día
un helado (limón vainilla avellana chocolate)
y un asesinado por los pistoleros
del etnoterrorismo del Norte

el chapuzón en la playa cada día
y el zumbido urgente de los helicópteros
yendo a por agua, y es otro monte que arde

cada día
tus besos
y los ahogados del África

y un día
de este verano tan breve tan atroz y tan dulce
supimos que en el mismo Polo Norte
no hay hielo ya, sino un lago de agua líquida.

LEYENDO A ERNESTO GUEVARA

En la mochila huesos,
nada más que huesos.

Hay quien dice que debería transportar también las fanfarronadas,
los errores que pagaron otros, la pretendida inocencia,
las sesiones de tortura, el coraje de quien no habló
y la desolación de quien lo hizo, la rosa retórica,
las nalgas puritanas de quien sin embargo amaba la vida,
el desorden, la violación, la barba, los mandatos incumplibles,
la inflexibilidad que hería, la compasión a destiempo,

el aceite de los sueños, la demasiado fácil ceguera,
los corazones sectarios.

Yo lo sopeso todo y lo voy dejando a un lado.
Sopeso armas y orquídeas, lo voy dejando a un lado.
Guardo los huesos arrasados, mondos
por el torrente cenital del tiempo.

En la mochila sólo
los huesos de mis muertos.

ESTÁS FUERA DE LA REALIDAD

Si la realidad es California
Perú está fuera de la realidad.
Si la realidad es Bangladesh
Baviera está fuera de la realidad.
A quien se declara realista
hay que preguntarle lo primero
realista de qué realidades.

EL MUNDO MATERIAL

Fantaseo con la imagen del poeta escandinavo
libérrimo en su cabaña perdida entre los bosques.
Esto sucede en un autobús de mi ciudad, que
—salvo error estadístico— es la segunda
más ruidosa del mundo, mientras le doy vueltas
a la noción de *poesía materialista*.

Sé que en cierto sentido
soy un jugador de ventaja.
Pero tú dime cuántas clases de martillos distintos

eres capaz de enumerar.

Intenté una definición hace ya tiempo:
la remisión
inacabable
del allende al aquende.

SOBRE LA DICHA Y EL OMBLIGO

Hoy el correo trae otros tres libros de poemas.

Tantos poemas son evanescentes sierpes
de vaguedades trenzadas
a la mayor gloria del poema
a su vez vaga sierpe evanescente
y aquí les dejo se adentren en el tedio
de este vulgar recurso al infinito.

Las actividades autorreferenciales se dividen
en dos grandes clases:
mirarse el propio ombligo
y la felicidad.
Ombligos: a cada cual lo suyo,
no perdamos el tiempo.
Múltiples son las formas de la dicha,
a cada cual igualmente la suya
y algún poema estimable —lo concedo—.

Contraviniendo mi mejor consejo
éste resultó ser
otro poema sobre la poesía.
Por eso voy a acabarlo de inmediato:
me recojo en ese lugar abierto al mundo
que es capaz de acoger
todo lo incompleto, quebrado, desgastado,

todo lo perdido y mordisqueado y abierto
en la vigilia del mundo.

CADENCIA DE LA RECAÍDA

Mi poesía
habla de lo que no tengo
de lo que no soy

hasta que caigo en la cuenta
y entonces resuelvo nunca más decido determino
escribo de lo que tengo
de lo que soy

hasta que recaigo en la recuenta
de que en realidad todo el tiempo
he seguido reescribiendo
lo que no tengo no que no soy

EXTRAMUROS/ INTRAMUROS

> Es evidente que no soy un poeta joven, puesto que ya me voy
> permitiendo dar consejos a quienes sí lo son

Si estás dentro, escribe para salir;
si fuera, para entrar.
Siembra como si fueras nómada;
viaja como si la cosecha se encontrase
precisamente *aquí*.
Inútil preguntarte si vas a ser escritor:
hace mucho tiempo que las palabras lo saben.
Y permanece atento.
No sé decirlo mejor.

EXTRAMUROS/ INTRAMUROS (2)

Es dudoso que consigas entrar
dudoso también que salgas

demasiados objetos abarrotan las nubes
obstruyen las ventanas y la puerta

quizá puedas empezar
—sin garantía de éxito, lo sabes—
por deshacer el ovillo de tu sed

traspapelar los presupuestos del rencor
y darte un día libre

es decir
una vida

POETA EN SIMPOSIO CON EMPRESARIOS Y CIENTÍFICOS ORGANIZADO POR FIRMA CONSULTORA PRIVADA

Olvidan/ que la poesía contemporánea/ es una lucha por respirar.
TADEUSZ ROZEWICZ

Se hablaba todo el tiempo de *realismo*:
con ello se aludía solamente
al disciplinamiento a través de los mercados.

Tuve que replantearme opciones estéticas.

DEFINICIÓN OSTENSIVA

Pongamos que esto fuera un poema:
habría aquí una palabra.
Y un vacío.

En un poema
cualquier vacío acoge a otro vacío;

cada palabra ha sido fecundada
por todas las demás.

Esto no es fantasear consuelos,
sino suponer como decíamos que aquí
hay un poema.

EL TEJIDO DE LOS SUEÑOS

> Pero yo no quiero destrozar/ con la tijera de los grandes sueños/ el tejido de los sueños pequeños.
> WERNER ASPENSTRÖM

I

Hace años que lo que sé no existe.
A mi alrededor se desploman
las frágiles escalas,
nadie encuentra lo que extravió.
La compasión se envisca en una luz de cieno.
En la estación del norte se descortezan días.

Mi oficio es rememorar lo incumplido.
Mi oficio es preservar la lentitud.

Hace años que sé lo que no existe.

Si toda la vida es falsa
¿cómo podría el poema ser verdadero?

2

La poesía no es un ornamento de la vida:
si es algo, su nervio o costura más profunda.
No es lujo, no es espuma:
es —si es que es algo— lo único necesario.
Casi nunca lo vemos, casi nunca lo sentimos,
vivimos dentro de ello
y no podríamos no vivir dentro de ello.

Si es que es algo.

LIBRO DE CABECERA

Sobre el dormido durmiente
cae
y le abre la cabeza.
No estoy
ahí donde me buscáis.
Con la cabeza abierta
ya es posible pensar.

HIGIENE COTIDIANA

Se oye decir: el ser humano es malo, está
corrompido hasta el fondillo de los pantalones,
sin la prótesis egoísmo no sabe caminar,

carece de verdadera elegancia, mejor
vamos a dedicarnos a otra cosa.

Pienso: a estos desnortados alguaciles
habría que lavarles un poco las orejas.

EL GUARDIÁN DE LO PEQUEÑO

> Franz Kafka aseguraba que hay esperanza, mucha, una infinita esperanza: sólo que no para nosotros. Walter Benjamin afirmaba que sólo nos es dada la esperanza por los privados de cualquier esperanza. ¿Y usted qué opina?

A todos los que queréis estrechar la vida,
recortar la vida, cercenarle los arcos a la vida,
arriar las velas rojas del galeón fantasma,
sacar del agua a los caballos: os digo que seréis derrotados.

No por la fuerza senescente de los escarnecidos,
no por el septentrión ingenuo de los adoradores,
ni por los masacrados molinos de la generosidad.
Sino por los malentendidos que creeréis haber desentrañado,

las paradojas que torcerán las herramientas de la maldad,
las minucias que dejaréis a vuestra espalda
y resultarán ser —no sé por qué os sorprende—
las alamedas tan flexibles de la resistencia.

¿Esperanza
vestigial, residual? No sabéis
lo que es la esperanza.
Esa fue siempre *toda* la esperanza.

¿Perdimos la cabeza? Conservamos la voz.
De un solo grano se yergue la voz toda.

Y una voz vale la ausencia de cabeza
si en alta mar peligran las columnas del mundo.

CANCIÓN LENTA

Para vivir bastaría poder mirar las nubes
poder alzarte la falda despacito
desayunar claridad quitándole te digo el borde amargo
para vivir bastaría estar vivo

demorarse en lo cálido redondo frutal de la vida
es decir tu nuca tus senos tu muñeca
para vivir no tan alto ni profundo
sino como un ritmo azul te digo
que pudiera seguirse con los pies

para vivir bastaría poner a dormir juntas
las deliberaciones con las decisiones
en la misma cama te digo peregrina
seguir aprovechando el malentendido fértil
para vivir tocar lo que nos toca

para vivir te digo
basta con estar vivo

DOS ISLAS

I

(Islas del Rosario, verano de 2000)

Vuelo
a varios metros por encima

de los corales del fondo

El sol me da con firmeza su respaldo
No hay un momento anterior a este momento

Miles de peces minúsculos
vuelan conmigo
y qué diré de las apariciones singulares:
el gran mero merodeador entrevisto a lo lejos
el redondo pez perfilado de vivísimo azul
el de rojo tan intenso que obliga a pensar en la ceguera

Vuelo sobre este reino
que no es el mío
y a cada uno de los aparecidos le voy preguntando lo mismo:
quién eres tú
y quién soy yo

2

(Isla de Groix, verano de 1998)

Entre la ola y el peñasco
el espesor de una caricia.

No tengo dientes para enjambrar en el espacio.
Pero he salvado
la fuerza de este escollo
para ti.

CUANDO ESTÁS AHÍ

1

Los animales pequeños
tienen pequeñas patas y alas pequeñas.

2

El mundo: cuatro calles.
Cuatro calles, el mundo.
Una sábana blanca
es todo el universo.

3

En cada instante
la puerta abierta.
¡Salvo si sólo sabes ver
puertas cerradas!

4

El margen
del centro
es el centro
del mundo.
En la estación del frescor
y de la duda
pequeñas patas
alas pequeñas.

SER CAPAZ DE ESPERAR

Todos poseemos un tesoro
casi nadie sabe qué hacer con él.
No se cuenta en horas meses lustros:
se está ahí como sobre la dulce libertad
del lomo de un caballo.

AGUA FRESCA

Sonríes un rato
o un instante. Algo has aprendido.
Ahora te preguntas qué era
y no lo sabes.
Pero no importa.
Quizá era eso:
que no importa.
Hay que reparar la puerta.
Necesita agua fresca la gata.

LECCIÓN DE ARENA

Benjamín Palencia, *Dibujos en la arena* (1930)

Soy un deseo de llegar donde no pude,
donde no quise, donde caí —rehén del pensamiento—.
Porque no duran, ofrenda para el agua;
porque están casi ya desvaneciéndose,
estas marcas me llevan a mi verdad de espuma.
Tú puedes ser yo. Yo está en algún almiar más lejano.
En la arena, trazada, una voz previa.

DE COLOR AZUL,
COMO LA HERIDA

Un anciano
con una cinta elástica
para asegurar su agenda o su cartera,
no lo veo bien, la guarda en el bolsillo.
Ese gesto desconocido de mi mano: cómo
se cierra una agenda con una cinta elástica.

Qué ven los ojazos zarcos de la niña
que arrastra su carrito de juguete
cuando pasa y se me queda mirando, a mí
lector de aceras, cuatro segundos eternos.
Por qué esa chica, que sabe lleva un zapato desatado,
no se detiene a enlazar los cordones.

Cómo siente en el amor una mujer.
Qué experimenta el perro cuando puede comer
arroz del plato del amo.
Cómo se vive en un suburbio
de Calcuta Johannesburgo Bogotá.

Yo soy yo
más mi hueco:
los demás seres, todos.

COMO SI TODO ESTUVIERA AÚN ABIERTO

Todo eso llegará, si no alimentas
la estafa de la inocencia llegará,
si no te descoyuntas de avidez.
No tengas prisa.

Cuando encima de ti arde el cielo,
cuando a tu alrededor se derrumban
los agraviados andamios del mundo, no tengas prisa.
Sólo se salvan los que no tienen prisa.

Todo está ahí donde sabes
encontrarlo.

LA POESÍA NO SIRVE PARA NADA

> El golpeteo del abejorro contra la ventana/ ¿de qué sitio del aire trae/ el correo de los seres secretos?
> JUAN MANUEL ROCA

1

Sólo necesito explicarme a mí mismo
lo que no sabré.

2

Ella me busca siempre
allí donde no he llegado todavía.

3

Quienes sueñan con viajes estelares
con las frías lunas más allá de Andrómeda
no han leído un solo libro de poemas.

4

Sin el trabajo de los poetas
se descosen los desgarrones del mundo
y se pierden las bibliotecas de los pájaros

es decir, nada importante.

5

La poesía no sirve
para nada.
Absolutamente para nada.
Nada tan importante
como nada:
preguntad a Juan de Yepes,
a Eckehart, a Miguel de Molinos, a Lao Zi...

NADA DE NADA

Conozco una y sólo una brújula infalible en ética y política (que, en el nivel que más importa, son la misma cosa): *del lado de las víctimas o contra ellas*. No pretendo que sea fácil ajustar la conducta personal a ese criterio de emancipación: digo solamente que es certero y no marra nunca. Lo he aprendido de gente como Manuel Sacristán, que más que decirlo lo mostraron. DEJEMOS EL PESIMISMO PARA TIEMPOS MEJORES, reza la pintada en la pared que evoca Eduardo Galeano.

No tenemos nada.
Nada de nada.
Pero no es
ni mucho menos
la nada:

es nada
de nada
vale decir
una chispa
una preposición coja
un sigilo instantáneo
una partícula nada elemental
una escama de júbilo
una lumbre pequeña
una chispa
que pasa
de unos labios a otros.
No tenemos algo
de nada
sino nada de nada.
No tenemos nada.

LO QUE COMIENZA

Año dos mil
tres ceros taumatúrgicos
a la zaga de un dos insinuante
un kilolatido de expectativas falsas
cinco megazumbidos de piadosos deseos
mucho licor y cava para negarse a ver
lo que está ante los ojos más que nunca
mucho azúcar melaza mermelada
una severa espiral de desconciertos

pero tú no te engañes son verdad ambas cosas:

nada comienza nunca siempre estamos en medio

empieza todo de nuevo a cada instante.

7 de enero de 2000

> En la estación no hay viajeros.
> Pero está en su puesto el guardaagujas
> y monta guardia el lunes tenaz cada semana.
> En el momento en que despiertes
> voy a intentar estar ahí:
> en la estación vacía
> —furioso invierno acostado sobre raíles—
> donde puede surgir lo inesperado.

¿Bert Brecht y Marlene Dietrich pueden irse juntos a bailar? ¿Manu Chao y Ludwig Wittgenstein compartir queso y un vaso de vino?

Sí, cuando Natividad pone la mesa.

Estos poemas son suyos.

Epílogo
LA VOZ DE NADIE EN LA ESTACIÓN VACÍA

«Érase una vez...», el habla de la memoria. «Habrá un tiempo en que...», la rebelión de la profecía. Y el instante sin tiempo del poema, donde celebran nupcias la palabra y el silencio. Tres modos básicos de lenguaje. Tres formas imprescindibles de conciencia.

Interrogado sobre cuándo se hizo escritor, el novelista irlandés Colum Mc Cann responde que a los 21 años, un viaje en bicicleta a través de EE UU le puso en contacto con mucha gente, con las más variadas experiencias, trayectorias vitales y procedencias sociales. «La gente se acercaba a mí: me invitaban a cenar, a dormir en sus casas, o en el jardín. Y nada más romperse el hielo, se transformaban en verdaderos narradores orales. Yo me daba perfecta cuenta de que no tenía ninguna repercusión sobre ellos: simplemente querían liberarse del peso de sus historias, dejándomelas a mí».
    Este relato de iniciación me parece paradigmático, en lo que se refiere al estatuto del narrador. Una voz de voces: el narrador como depositario de todas las historias de una comunidad, el custodio de la experiencia, el lugar donde —quién sabe— acaso pueda operarse una recomposición de la misma que haga patente su sentido: ésa es la promesa de la narración, la voz de todos.

Lo que sucede en poesía es muy distinto. Tal vez habría que atreverse a decir: la voz de nadie. Una palabra que corta, que punza, que perfora tela y piel y cuero y ladrillo en una dolorosa búsqueda que no suele conocer su propio objeto. Una voz que, a pesar del intenso deseo de comunión, se halla en el límite de lo asocial, del sinsentido, de la extrema soledad. Una voz que no busca construir cobijos donde guarecerse, sino que se expone a la intemperie, donde canta y llora y baila sin apenas protección.

Una voz de nadie que hablase en la estación vacía.

El nogal piensa. El tejón piensa. La oropéndola piensa. Sólo el ser humano —¡tan a menudo!— dimite del pensamiento.

Treinta y ocho años, y estoy todavía en el aprendizaje más sencillo: las tautologías.
    Estar donde estoy. Hacer lo que hago. Amar a quien amo. Estar ahí.

Llevo veinticinco años escribiendo. Casi desde el principio, sabía lo que significa escribir: escribir es indagar. Hoy, después de todo ese tiempo, creo que por fin sé para qué se escribe, cuál es el designio de esa larga búsqueda.
    Cuando escribo, querría decir la verdad.

Hay una palabra que dicen todos los poemas de este libro, aunque no aparezca en ellos: *invierno*. Un presentido, perseguido, acuciante invierno de libertad. Está ahí sin estar. Bajo el texto. Con los silencios. Sobre los sobreentendidos. Inexperto, frágil, aterrador, necesario. Como renovación; como lumbre; como espacio. Dice y no es dicho. Está ahí sin estar. Como la poesía.

JORGE RIECHMANN
Madrid, 1998-2000

ANEJOS

Anejo 1: prólogo de José Hierro
a la primera edición de *El corte bajo la piel* (1993)

No hay actividad tan inútil como poner unas palabras introductorias a un libro de versos. La poesía, me avergüenza recurrir a lo que todos sabemos, es evidente por sí misma. Ni San Juan de la Cruz, poeta y santo, logró explicar sus poesías. Lo que hizo en sus comentarios en prosa fue oscurecer, intentando racionalizarlo y aclararlo, lo que en sus versos era misteriosamente claro.

Jorge Riechmann ha publicado varios libros de poesía. No ha publicado, en cambio, un primer libro (quiero decir un libro pre-histórico, a la manera de *Ámbito* de Vicente Aleixandre; o *Libro de poemas* de Federico García Lorca; o *Perfil del aire* de Luis Cernuda, donde los poetas que conocemos aún no están). Nació hecho y derecho, con voz propia, en su *Cántico de la erosión*, aparecido en el 87. La línea iniciada en estos poemas es nítida, propia del poeta, y a lo largo de los años y los libros iría intensificándose, sin variar el rumbo.

Soy incapaz de definir, de clasificar. La poesía es aire libre. Pero en la medida de lo posible hay que situar, decir qué aires, qué vientos soplan. Los aires de la poesía vienen de Europa, de la América de Pound. Poesía «europea», aunque venga en buena parte de América. Octavio Paz, Luis Cernuda, Jaime Gil de Biedma se han referido a esto, y han llegado a la conclusión de que toda la poesía española del siglo XX —salvo algo de Unamuno, *Espacio* de Juan Ramón Jiménez, algo de Aleixandre, bastante Guillén y todo Cernuda— es cosa folklórica y, en parte, de pandereta.

Esta visión es, ciertamente, exagerada. En mi opinión, es falsa, excluyente y por tanto injusta. Pero no es el momento de debatir esto. Venía a cuento de la poesía de Riechmann. En ella el poeta aparece disimulado bajo la apariencia de un intelectual que *cuenta* más que *canta*, de acuerdo con la distinción tantas veces traída a colación. Son meditaciones, no canciones. Lo pasional subyace, pero lo intelectual lo filtra al llegar a la superficie del poema. Y sin embargo, generalmente como sorpresa final de los poemas, esa sentimentalidad aparece. Compruébese en los poemas VERWISCH DIE SPUREN y RAZONES PARA LA ACCIÓN. El distanciamiento aparente, el lenguaje técnico, frío y helador (TRATAMIENTO DE RESIDUOS), el humor corrosivo son algunos de los ingredientes de una poesía que deslumbra. Y no porque sea —que no lo es— de relumbrón y espectacularidad, sino porque nos pone en contacto con una personalidad de intelectual que lleva dentro a un poeta (o lo contrario, si ustedes quieren).

Uno, que viene de *La Berza*, del realismo vigente en nuestros años mozos, de la famosa poesía social, tiene que sentir forzosamente admiración no exenta de envidia ante poetas como éste (lo mismo que los padres sienten satisfacción y envidia cuando comprueban que sus hijos son más altos), de un acento más universal. Siente también envidia porque sea capaz de enfrentarse críticamente a la sociedad, como hicieron tantos de hace casi medio siglo, con finura mayor, supliendo con la ironía lo que era, entonces, desmelenamiento e ira. Y utilizando la palabra justa, la expresión elegante, poéticamente necesaria, sin caer en lo almibarado ni en lo tosco, pecados que —a la fuerza ahorcan— reconocemos y lamentamos, aunque sin arrepentirnos, escudándonos en la creencia de que —en aquellos tiempos— era necesario e inevitable.

Anejo 2: una carta
de D. Jaime García Añoveros
tras la publicación
de *El día que dejé de leer* el país

Poco después de publicado el libro, recibí la siguiente amable carta:

Sevilla, 26 de diciembre de 1997

Distinguido poeta y colega:

Mi librero habitual me hizo ver el otro día su libro de poesías *El día que dejé de leer* el país, por haberle llamado la atención la que lo encabeza, el bello sueño del trabajo estable, de la que resulto ser autor parcial, residual e inconsciente, si es que se puede escribir un poema desde la inconsciencia; y digo lo de parcial y residual porque el tal poema no existiría sin la labor de poda de la que vd. es el autor. Lo de colega viene a cuento de que en la contraportada de su libro se afirma que vd. es profesor titular de la Universidad de Barcelona; espero, por tanto, que no tome el calificativo como abuso de confianza; ya conoce vd., según sus palabras, que también yo ejerzo la docencia universitaria, aunque en materia, probablemente, muy alejada de la de su práctica académica.

Es posible que no sea ése el único de mis artículos que encierra tan recóndita armonía poética. Si vd. quiere, le envío unos cuantos (hay muchos), y así puede ejercer con profusión una vocación, quizá no sólo circunstancial, de obtener poemas a partir de prosas extrañas, mediante el ejercicio de una sobria función de ejecución y supresión, como verdugo de palabras. Quién sabe si soy acaso una contrafigura de M. Jourdain, que escribía prosa sin saberlo.

Veo por este su libro que es vd. algo así como un vate del pensamiento anti-único; también podríamos decir del anti-pensamiento-único. Me da el pálpito de que vd. escribe al servicio de una causa, o por exigencia insobornable de su yo, no sé si lírico o biográfico, o ambos a una. Pero no soy crítico literario ni por obligación ni por afición, sólo lector, y comprendo que la poesía puede surgir en cualquier circunstancia o con cualquier motivo. Sea como fuere, le doy la enhorabuena por ese premio Jaén de Poesía 1997, tanto por lo que comporta como laurel poético como por su parte económica, que supongo, por desgracia, modesta.

También quería indicarle, respetuosamente, que en la p. 6 de su libro, al final, se incluye la siguiente frase: *La reproducción total o parcial de este libro no autorizada por la editorial vulnera derechos reservados. Cualquier utilización debe ser previamente concertada.* Quizá sea un buen principio de conducta; y no lo digo por la parte económica del premio y los derechos de autor que, en proporción menos que mínima, algún malintencionado podría pensar que me corresponden, sino por aquello que presuntuosamente llaman algunos derecho moral de autor, aunque parcial y de residuo, y que al menos es una cuestión de cortesía, compatible con el pensamiento único, con el anti-único, y con todos los intermedios; pero tampoco crea que estoy llamándole descortés; llevado de un egocentrismo que reconozco, me gusta decidir dónde voy a aparecer, tanto si el contexto es irónico como chato o lineal, o de profunda exaltación de lo que sea; manías que uno tiene; incluso cuando se trata de causas tan nobles como las que vd. parece defender o profesar; por no hablar de la causa inefable de la poesía.

Por último, aunque accionista puramente simbólico, soy miembro del Consejo de Administración de *El País* por decisión de otros accionistas no simbólicos; en cuanto estoy obligado, por tanto, a velar por los intereses de la empresa, le agradezco a su yo biográfico, o primo lejano, que continúe leyendo *El País* cada día. Atentamente,

JAIME GARCÍA AÑOVEROS

Anejo 3: poema-prefacio de Antonio Orihuela
para la primera edición de *La estación vacía* (2000)

COSMOGONÍA EN MOGUER

Ayer leíste un poema
y ahí sigo
porque al llegar al campo
para recoger
las últimas naranjas del frío
mi madre me dijo
que aquellos árboles
los había plantado mi padre
el año que yo nací
y aún siguen
oliendo a azahar

y mi padre me contó
cómo este pozo
a mi lado
lo excavó su padre
con una sola azada
el año que él nació

y allá arriba
en lo más alto de las ramas
junto al sediento círculo de piedras
he visto un tronco serpentina
sostenerme
y por un momento
pozo árbol Antonio y cielo
me han parecido una columna de mundo
otro círculo
con las exactas dimensiones

de nuestros pasos hasta la torre herida
los alocados ladridos de Humo y Dor tras las gaviotas
los dedos de Natividad brotando conchas
y de la niña que germina en el vientre de Mar

Ayer leíste un poema
hablaba de brotes de vid
ojalá no haya
sino siempre
amorosas manos
modelando el mundo.

DEDICATORIAS ORIGINALES

El miedo horizontal
    LAS BUENAS INTENCIONES están dedicadas a Javier Martín.
    VIDA NUEVA es «para Titania, reina de las hadas».
    MI AMIGO, para Alfredo Francesch.

La verdad es un fuego donde ardemos
    Libro de Véronique Vankeerberghen: ella lo sabe.

Borradores hacia una fidelidad
    El poema 7 es para Alfredo Francesch.

Cuaderno de Berlín
    «Dedicado a mi abuela Paz
    que, mientras sigue hilándose la hebra adelgazada de su vida,
    zurce calcetines y teje mantas de lana
    —invicta en la tensión de la humana dignidad—
    para los muchos nietos.
    A Manuel Sacristán,
    maestro.
    A Cornelia».

UNE SAISON EN ENFER «para Mauricio, mi amigo nicaragüense, que en Berlín leía a Rubén Darío en una edición española sobadísima. Mientras los amos estrangulan a su patria, la acusan del crimen de respirar poco».

CONSTRUCCIÓN DE MAQUETAS «para la profesora Ursula Heukenkamp, en cuyos excelentes seminarios a veces yo escribía poemas».

Material móvil

«Para Paula, María Jesús, Fernando, Carlos, Javier, Andrés… Ojalá puedan viajar a su sabor y sin malos tropiezos en este *material móvil*. Aunque algunas colisiones son inevitables.

Para José Mascaraque, que me desveló la poesía cuando yo aún era casi un niño, y ha seguido después regalándome el venero cordial de su amistad constante.

Para los amigos de *mientras tanto* y de *En pie de paz,* afortunadamente demasiado numerosos para poder nombrarlos a todos.»

El poema 9 de EL RESPLANDOR DEL CÁNCER está dedicado «a John Berger, tras el encuentro necesario».

El poema 5 de LAS BUENAS INTENCIONES lleva el epígrafe «NO REGRETS. *Jazz song* para Javier y Helena».

El poema 5 de HE VISTO DEMASIADO es de Carlos Schvartz.

El poema 3 de LA SOCIEDAD BURGUESA está dedicado a Paula Casal, con «naranjas de Marruecos, y por qué no de la China».

La dedicatoria de SALVACIÓN DEL RESTO reza: «Para mi abuela Paz. Con toda la fuerza y la impotencia de mi amor. Ella, que es o fue una costurera extraordinaria, torpemente nos ha cosido estos días tres deformes bolsas para lápices a mis hermanos y a mí, y en esos mensajes de trapo se condensa todo su amor, la destrucción que la habita, la muerte que ya viene. (21 de diciembre de 1988)».

El poema 5 de MUJERES Y MONTAÑAS es de Carmen Magallón.

NACERÁ DE TU DESNUDO fue siempre de Conny Böhnstedt.

Donde es posible la vida
    El largo aliento es de Volker Braun

La lengua de la muerte
    Manos de estiércol está dedicado a Vicente de Diego.

Figuraciones tuyas
    Es de María Luisa Cavana.

27 maneras de responder a un golpe
El poema 3 está dedicado a «Teresa, que escribía cuentos en esta calle».

El poema 17 es de Silvia Schmitz.

La dedicatoria del poema 21 reza: «para Michel, en su dolor y en su desconcierto».

El poema 23 es «para Olga, en la espera de la vida nueva».

El poema 26 es de Antonio Gómez Ramos e Ina.

Baila con un extranjero
«Dedico este libro a Angela y José Luis. Su generosidad me alzó, sin humillarme nunca. Un hijo no puede recibir más de sus padres.
Y también a Marina y Elvira, las formas más dulces de la vida, que tendrán diez años en el año 2000.»

A través del túnel está dedicado «a los amigos que me guiaron por el túnel de Sóller».

Elogio de los argentinos y las argentinas está dedicado «a

Claudine y Carlos, claro».

ALABANZA DE LOS POETAS es de José María Parreño y Fernando Beltrán.

ALABANZA DEL BARRIO DE GRACIA es de Violeta Ibáñez.

ELOGIO DE LA RECIENNACIDA lleva la dedicatoria: «Para la pequeñísima Elvira, con sus rojas ronchas veraniegas, que mama la vida dulce frente al Carmen de los Mártires».

El ELOGIO DE LA SUPERVIVIENTE está escrito para Natividad Corral.

ELOGIO DEL PLACER EN SEVILLA, «con agradecimiento a César y Pilar».

DIEZ AÑOS ANTES DEL TERCER MILENIO está dedicado «a Ignacio Ellacuría y a sus compañeros asesinados en El Salvador —seis entre tantos miles—».

COSMO-LÓGICAS «para María Jesús, Marián, Juan Carlos».

MÍNIMA EXPRESIÓN «para Pepe Sanchis Sinisterra, amigo».

El corte bajo la piel
«Natividad,
mi lectora explícita
según queda consignado en esta página.»

RECONCILIARSE «para Paco Fernández Buey, amigo».

RAZONES PARA LA ACCIÓN es de Antonio y Encarna.

CONTRATIEMPO para Mónica Mehaudy.

Entrevista con el secretario general «para Julio Anguita, constructivamente».

Hambre «para los sublimes teóricos del postmaterialismo».

Primera propuesta para un orden mundial para Carmen Nieto.

La cuestión nacional «para Lolita y Eloy, que encontrarán caminos».

Invocación es de Eduardo Aladro.

Necesidades básicas «para Maruja, auxiliadora».

Tanto abril en octubre
«Para los médicos y médicas, enfermeros y enfermeras que la atendieron; para las mujeres que cocinaron y limpiaron para ella. Para los amigos y amigas que estuvieron cerca (y especialmente para Héctor, Antonio y Javier, que viajaron para estar cerca).»

El día que dejé de leer el país
Enésima fe de erratas «para José María Parreño, claro».

Competitividad «para Ángela y Luis, que no hicieron la huelga general del 27-E».

Lecturas emancipatorias, 1995 «para Ernest Garcia, cariñosamente».

Sobre la estupefaciente complejidad de lo complejo está «dedicado a los analistas políticos de nuestro diario independiente de la mañana (sin esperanza, pero con suficiente convencimiento)».

La estación vacía
UNA ESTANCIA HOLANDESA, «para José Jiménez Lozano».

TERRIBLE OLA DE FRÍO «para Félix Grande y Paca Aguirre».

SI SE QUIEBRAN LOS HUESOS... «para Ute, guardiana del jardín, y para Rai el del Barrio; dos muertes estentóreas en una primavera encanecida.»

COSMOGONÍA EN MOGUER «para Antonio y Mar».

MRXSMS «dialogando con Antonio Orihuela».

¿CUÁNTAS PATAS PARA CONSTRUIR LA IZQUIERDA? «para los compañeros y compañeras de Espacio Alternativo en su Primer Encuentro Confederal».

CAMPO ABIERTO «para J. Jorge Sánchez López».

HIGIENE COTIDIANA «para Jaime Montes».

DE COLOR AZUL, COMO LA HERIDA «para Salvador López Arnal y Óscar Carpintero».

NADA DE NADA «para Manuel Sacristán».

LO QUE COMIENZA «para Antonio y Mar, en el abrazo de hoy».

NOTAS DEL AUTOR

Escribo poemas (o artefactos que aspiraban a ser poemas) desde los 13 años aproximadamente. Publiqué mi primer poema en el número 1 de la revista Cuadernos Literarios Síntesis, Torrejón de Ardoz, 1977.

El miedo horizontal (1979-80)*

Inédito hasta hoy, salvo algunos poemas que se publicaron en *Trabajo temporal* (lf ediciones, Béjar 2000); levemente revisado y reordenado para esta edición. Copio un paso de la entrevista con Noemí Montetes publicada en el libro que coordinó esta estudiosa, titulado *Qué he hecho yo para publicar esto* (DVD, Barcelona 1999): «En esos diez años de «prehistoria literaria», 1975-1985 aproximadamente, escribí muchísimos poemas y agrupé algunos en varios libros *(Las tierras que a cada momento deseamos,* 1978; *Figuración de ti,* 1979; *Conversación con una llama delgada,* 1981-84; *Borradores para una fidelidad,* 1983-84; *Diálogo de la herida,* 1984-85). Visto retrospectivamente, me parece que tuve suerte al no poder publicar entonces aquella obra todavía inmadura. Aunque la mayor parte sólo vale como ejercicio personal de escritura, algún material de aquella cantera se me antoja aún aprovechable: así, *Conversación con una llama delgada* se publicó con otro título —*La verdad es un fuego donde ardemos*— en 1995, en mi libro *Amarte sin regreso (poesía amorosa 1981-1994)*».

La verdad es un fuego donde ardemos (1981-84)

Se publicó en *Amarte sin regreso. Poesía amorosa 1981-1994* (Hiperión, Madrid 1995). El título procede de una canción de Marianne Faithfull. Introduje el conjunto de *Amarte sin regreso* con la nota siguiente:

---

* Las fechas entre paréntesis son las de redacción de los poemarios, no las de su publicación. (N. del a.)

«He juntado en este libro la mayoría de los poemas de amor que escribí durante quince años aproximadamente. Son muchos años. Si comparo quien soy con quien fui advierto cambios: el cuestionamiento del heroísmo sentimental; la incomodidad ante los trueques de versos por besos; la conciencia de lo sumamente difícil que resulta cambiar, transformarnos, en el sentido fuerte de la palabra.

Pero el sujeto humano no es idéntico a sí mismo: por difícil que resulte, hoy puede ser una cosa y mañana lo contrario. Ésa es nuestra esperanza y ésa nuestra servidumbre. Si existiese un sólo sujeto —Dios o mónada— ello no supondría problema alguno. Desde el momento en que dos sujetos se encuentran, la tragedia está asegurada (diálectica del deseo, el amor y el rechazo). La tragedia es un momento *estructural* de la vida humana.

La vida del espíritu no conoce tragedias: las conocen la vida del cuerpo y la de los sentimientos. Es sabido, por ejemplo, que no hay manera más eficaz de destruir a una persona que privarla de amor en su edad temprana. En el amor sexual se halla una de las raíces de la condición trágica del ser humano: esa contigüidad del éxtasis y el tormento tan verazmente reflejada en la pintura de —por ejemplo— Egon Schiele.

Las mujeres diosas degradadas, los varones bestias ennoblecidas. El día —aún lejano— en que logremos superar ese destino cultural nos atreveremos a releer las *Bodas del cielo y del infierno*. Amar es una aventura de totalidad: no se sale indemne de ella. «Yo ya sé que de amarte nunca se regresa» [Emilio Pedro Gómez].

Vivir no puede ser prepararse para una despedida; tiene que ser, siempre, irse preparando para un encuentro. (La conciencia de que el encuentro último *no se producirá* perfila trágicamente nuestra existencia contra el fondo de la muerte.)

Swift escribió: «¡Ojalá vivas todos los días de tu vida!». El calor que añoramos no es el del establo, sino el del abrazo de los amantes.»

DOS GLOSAS

No recuerdo a quién pertenece el primero de los textos glosados; el segundo es de Yves Bonnefoy.

ESCONDITE
Inferner Park: Bruselas se cruzó con Paul Klee.

ENSOÑACIÓN EN EL FERROCARRIL TRONDHEIM-OSLO
Entre los vagabundeos de aquellos años, pasé el verano de 1983 en Noruega, donde seguí un curso en la Universidad de Oslo con el título «Art in Norway: from the Viking Age to the Present» (becado por la Universidad de Oslo a través del Ministerio Español de Asuntos Exteriores).

Borradores hacia una fidelidad (1984-85)
Se publicó en *Empireuma* 13, Orihuela 1988; recogido después en *Trabajo temporal* (lf ediciones, Béjar 2000). Copio unas líneas de la entrevista con Noemí Montetes a la que antes hice referencia: «Había comenzado a leer al poeta francés René Char en 1981, con una felicidad abrumadora. Primero traduje poemas suyos por placer personal y para uso privado. José Mascaraque hizo posible la primera publicación, en una serie de *plaquettes* de pensamiento y poesía que se editaban en el barrio madrileño de Moratalaz: en febrero de 1985 aparecía la antología bilingüe *René Char, solitario y múltiple* (Pliegos de Estraza, Madrid 1985). Conocí por aquellos meses al editor, poeta y traductor Jesús Munárriz. Acordamos presentar un libro de Char (inédito hasta aquel momento en lengua castellana) al público español: *La parole en archipel*. El libro se publicó a finales de 1986 *(La palabra en archipiélago,* Hiperión, Madrid 1986)».

Cántico de la erosión (1985-86)
Primer libro de poesía que publiqué (Hiperión, 1987). Fue premio de Poesía Hiperión en marzo de 1987. (Jurado: Clara Janés, Enrique Lihn, Julio Llamazares, Jesús Munárriz, Carlos Piera y Jenaro Talens).

AMAR SABE A ETERNIDAD...
El poeta del «segundo aliento» es René Char. Pineta: valle del Pi-

rineo de Huesca donde pasé veranos inolvidables.

YA LO DIJO EL JUDÍO DE TRÉVERIS
Que es Karl Marx, obviamente.

DEL MUNDO, TAL COMO ES...
«En la fidelidad, aprendemos a no consolarnos jamás»: una línea de Char. La Sierra Pobre, en Guadalajara.

CON TRES GUIJARROS
Escuaín, aldea en el Pirineo oscense.

ASCENSIÓN DEL CAMINO DE LA LARRI
En el valle de Pineta.

HIPÓTESIS DE TRABAJO...
Se publicaron inicialmente en *Poesía practicable* (Hiperión, Madrid, 1990, pp. 133-135).

Cuaderno de Berlín (1986-87)
Mi segundo poemario publicado (Hiperión, 1989).

UNA TARJETA POSTAL SOBRE EL HUMANISMO...
En el trasfondo, claro, la «Carta sobre el humanismo» de Heidegger.

ESCENA DE INFANCIA
Valle de Hecho: en el Pirineo de Huesca.

RONRÓN
Obviamente, Ronald Reagan.

ES MUCHO MÁS IMPORTANTE DESENTERRAR A UNA CORNEJA...
El título cita a Milan Kundera. VEB es abreviatura de *Volkseigener Betrieb,* «Empresa de Propiedad Popular».

CONSTRUCCIÓN DE MAQUETAS
En la Universidad Humboldt de Berlín (oriental), durante el curso 1986-87, asistí a memorables seminarios de profesores como Ursula Heukenkamp o Frank Hörnigk. A este segundo debo el encuentro con el dramaturgo y poeta Heiner Müller, a quien traduje extensamente desde 1987.

LA ESTRUCTURA DE LA LÍRICA MODERNA
El título cita el famoso libro de Hugo Friedrich.

CARTA DEL AMIGO
Se trata de Vicente de Diego Caballero.

SÄULEMENSA HUB
Es el «Comedor de las Columnas» de la Universidad Humboldt de Berlín. La *Kristallnacht* es la tristemente célebre «Noche de los Cristales Rotos», el 9 de noviembre de 1938, cuando se consumó el mayor *pogrom* contra los judíos alemanes.

PROFECÍA CON LOS OJOS CASI ABIERTOS
Wedding es un barrio en Berlín Occidental. En cuanto occidental, podía atravesar el «Muro de Berlín» con relativa facilidad durante los dos años que viví en Berlín Oriental (cursos académicos 1986-97 y 1988-89).

Coplas del abandono (años ochenta)
Escritas a mediados de los ochenta; inéditas hasta hoy.

Material móvil (1987-88)
Ediciones Libertarias, Madrid 1993 (publicado en un solo volumen con *27 maneras de responder a un golpe*). En la solapa de esa primera edición escribí:

«No siempre es desventajoso que la voz del poeta llegue al lector con unos años de retraso, a pesar de quienes dicen que últimamente el mundo ha cambiado tanto que ya nadie puede ni reconocerle la cara a su padre.

No estoy dispuesto a tacharme el corazón, ni a dejarme corregir todas las erratas del cerebro.

Escribir *arte radical* es una redundancia (por añadidura, hoy casi siempre traducida del inglés). Todo arte interesante es radical: va a las raíces.»

HE VISTO DEMASIADO
«Jerry ya nunca sale de casa/ sin su tarjeta *American Express»:* se trata del estadounidense Jerry Rubin (1938-1994), el conocido autor de *Do it!,* primero activista *yippie* en los sesenta y luego próspero *yuppie.*

LAS BUENAS INTENCIONES
Con la broma del «Hotel del Abismo» Lukács satirizaba sobre Adorno y Horkheimer. Los «fértiles patatales radiactivos de Ucrania», después del desastre nuclear de Chernóbil.

GALERÍA DE RETRATOS
En «Buster Keaton's Parade», las dos primeras citas incorporadas al poema son de Ludwig Wittgenstein y las dos que siguen de René Char. La cita que precede la tercera sección del poema es de Blas de Otero.

CUESTIONES MARXISTAS DISPUTADAS
Como se sabe, Manuel Vázquez Montalbán escribió un inteligente *Manifiesto subnormal.* «Teniendo racionalmente sosegada la casa de la izquierda»: de la «Carta de la redacción» en el número inicial de la revista *mientras tanto,* de la que fui primero lector y luego redactor.

En efecto, en 1983-84 comencé a leer *mientras tanto,* lo cual vino a ser, si lo juzgo retrospectivamente, un encuentro decisivo: el encuentro con Manuel Sacristán (intelectual, no personal) y con su escuela. Su rigor intelectual y su coherencia político-moral me conquistaron. El marxismo abierto, crítico, sensible a los nuevos problemas civilizatorios y epistemológicamente marcado por la filosofía analítica anglosajona de Sacristán y sus discípulos (con algunos de los cuales colaboré más adelante: Paco Fernández Buey sobre todo, pero también Antonio Izquierdo Escribano, Joaquim Sempere o Enric Tello) es la corriente de pensamiento donde me inscribo desde entonces.

Donde es posible la vida (1987-88)
   Publicado en *Cuadernos Hispanoamericanos,* febrero de 1995; recogido después en *Trabajo temporal* (lf ediciones, Béjar 2000).

EL LARGO ALIENTO
Contra el mundo simétrico es el título de un libro de poemas del gran poeta y dramaturgo Volker Braun, de quien he traducido algunos textos.

TALLER DE «MI VIDA ENTRE MUERTOS»
Publicado originalmente en *Poesía practicable* (Hiperión, Madrid, 1990, pp. 51-55).

La lengua de la muerte (1987-88)
   Publicado —con *collages* de Michel Parfait— en la Colección Calle del Agua, Villafranca del Bierzo 1997. Fue premio internacional de poesía «Villafranca del Bierzo» 1996, otorgado en junio de 1996. (Jurado: Antonio Gamoneda, Victoriano Crémer, Antonio Pereira, Diego Jesús Jiménez, Miguel Ángel Varela, Juan Carlos Mestre.)

Figuraciones tuyas (1988)
   Se publicó en *Amarte sin regreso. Poesía amorosa 1981-1994* (Hiperión, Madrid 1995). En la contraportada de este libro escribí:
   «No soy experto en nada. Estudié [ciencias] matemáticas, y por azares y contingencias diversas he llegado a ganarme la vida como profesor universitario. Al rellenar impresos, en el apartado *profesión* tendría en realidad que anotar SUS LABORES. Mis labores

incluyen escribir poemas, caminar por las montañas, ingeniar propuestas ecosocialistas, pintar habitaciones o reflexionar sobre la destrucción del mundo. No soy experto en nada.

He agrupado en *Amarte sin regreso* poemas de amor escritos aproximadamente entre 1981 y 1994. Son muchos años. Entre la escritura de la mayoría de estos poemas y su publicación he perdido inocencia, o sea: capacidad de autoengaño. No obstante, sigo haciendo pie en la idea de que el sujeto humano no es idéntico a sí mismo y sigo esperando lo inesperado (porque si no, como sabía Heráclito de Éfeso en el alba de nuestros tiempos, lo inesperado no llega nunca).»

FIGURACIÓN DE TI
Cinestudio Griffith, calle Felipe II: lugares de Madrid, la ciudad donde he vivido la mayor parte de mi vida.

TOCO EL MUNDO SOLAMENTE EN TU PIEL
Valle de los Sarrios: en el Pirineo oscense.

TROUBLE IN MIND
Es una película de Alan Rudolph, si no recuerdo mal.

DIURNO JARDÍN, JARDÍN NOCTURNO
El «jardín nutricio» puede imaginarse como el Botánico de Madrid.

La esperanza violenta (años ochenta)
   Se publicó en *Amarte sin regreso. Poesía amorosa 1981-1994* (Hiperión, Madrid 1995).

27 maneras de responder a un golpe (1989)
   Ediciones Libertarias, Madrid 1993 (publicado en un solo volumen con *Material móvil*).

«Desde hace días han desaparecido...»

La *rue Dejean* en París, donde viví en el otoño-invierno de 1989.

Baila con un extranjero (1990-91)
Publicado en Hiperión, Madrid 1994. En la contraportada escribí: «Creo que «baila con un extranjero» es uno de los mejores consejos que pueden darse a los europeos de nuestro escalofriante final de siglo, pero en realidad este libro no intenta dar consejos sino proponer algunos experimentos. Ciertas guerras y masacres ocurridas durante su redacción movieron al autor a tomar partido. La verdad es que casi nunca consigo olvidarme de que soy un ciudadano cuando escribo poesía.»

VENDRÁN LOS DIAS CON SU POLEN NEGRO
La cita incorporada al poema es del dramaturgo alemán Heiner Müller.

ELOGIO DE UNA NARANJA CUBANA EN 1988
En 1988 yo vivía en Berlín Oriental; mi encuentro con la naranja cubana tuvo lugar en el comedor universitario de la *Humboldt-Universität*.

BERLÍN, 1990
NIE WIEDER SOZIALISMUS: NUNCA MÁS SOCIALISMO. Consigna de la democracia cristiana germano-oriental (que fue en la RDA partido de estado y de gobierno, aliada con el SED, durante cuatro decenios) en las elecciones generales de marzo de 1990.

gastarbeiter: literalmente, *obrero huésped.* Para estos *huéspedes,* los trabajadores extranjeros que viven en Alemania, no brilla precisamente la hospitalidad. Cf. Günter Wallraff, *Cabeza de turco.*

Frankfurter Allgemeine Zeitung: influyente diario germano-occidental, abogado notorio de los intereses del gran capital. GENERAL, GEMEIN=VIL.

DE LAS IDEAS NACEN LOS MERCADOS (=AUS IDEEN WERDEN MÄRKTE): una de las alegres consignas con que el *Deutsche Bank* procede a la colonización económico-financiera de Alemania Oriental.

Después del tiempo de los lobos/ llega el tiempo de chacales: Heiner Müller en una charla, citado de memoria.

Estado obrero y campesino (=arbeiter- und bauernstaat): autodenominación oficial del estado germano-oriental en los últimos cuatro decenios.

Ich bin (k)ein berliner: yo (no) soy berlinés. En su forma afirmativa, famosa frase (en alemán en el original) pronunciada por el famoso presidente Kennedy en un famoso discurso berlinés de la Guerra Fría. Hoy se comercializa en chapas y pegatinas.

FILOSOFÍA DE LA CIENCIA Y FILOSOFÍA DE LA MÚSICA
«como en el Chile de Pinochet»: véase *El País,* 6 de marzo de 1991. Sobre las iniciativas empresariales de Nick Munyas puede consultarse *El País* del 27 de julio de 1989.

«son violadas y torturadas por militares y policías»: informe de Amnistía Internacional *Mujeres. En primera línea,* hecho público en marzo de 1991.

CON LOS OJOS ABIERTOS
«Los pilotos de la *US Air Force* ven películas porno antes de bombardear Bagdad»: *Washington Post* del 27 de enero de 1991.

SE BUSCAN DESERTORES
Musicado como balada rock por el grupo Sol Negro en su disco *Cero,* grabado en los estudios Electric Circus de Madrid en diciembre de 1996.

FIGURILLA ANTROPOMORFA...
El poema construye momentos de la espléndida exposición de arte precolombino que se pudo admirar en el Palacio de Velázquez de los Jardines del Buen Retiro, en Madrid.

El corte bajo la piel (1992-93)
 Este libro obtuvo el premio de poesía «Feria del Libro de Madrid-Parque del Buen Retiro 1993», otorgado en diciembre de 1993. (Jurado: José Hierro, Claudio Rodríguez, Félix Grande, Rafael Montesinos, Fernando Beltrán, Juan Van-Halen y Eduardo Huertas). Publicado por Eds. Bitácora, Madrid 1994.

   VERWISCH DIE SPUREN
es un consejo de uno de los poetas a quienes más respeto: Bertolt Brecht. El poeta a quien se alude en este poema es el chileno Raúl Zurita.

  BLUES DEL RACIONALISTA FINISECULAR
El compositor gallego Ramón Souto ha puesto música (piano y voz) a este poema mío, y algunos otros (BIENVENIDO AL CLUB, ESCENA DE INFANCIA, AMANTES EMBROLLADOS...).

    BUENAS OBRAS
Arbeit ruiniert die Welt es el subtítulo de un libro ecologista de Christian Schütze.

   EL CARRO DEL HENO
La exposición de Francesc Torres EL CARRO DE FENC se exhibió en el Centre d'Art Santa Mònica de Barcelona a finales de 1991.

   EL CORTE BAJO LA PIEL
La niña de EL CORTE BAJO LA PIEL es ex-yugoslava: véase *El País*, 3 de junio de 1993.

   NO HAY PROTECCIÓN
El poeta citado es Ernesto Cardenal.

En relación con HAND-MADE IN INDIA y con HAMBRE, transcribo el siguiente recorte de periódico:

«En la India se calcula que hay un millón de niños que trabajan en régimen de servidumbre en fábricas de ladrillos, canteras, la construcción y la confección de alfombras. Recientemente, una decisión judicial liberó a miles de ellos en Pakistán del trabajo forzoso en las fábricas de ladrillos. El documento [un informe de la OIT recién publicado] subraya que todos esos niños venden en parte su infancia, pero ningunos tanto como los prostituidos, que han aumentado en países como Tailandia y Sri Lanka con el turismo masivo. (...) La mayoría de los niños que trabajan no ganan nada, ya que ayudan a sus padres, o son siervos, o cobran en especie. Pero los asalariados reciben cantidades míseras: tres dólares semanales en las fábricas de bombillas de Indonesia por 48 horas; la misma cantidad en Zimbabue, en la recolección del café; un dólar al día en las fábricas de alfombras del Nepal». *El País,* 21 de junio de 1992.

El título de la cuarta sección de este libro, SERÉIS UNA PARTE DEL SABOR DEL FRUTO, es un verso de mi admirado René Char.

Tanto abril en octubre (1994)
Se publicó en *El signo del gorrión* 5 (primavera-verano 1994); luego en *Amarte sin regreso. Poesía amorosa 1981-1994* (Hiperión, Madrid 1995).

El día que dejé de leer EL PAÍS *(1993-96)*
Este libro obtuvo el premio de poesía «Jaén 1997», en octubre de 1997, con un jurado compuesto por Noni Benegas, Bernd Dietz, Javier Egea, Jesús Munárriz y Manuel Vázquez Montalbán. Publicado por Hiperión, Madrid 1997.

CADA CUAL TIENE SUS DEBILIDADES
Gianfranco Mascia promovió un boicot a los productos de Fininvest (el consorcio de Berlusconi) con un movimiento llamado *Boicottiamo el Biscione*. Dos matones lo asaltaron en su propio estudio, lo amordazaron y ataron, y le violaron analmente de una

escoba. Véase *El País,* 20 de febrero de 1994.

La estación vacía (1998-2000)
Este libro obtuvo el premio internacional de poesía «Gabriel Celaya», en el año 2000, con un jurado compuesto por José Ángel Cilleruelo, Juan Carlos Mestre, Juan Manuel Molina Damiani, Tina Suárez Rojas y José Viñals. Publicado por Germanía, Alzira 2000.

CUANDO ESTÁS AHÍ
Aparición del *ahí,* que tanto iba a ocuparme en los años siguientes.

ÍNDICE

¿Para qué la presencia? *por* Pedro Provencio 9

EL MIEDO HORIZONTAL (1979-80)

I. Poemas hipocondríacos
    Tú no tienes a nadie 35
    La educación sentimental 35
    Morada 36
    La estación acabada 37
    Ídolo 38
    A mayor gloria de 38
    La lluvia extenuante 39
    Sueño rojo del nueve de febrero 40
    Imagen de mi muerte 40
    Visto y no visto 41
    Razones para huir 41
    Vigilia 42
    El bastardo de Dios 42
    Los dedos del impostor 43
    Primer retorno 44
    La espera 44

II. Poemas heroicos
    El narrador distrae a su público 45
    Teatro de títeres 45
    Los viajes del Capitán Cook 46
    Súplica del vampiro 47
    El Divino Marqués tiene la pija pequeña 48
    Friedrich Nietzsche, conquistador del Himalaya 48
    Romance del aventurero inglés y la ninfa
        suicida en la Guerra de Grecia 49
    El hombre pájaro 49

Parábola del jugador 51
　　Miles gloriosus 52
　　Sócrates a sus jueces 52
　　Canción del viejo asqueroso 53
　　Las buenas intenciones 54
　　Vida nueva 55
　　Mi amigo 55
　　El vaho del suicida 56
　　Elusivo 56
　　Teología de andén 57
　　Hágase 57
　　El sueño de Sindbad 57
　　Melancolía del bufón 58

III. Poemas sentimentales
　　Anónimo 59
　　El ladrón interior 60
　　Extraviada tan cerca de sí misma 61
　　Amar es un paréntesis 62
　　La mujer invisible 62
　　Soneto minusválido de la tercera vida 62
　　Sobre el helado parque donde Jardinero ha
　　　hallado dos zapatos vacíos 63
　　Adán escribe en la arena 64
　　Conversación selvática 65
　　La pulsación suspendida 66
　　Nieve que borra el mundo 67
　　On the road 67

　　Epílogo: poética destemplada 68

LA VERDAD ES UN FUEGO DONDE ARDEMOS (1981-84)

　　Tema 75

I

Dedicatoria 77
Sortilegio para no perderte 77
El cuerpo se acuerda de un amor 78

II.

Glosas 81
Cuerpo del amor 82
Dulces sueños 85
Espacio para la destrucción 87
Tríptico 89
Est-ce que tu es un chat ou un chien? 90

III.

Las cien bocas 93
Dentro de un círculo de fuego 93
Nocturno con tos 94
Escondite 94
Mujer marcada 95
La tarea de morir 96
Ensoñación en el ferrocarril Trondheim-Oslo 96
Out of reach 97
Black orquid 99

IV.

Habitarás mi silencio 101
Humillación 101
Día del cero 102
Truth is a fire 103
Alguien se suicidó públicamente (epístola gritada) 104
La noche salada en tus ingles 106
Memento 108

V.

Una torre nocturna 109
Qui pourrait être quelqu'un 111
Credo 111
He soñado con ella esta noche 113

Inconnue 114

Coda 115

BORRADORES HACIA UNA FIDELIDAD (1984-85)

1 121
2 121
3 122
4 122
5 123
6 123
7 124
8 124
9 125
10 125
11 126
12 126

CÁNTICO DE LA EROSIÓN (1985-86)

I.

Cántico de la erosión 131
Posiciones 131
Amar sabe a eternidad, y el ser humano no
    necesita otra 132
Has olvidado la escritura del líquen... 133
La urbanidad elemental 134
Abolir la nostalgia 135
Acerca de la pérdida 135
Arraigarán 135

II.

Implosión 136
El paseo por la ciudad 137

      Y POESÍA CADA DÍA 138
      YA LO DIJO EL JUDÍO DE TRÉVERIS 138
      LIBERTAD PARA NO MENTIR 139
      CICATRIZ 139
      TIEMPOS EN LOS QUE SOLAMENTE CABE... 140
      DEL MUNDO, TAL COMO ES... 140
      ¿QUIÉN PODRÍA VIVIR EN UNA CIUDAD DE CARAMELO? . . 142
      MENOS ALMÍBAR, NIÑO, QUE SE TE CAEN LOS DIENTES . 140
      CRECER HASTA LA ALTURA DE LA TAREA PROPIA 144
      ANTES DEL SUEÑO 145

III.

      APRENDIENDO A CONTAR CON LOS DEDOS 147
      HOMENAJE APRESURADO A MARTIN BUBER 147
      BORRADOR DE UNA CARTA A ROSA LUXEMBURG 148
      ALBERT CAMUS INMUNE A LA LLAGA 148
      ELOGIO DE LA LOCURA 149
      ESA PROMESA INCUMPLIDA 150
      VELLOCINO DE DOLOR 150

IV.

      ALBORADA 153
      LA FIDELIDAD POSIBLE 153
      INTIMACIÓN 153
      LA CIUDAD BLANCA 154
      EN ESTE LUGAR DELIMITÉ UN JARDÍN 155
      MENTIRA DEL MITO 155
      PACTO CON UN SÁBALO 156
      REMONTAR ESTA DESGARRADURA 156
      VIVIR TIENE MOVIMIENTOS... 157
      ALACRIDAD. LA LIMPIA PODA... 157
      «DESCONFÍA TAMBIÉN DE TU ANGUSTIA» 158
      DESHAZTE DE TUS VÉRTEBRAS MANSAS 158

V.

      DON DEL DESNUDO 159
      CICATRIZ FÉRTIL 159

Huella de un cuerpo 160
En amaneciendo ella siempre acaba de irse ... 160
Me torno 161
De ti 161
Espejo del alba 162
Duerme un rato más... 162
Ver despertar 163
Transido del milagro de otra renovación 163
Con tres guijarros 164
Ascensión del camino de la Larri 164
Hipótesis de trabajo de Cántico de la erosión .. 167

CUADERNO DE BERLÍN (1986-87)

I.

Consejos para extranjeros 175
Berlín, 1986 175
Incluso en sus problemas más extraños y duros .. 178
Un rostro para mis días 179
Los tendones de la vigilia 180
Las medias tintas 180
Problemas domésticos 181
Nunca llegarás a nada 182
Cuaderno de hojas rasgadas 183

II.

Contra el consuelo 185
Endzeit 185
Roedora- 186
Poema del desconsuelo 187
Transformar 188
Una tarjeta postal sobre el humanismo
   devuelta al remitente 188
Me resisto a hablar de la condición humana . 189
Encuentro con el Ángel 190
El viento ausente 190

Enero es agua en el canal de Landwehr 191

III.

Escena de infancia 193
Une saison en enfer 193
RonRón 194
Posmodernidad 194
El rostro esplendoroso 195
On Liberty 196
Atormentarás a tu prójimo como a ti mismo .. 196
Héroe caído en indecorosa postura 196
Niño extraviado 197
Tan a menudo 197
Es más importante desenterrar a una corneja... . 198
Oración sin luna 199

IV.

Yo celebro 201
Animal sin amo 201
Armonía preestablecida 202
Cordón umbilical dulce veneno 203
Monólogo del muñón 203
Construcción de maquetas 204
Conservación de la especie 204
Breve lección sobre gerencia de crímenes... .. 205

V.

La muerte que amasamos 207
Ciudad bajo la nieve 207
A menudo el resucitado despierta de la muerte . 208
Esquela 208
Reducción estandarizada 209
De cómo la atrocidad de los hechos
   necesariamente se venga en el hacedor 209
Cabalgata sin tránsito 210
Cada noche 211
Reconocimiento 211

    Compañero probado 212

VI.
    Bulbos del grito 213
    A Juan Ramón Jiménez, absorto en New York .. 213
    Pozo humeante 214
    Le atenaza la sospecha 214
    Llegar a ser sujeto 215
    Sin miramientos 215
    Riesgos del esteticismo 215
    Para canturrear mientras usted lee el periódico 216
    La estructura de la lírica moderna 216
    No cejar 217
    Dialéctica del poema 213
    Justificación de la poesía 218

VII.
    Poema del encuentro 219
    Incredulidad 219
    Un tiempo liberado de sus goznes 220
    Manantial de lo habitable 221
    Tres veces despertar 222
    Ausente 223
    Elogio de la distancia 223
    Germinación de sol 224
    Alimento de la noche 224
    Lecho vacío 225
    Acto de presencia 226

VIII.
    Carta del amigo 227
    Ferrocarril Berlín- Francfort del Meno 228
    Praga, 1987 228
    Säulenmensa HUB 229
    Placeres 229
    Besaré las heridas 230
    «Porque eres linda desde el pie hasta el alma» 231

Ingenuidad en forma de adivinanza 232
Profecía con los ojos casi abiertos 232
Nos tornaríamos humanos 234

COPLAS DEL ABANDONO (AÑOS OCHENTA)

1 237
2 237
3 237
4 238
5 238
6 238
7 239
8 239
9 239
10 240
11 240
12 240
13 240
14 241
15 241
16 241
17 241

MATERIAL MÓVIL (1987-88)

El resplandor del cáncer 245
Las buenas intenciones 250
Instantáneas 256
Este sordo acezar 259
He visto demasiado 261
Poemas paradisíacos 265
La sociedad burguesa 268
Bruselas, 1988 272
Para escribir poesía 277

Galería de retratos 281
Salvación del resto 284
Mujeres y montañas 287
Nacerá de tu desnudo 291
Cuestiones marxistas disputadas 297
Final 305
Epílogo para insumisos 307

DONDE ES POSIBLE LA VIDA (1987-88)

Nacimiento telúrico 315
Mi vida entre los muertos 315
El largo aliento 323
Taller de mi vida entre los muertos 327

LA LENGUA DE LA MUERTE (1987-88)

Recuento 335
Manos de estiércol 335
Sobreproducción de sacrificios 336
André Breton, erecto post-mortem 337
En el libro de huéspedes del Hotel del Abismo . . 338
Arquitectura interior 340
Arráncate 341
Barcelona, baratijas y juguetes 342
Nos ataron las manos al hacha del verdugo... 343
Alimentación infantil 343
Embebecerse 344
Preguntas de un muerto que lee 345
Las manos cortadas 346
Rosa de ausencia 346

FIGURACIONES TUYAS (1988)

I.

    Un amor viejo como un recién nacido 351
    Figuración de ti 352
    Los primeros poemas de amor 353
    Expresión 356
    Biografía de una de mis sombras 356
    Estado de la cuestión el 28 de septiembre a las
        seis de la tarde 358
    Poema para empuñar el día 359
    Llaga del aire 360
    amor a ratos perdidos 360
    Citas 361
    Canción de amor 362

II.

    Toco el mundo solamente en tu piel 363

III.

    Comienza a escribir porque quiere aprender a
        amar. Pero el primer verso no acaba nunca... 377
    El riesgo de escribir cartas 377
    He soñado con ella esta noche 378
    Mi amante se educó en un colegio de monjas . 379
    Nature morte et paysage -Place Ravignan 380
    Amores imaginarios 380
    Am Schiffbauerdamm 381
    Trouble in mind 382
    Amor en la metrópoli 382
    Prioridades 383
    Lamentaciones del amante perruno 384
    Programa para desollados 385
    Firmes propósitos en el primer día del año que
        comienza este día 385
    El amante, con humildad mañanera, se asoma

AL APOCALIPSIS 386
ULTIMO RECODO DEL CAMINO 387
DIURNO JARDÍN, JARDÍN NOCTURNO 388
LA LIBERTAD ENJAMBRA 389

LA ESPERANZA VIOLENTA (AÑOS OCHENTA)

LA ESPERANZA VIOLENTA 395
OTRO RITMO IMPOSIBLE 395
SERVICIOS MÍNIMOS 396
NO CONCLUYAS 396
SEDICIOSA PROCLAMA PARA LAS GENTES DE LA MUY
    NOBLE VILLA BURGALESA DE ROA 397
LOS TRENES SON DE LOS ENAMORADOS 398
EL VESTIDO MÁS HERMOSO 398
LA AMANTE I 399
CAMINAR HACIA TI 400
HABRÁ QUE TRABAJAR EN ESTE BOSQUE 400
AUSENCIA DE LA AMIGA EN ZAMORA 401
LA AMANTE 2 401
LA TERSURA DE LA ENAMORADA 402
CONTRA LA TRAICIÓN 403
CONTRA LOS CELOS 404
CONTRA EL OLVIDO 404
CONTRA LA MUERTE 404
LA PARTIDA 405

27 MANERAS DE RESPONDER A UN GOLPE (1989)

1 409
2 410
3 410
4 410
5 411
6 411

7	412
8	413
9	413
10	414
11	415
12	415
13	415
14	416
15	416
16	417
17	418
18	418
19	419
20	419
21	420
22	420
23	421
24	422
25	422
26	423
27	423

BAILA CON UN EXTRANJERO (1990-91)

I.

Curriculum vitae 1 431
Curriculum vitae 2 431
VIDA EN LOS SUBTERRÁNEOS 432
A song of experience 432
ALIANZA 433
JUVENTUD, DIVINO TESORO (*curriculum vitae 3*) 433
PARA NO ASUSTAR AL PUEBLO DECLARAMOS LA GUERRA 434
VENDRÁN LOS DÍAS CON SU POLEN NEGRO 434
VIGILANCIA INTENSIVA 435
Curriculum vitae 4 435
LA VIOLACIÓN 436

Curriculum vitae 5 436
MONÓLOGO DEL TRAIDOR 438
EL CONCILIÁBULO DE LOS MUÑONES 439
A TRAVÉS DEL TÚNEL 440
MAÑANA DE PRIMAVERA EN BARCELONA 441
Curriculum vitae 6 442
CONTRA LOS CURRÍCULOS 442

II.

ELOGIO DE LOS ARGENTINOS Y LAS ARGENTINAS 443
ELOGIO DE LOS PEATONES 444
ELOGIO DE LA ALBAHACA 444
ELOGIO DE LAS PALOMAS DE CIUDAD 445
ALABANZA DE LAS BABOSAS 445
ALABANZA DE LOS POETAS 446
ALABANZA DEL BARRIO DE GRACIA 447
ELOGIO DE UNA NARANJA CUBANA EN 1988 448
ALABANZA DE LA MAÑANA 449
ELOGIO DE LA RECIENNACIDA 449
ALABANZA TUYA 449
ELOGIO DE UN ROSTRO 450
ALABANZA DE LOS FUTUROS AMANTES 450
ALABANZA DE LA OBJETIVIDAD 451
ALABANZA DE LOS TRENES VERDADEROS 451
ELOGIO DE LA DURMIENTE 452
ELOGIO DEL ESTAR 452
ELOGIO DE LA SUPERVIVIENTE 453
ALABANZA SUCINTA DE LA ENAMORADA 453
ELOGIO DEL PLACER EN SEVILLA 454
BREVÍSIMA ALABANZA DEL TORRENTE PIRENAICO ... 454
ACCIÓN DE GRACIAS 1 454
ACCIÓN DE GRACIAS 2 455

III.

SEGURIDAD VIAL 457
PODERES, CONTROLES, CONFUSIONES 457
BERLÍN 1990 458

Filosofía de la ciencia y filosofía de la música 460
¿Quién ama a los subnormales? 462
Diez años antes del tercer milenio 462
Yo también vivo provisionalmente 463
1990 y sus tres guerras 464
Contra el crimen de la guerra 464
Teoría de la percepción para tiempos tenebrosos 466
Días castrados y ávidos y feroces 467
Con los ojos abiertos 468
Se buscan desertores 469
Irrestañable 470
Cosmo-lógicas 470
Figurilla antropomorfa... 471
Dilemas estratégicos 473
Agnosticismo axiológico 473
Correo en una botella 474
Mínima expresión 474
¿Y entonces? 475
Anejo 477

EL CORTE BAJO LA PIEL (1992-93)

I. Febrero interminable

    Febrero interminable 483
    Alianza 484
    Verwisch die Spuren 485
    El lenguaje secreto 486
    Y lo sabe aunque no quiera saberlo 487
    Keine Experimente 488
    Reconciliarse 488
    La estética como ideología 488
    Razones para la acción 489
    Exagerado octubre 489

II. La terquedad del mal

    Blues del racionalista finisecular 491

Tratamiento de residuos 492
Bienvenido al club 493
Fin de fiesta 493
Los modernizadores 494
Day after day 495
Buenas obras 497
El carro del heno 498
Contratiempo 499
Propuesta nomotética 500
Entrevista con el secretario general 500
Un error taxonómico 501
Autocrítica 502
El corte bajo la piel 503
No hay protección 504

III. Casa de muchos piso sin escalera
Hand-made in India 507
Todo el mundo lo dice 508
Pláticas con mi verdugo 509
Coros y danzas 512
El inquilino pregunta 513
Convivo con asesinos 513
El espíritu de la vanguardia 514
Hambre 515
Una canción que se canta sola 515
El inquilino responde 515

IV. Seréis una parte del sabor del fruto
Antes de la intemperie 517
Cumpleaños feliz 518
Falsche Unmittelbarkeit 520
Primera propuesta para un nuevo orden mundial 521
Segunda propuesta para un nuevo orden mundial 521
La cuestión nacional 522
Invocación 523
En la Estación de Francia 524
Prioridades normativas 525

Los míos 525
Por saber que tú existes 526
Necesidades básicas 526

TANTO ABRIL EN OCTUBRE (1994)

1 531
2 531
3 532
4 532
5 532
6 533
7 533
8 534
9 534
10 534
11 534
12 535
Otro comienzo más 535

EL DÍA QUE DEJÉ DE LEER *EL PAÍS* (1993-96)

Al avisado lector, a la discreta lectora, por J.R. 539
Preámbulo poético 540
Preámbulo político 540

{Terrero perdido, terreno...} 541
El bello sueño del trabajo estable 542
Obrero joven, 1993 544
Recolectora de basura, finales de los años ochenta 544
On Liberty, 1996 545
¡Atención! Belleza a precios excepcionales, 1996 . 545
Santa Claus, 1993 545
Prostituta, 1993 546

{La puerta nunca cierra exactamente...} 547
INTELIGENCIA ARTIFICIAL 548
LA MODERNIZACIÓN DE LA MODERNIZACIÓN 548
ENÉSIMA FE DE ERRATAS 549
MACBA, 1996 549
El país de las tentaciones 550
ENTREVISTA PARA LA PRENSA, 1995 550

{No soy mago, dijo...} 552
MANIFESTANTES, 1996 553
PRIMEROS BROTES DE PRIMAVERA, 1996 554
ADAPTACIÓN AL MEDIO 554
PERSECUCIÓN DE IDEALES 555
LECTURAS Y DIETAS, 1994 555
PASATIEMPO 556
MENINA DA RUA, *1994* 557
CADA CUAL TIENE SUS DEBILIDADES 558
VENTA POR CATÁLOGO A 9.400 METREOS DE ALTURA, 1996 559
INDIGENTES MEJICANOS, 1993 560
VIEJO 561
JOVEN 561

{A medida que nos acercamos...} 562
COMPETITIVIDAD 563
BIENES Y SEVICIAS 563
COMPETITIVIDAD (II) 564
ISLA DE BEDLOE, 1996 564
VANGUARDIAS CHINAS, 1995 565
PASATIEMPO 566
LAPIDACIÓN DE MATRIMONIO JOVEN, 1993 566
CASCOAZUL Y MUCHACHO SOMALÍ, 1994 567
MERCADO LABORAL, 1994 569
OFRÉCESE SUPERLÓPEZ, 1996 569

{Los actos que se acaban en sí mismos...} 571
DESÁNIMO DEL MILITANTE 572
CULOS COMUNISTAS DURANTE LA GUERRA FRÍA 572

Tras las primeras declaraciones del último ex 573
Pasatiempo 573
Teoría y praxis 574
Lucha de clases, 1995 574
Militantes, 1996 574
Mitin de las izquierdas, 1996 575
Dudas del año nuevo, 1996 575

{La ventana está abierta, golpea...} 577
Si yo fuera poeta... 578
Ex divisionario en Rusia, 1994 579
Estadísticas, años noventa 580
Pasatiempo 580
Democracia en Bolivia, 1994 581
Nuevo gobierno, 1996 581
Humanismo armamentista, 1995 582
Lecturas emancipatorias, 1995 583

{Miguel Torga escribe...} 584
Sobre la estupefaciente complejidad de lo complejo 585
Crónicas africanas, 1996 585
Carga docente 586
Mayo digital, 1996 587
La religión en nuestras escuelas, 1994 587
Sin rechistar 587
Ars gastronomica, 1996 588

{Una luna caníbal...} 589
Elegía, 1996 590
Final de la semana de tregua de E.T.A., 1996 . . 591
Dos epitafios, 1995 592
How to save the world 593
«Je ne suis pas marxiste» (Karl Marx) 594

{En lo menos que humano...} 595
Bosque de Juan Carlos Mestre 596
Pasatiempo 596

Obediencia debida, 1996 596
Estado de la cuestión, 1996 597
Amantes embrollados, 1995 598
Retrato de grupo con pestillo, 1995 599
Lo que un poeta puede hacer con las manos
    atadas a la espalda 600
Amantes, 1995 600

{A veces nos ocurre que existir no es posible...} 601

Soluciones a los pasatiempos 603

LA ESTACIÓN VACÍA (1998-2000)

{En la estación vacía...} 608
In medias res 609
Un sueño ajeno 610
Mirada bífida 610
Gota de ámbar 611
¿Pero qué dice el anhelo? 612
A redropelo 612
Una estancia holandesa 612
Mántica 613
Terrible ola de frío 613
El saber del herido 614
Epifanía corroída 615
Hablo de un helado, no del retorno eterno .. 615
Estabas corriendo 616
Si se quiebran los huesos ¿no se quebrará la prosodia? 617
El violín violento 617
Oda a la cerilla 618
No hay que tener miedo de una copa rota 618
El que busca un sentido encuentra dos sentidos 618
Hace calor en esta habitación de la casa 619
Una sandalia roja en la cuneta 619
No puede ser verdad que me esté sucediendo esto . 620

La parada del pavo real 620
Ritmos bailables 621
Plaza de los vivos/ Plaza de los muertos 621
Socialismo y ronroneo 622
Das Prinzip Hoffnung 622
Cosmogonía en Moguer 622
Ejercicios para cambiar la vida 623
Cuestión para arquitectos 623
Melancolía marxista 624
Mrxsms 624
El análisis del poeta 624
En este poema se entra caminando de espaldas 625
Con arte y parte 625
Tuyo 626
Arremeten contra las vanguardias artísiticas 627
Artisticidad 628
Ars definiendi 628
Qué pregunta tan tonta 629
Aprender a hablar 629
Años ochenta, democracia madura 630
Schröder y Blair presentan un manifiesto
    para la modernización de la izquierda 630
Newsletter de un proyecto europeo 631
Teoría del mal menor 631
Radikahl 632
La democracia liberal y su época 633
Bill Gates lee el *Manifiesto comunista* 634
Liquidación por cambio de negocio 636
Otra autocrítica del autocrítico de guardia . 637
¿Dónde la fuerza de nuestra resistencia? 638
¿Cuántas patas para construir la izquierda? .. 639
¿Son zanahorias las zanahorias? 640
Funámbulo 641
Heinrich von Kleist (1777- 1811) 641
Sueño del veintitrés de agosto 641
La lluvia enseña cómo mirar 641
Otra república (hipótesis desde una estación vacía) 642

Glosa a lo dicho 643
Pescador aterido 644
Campo abierto 644
Un ominoso lago 645
Leyendo a Ernesto Guevara 645
Estás fuera de la realidad 646
El mundo material 646
Sobre la dicha y el ombligo 647
Cadencia de la recaída 648
Extramuros/ intramuros 648
Extramuros/ intramuros (2) 649
Poeta en simposio con empresarios y científicos
    organizadopor firma consultora privada .. 649
Definición ostensiva 650
El tejido de los sueños 650
Libro de cabecera 651
Higiene cotidiana 651
El guardián de lo pequeño 652
Canción lenta 653
Dos islas 653
Cuando estás ahí 655
Ser capaz de esperar 656
Agua fresca 656
Lección de arena 656
De color azul, como la herida 657
Como si todo estuviera aún abierto 657
La poesía no sirve para nada 658
Nada de nada 659
Lo que comienza 660
{En la estación no hay viajeros...} 661

Epílogo: la voz de nadie en la estación vacía . 663

ANEJOS

Anejo 1: prólogo de José Hierro a la primera edición de
EL CORTE BAJO LA PIEL 667
Anejo 2: una carta de D. Jaime García Añoveros . . . .
*Anejo 3: poema-prefacio de Antonio Orihuela a la
primera edición de* LA ESTACIÓN VACÍA 669

DEDICATORIAS ORIGINALES 673

NOTAS DEL AUTOR 681

Esta primera edición de

Futuralgia

de Jorge Riechmann

se acabó de imprimir

en Madrid

el veintiuno

de marzo

de dos mil

once

GOBIERNO DE ESPAÑA | MINISTERIO DE CULTURA

*Esta obra ha sido publicada con una subvención de la Dirección General
del Libro, Archivos y Bibliotecas del Ministerio de Cultura, para su préstamo público
en Bibliotecas Públicas, de acuerdo con lo previsto en el artículo 37.2
de la Ley de Propiedad Intelectual.*

Imagen de cubierta:
Figurilla precolombina de la colección de Diego Rivera
Museo Diego Rivera Anahuacalli (México DF)

Imagen de contracubierta:
«Buste d'homme accoudé» finales del s. XV
Museo L'Oevre Notre-Dame (Estrasburgo, Francia)

© 2011 JORGE RIECHMANN
© *De la presente edición:* CALAMBUR EDITORIAL, S.L.
c/ MARÍA TERESA, 17, 1º D. 28028 MADRID. Tel.: 91 725 92 49. Fax: 91 298 11 94
calambur@calambureditorial.com
www.calambureditorial.com • http://calambureditorial.blogspot.com/
Diseño gráfico: &
ISBN: 978-84-8359-190-1. DEP. LEGAL: M- 12.900-2011
Preimpresión: MCF TEXTOS, S.A. *Impresión:* IMPULSO
Impreso en España - *Printed in Spain*